THEORIES AND IMPLEMENTATION MODELS OF COOPERATIVE ECONOMY:
THE VIEW FROM RURAL CHINA

河南大学经济学学术文库

合作经济的理论与实践模式
——中国农村视角

陈家涛 著

社会科学文献出版社
SOCIAL SCIENCES ACADEMIC PRESS (CHINA)

总序

河南大学经济学科自1927年诞生以来，至今已有将近90年的历史了。一代一代的经济学人在此耕耘、收获。中国共产党早期领导人罗章龙、著名经济学家关梦觉等都在此留下了他们的足迹。

新中国成立前夕，曾留学日本的著名老一辈《资本论》研究专家周守正教授从香港辗转来到河南大学，成为新中国河南大学经济学科发展的奠基人。1978年，我国恢复研究生培养制度以后，周先生率先在政治经济学专业招收培养硕士研究生，河南大学于1981年首批获得该专业的硕士学位授予权。1979年，河南大学成立了全国第一个专门的《资本论》研究室。1985年以后，又组建了河南大学历史上的第一个经济研究所，恢复和组建了财经系、经济系、贸易系和改革与发展研究院，并在此基础上成立了经济学院。目前，该学院已发展成为拥有经济、贸易、财政、金融、保险、统计6个本科专业，理论、应用、统计3个一级学科博士点及博士后流动站，20多个二级学科硕士、博士点，3300余名本、硕、博各类全日制在校生以及130余名教职员工的教学研究机构。30多年来，河南大学经济学院培养了大批本科生和硕士、博士研究生及博士后出站人员，并且为政府、企业和社会培训了大批专门人才。他们分布在全国各地，服务于大学、企业、政府等各种机构，为国家的经济发展、社会进步、学术繁荣做出了或正在做出自己的贡献，其中也不乏造诣颇深的经济学家。

在培养和输出大量人才的同时，河南大学经济学科自身也造就了一支日益成熟的学术队伍。近年来，一批50岁左右的学者凭借其扎实的学术功底和丰厚的知识积累已进入著述的高峰期；一批40岁左右的学者以其良好的现代经济学素养开始脱颖而出，显现领导学术潮流的志向和实力；更有一大批30岁左右受过系统经济学教育的年轻人正蓄势待发，不少已崭露头角，初步展现了河南大学经济学科的巨大潜力和光辉未来。

河南大学经济学科组织出版相关学术著作始自世纪交替之际，2000年前后，时任经济学院院长的许兴亚教授曾主持编辑出版了数十本学术专著，在国内学术界产生了一定的影响，也对河南大学经济学科的发展起到了促进作用。

为了进一步展示河南大学经济学科各层次、各领域学者的研究成果，更为了使这些成果与更多的读者见面，以便有机会得到读者尤其是同行专家的批评，促进河南大学经济学学术研究水平的不断提升，为繁荣和发展中国的经济学理论、推动中国的经济发展和社会进步做出更多的贡献，我们决定出版"河南大学经济学学术文库"。根据初步拟订的计划，该丛书将分年度连续出版，每年选择若干河南大学经济学院教师的精品著述资助出版。根据需要，也可在丛书中选入少量客座教授或短期研究人员的相关论著。

感谢社会科学文献出版社历任领导及负责该丛书编辑出版工作的相关部门负责人和各位编辑，是他们对经济学学术事业的满腔热情和高效率的工作，使本套丛书的出版计划得以尽快达成并付诸实施。最后，还要感谢前后具体负责组织本丛书著作遴选和出版联络工作的刘东勋博士、高保中博士，他们以严谨的科学精神和不辞劳苦的工作回报了大家对他们的信任。

分年度出版经济学学术文库系列丛书，对我们来说是第一次，如何公平和科学地选择著述品种，从而保证著述的质量，还需要在实践中进行探索。此外，由于选编机制的不完善和作者水平的限制，选入丛书的著述难免会存在这样那样的问题，恳请广大读者及同行专家批评指正。

耿明斋
2013年6月

摘 要

在农业生产领域，家庭联产承包责任制的全面推行瓦解了原有的人民公社，代之以家庭、集体双层经营体制；在农产品流通领域，逐步放开农产品流通市场，取消统购统销制度。农业生产经营的家庭化，农产品的商品化、市场化，在促进农业生产迅速发展的同时，也带来了"小农户"与"大市场"日益尖锐的矛盾。要实现小农户和大市场的有效对接，减少农民市场交易的风险和不确定性，提高农民收入，就必须有一个能直接、真正代表农民利益的组织来充当农民和市场的中介，而农民合作经济组织在解决这一矛盾中表现出重要作用。

在理论上，农民合作经济组织是弱势群体为了改善自己的经济生活和社会地位而建立的。我国家庭联产承包责任制的实行曾极大地解放和发展了农村生产力，但分散经营的小农户在面临农业蕴涵的不确定自然风险和市场价格波动时，缺乏保护和实现自身利益的能力而使收入遭受损失。因此，要克服农户分散生产的弊端，就必须发展农村合作经济组织，实行农户的合作生产，共同抵御农业本身蕴藏的自然风险和市场风险，实现农民增收。

在实践中，农民合作经济组织已经成为推进农业产业化生产和经营的一种有效载体，能够减少市场交易风险和提高农民收入，同时消除小农户与大市场之间交易费用过高、交易效率低下的问题。世界上农业发达国家的经验表明，现代农业发展的过程就是农村合作经济组织发展的过程。现代农业最显著的特点就是专业化生产、规模化经营、科学化管理和优质化服务。农村合作经济组织克服了"小规模、分散化"家庭经营的弊端，解决了"小生产、大市场"的矛盾，既促进了农业现代化进程，又很好地实现了农民增收问题。

合作经济的理论与实践模式

　　合作经济组织经过一个多世纪的发展，因其显著地改善参与者的收益和市场地位，而受到众多经济学家、政府官员、政策制定者以及关心农民问题的组织和人士的注意。现在，它已被包括英国、美国在内的100多个国家所发展、创新。

　　所以，作为"小农户"与"大市场"有效对接的合作经济组织就有了重要的研究意义。而研究合作经济组织尤其是中国农民合作经济组织如何在市场经济环境下从理论和实践上突破原有的瓶颈，就构成了本书的主要目的。

　　这一领域的迷人之处不仅在于其理论的不断丰富，其会员资格制度、内部治理结构、民主决策机制、利益分配机制的日趋完善，还在于其实践过程中产生了一系列的重要现象需要研究者给予相应的解释，同时在研究过程中也产生了一系列相互冲突的观点需要研究者给予确切的回答。例如：为什么会产生合作经济组织而不是其他经济组织形式？互助组、初级社是一种有效率的产权，高级社、人民公社是一种超前的产权还是无效的产权？依据邓小平"两个飞跃"理论，当前应该是大力发展集体经济、合作经济还是并举发展？如何在借鉴外国成功经验和中国已有教训的基础上，发展中国新型农民合作经济组织？如何在合作经济组织拥有特殊质地规定性的基础上减少内部交易费用而提高其效率？合作社是劳动联合还是劳动和资本的联合？合作社是注重公平还是公平效率并举？

　　一旦进入这一研究领域中，就会有无穷的力量迫使研究者产生研究兴趣。但是，本书并不打算回答上述所有问题。本书主要围绕"合作经济的理论与实践模式"这一主题，从理论与实践两个方面展开，理论部分主要解释合作思想的演变、合作制度变迁及对中国合作制度路径的影响；实践部分解释中国农村合作经济组织的历史变迁及评价、中国新型农民合作经济组织及中西方合作经济模式比较。围绕这些问题和现象，本书采用模型和案例分析的形式。

　　第一章导言。

　　第二章总结了各个时期主要代表人物的合作思想，论述了合作经济思想的变迁和发展过程，包括合作思想的产生、西方经济学关于合作经济思想的理论研究、马克思主义经典作家合作经济理论及当代中国合作经济理论，最后评价合作经济思想对中国合作经济的影响。

第三章首先运用博弈论原理分析农民合作经济组织产生的原因，分别讨论了有限次重复博弈与不合作和无限次重复博弈与合作，从而为挖掘合作社提高参与者的收益提供了一个基础；另外，将长期合作博弈引入奖惩机制，从而实现帕累托最优。其次，通过对沃德模型（B. Ward）分析，认为"反常的反应"不合实际，只注重纯理论，忽略了合作社制度安排的内部分析。在分析合作社目标决策时采用估价方程，揭示出具有不同风险偏好、资产数量、投资方式和讨价还价能力的社员之间相互作用的过程及结果，以及由此产生的内部交易费用对合作社效率的影响。

　　第四章以我国农村合作经济组织的历史变迁为主线，按照时间顺序对民国时期农村合作社、国民党政府创办的合作社、新民主主义时期合作社及社会主义时期的合作社、供销社、信用社分别进行客观评价。

　　第五章在第四章分析的基础上，探讨了在家庭联产承包责任制以后形成的新型农民合作经济组织，它是一种在借鉴外国成功经验和总结中国历史经验下的新形式，并具体以村镇银行为例，全面分析了新的合作组织形式对农村的影响。

　　第六章采用交叉分析的方式，对中西方合作经济模式、中国合作经济模式与集体经济等其他经济模式进行分析比较，在分析集体经济的过程中，采用案例形式剖析了当前农村三种有代表性的集体经济组织。

　　第七章在前文分析的基础上针对主要结论做了一个再归纳，并提出当前合作经济组织发展中需要进一步研究的问题。

目　录

第一章　导言 1
　第一节　选题背景和意义 1
　第二节　概念界定 7
　第三节　国内外研究动态综述 14
　第四节　研究思路 27
　第五节　研究方法 28
　第六节　本书的创新及不足 29

第二章　合作经济思想的演变 31
　第一节　合作经济思想的产生 31
　第二节　西方经济学关于合作经济的理论研究 37
　第三节　马克思主义经典作家合作经济理论 42

第三章　农民合作经济组织效率的经济学分析 49
　第一节　农民合作经济组织产生的博弈分析 49
　第二节　合作社经济分析的演变：从新古典经济学
　　　　　转向新制度经济学的分析 60
　第三节　合作社的产权制度特征分析 66
　第四节　合作社制度安排的缺陷 67
　第五节　合作社的内部决策机制 70

第四章　中国农村合作经济组织的历史变迁及评价 ……… 84
  第一节　民国时期农村合作社的发展及评价 ……… 84
  第二节　大革命时期中国共产党领导下的互助合作组织及其评价 … 94
  第三节　新民主主义革命时期的互助合作组织及评价 ……… 95
  第四节　社会主义革命时期的合作组织及评价 ……… 97
  第五节　改革开放后家庭承包经营制的演化及其评价 ……… 102
  第六节　农村供销合作社的演变及评价 ……… 108
  第七节　农村合作信用社组织的演化及评价 ……… 110
  第八节　当前农村合作金融改革面临的机遇和挑战 ……… 117

第五章　中国新型农民合作经济组织 ……… 126
  第一节　当代中国新型农民合作经济组织兴起的动力机制 ……… 126
  第二节　当代中国新型农民合作经济组织发展现状及存在的问题 … 135
  第三节　中国新型农民合作经济组织发展对策 ……… 142
  第四节　当前农民合作金融组织创新的新形式——村镇银行 ……… 145

第六章　中国合作经济模式与西方及其他模式比较研究 ……… 155
  第一节　中西方合作经济模式 ……… 155
  第二节　西方合作经济模式比较 ……… 167
  第三节　中西方合作经济模式比较 ……… 171
  第四节　中国合作经济与其他经济模式比较 ……… 178

第七章　结论及需要进一步研究的问题 ……… 198

参考文献 ……… 205

CONTENTS

Abstract / 1

Contents / 1

CHAPTER 1   INTRODUCTION / 1
   Section 1   Background and Significance of This Study / 1
   Section 2   Definition of Concept / 7
   Section 3   Review of Current Research at Home and Abroad / 14
   Section 4   Research Approach / 27
   Section 5   Research Methedology / 28
   Section 6   Innovations and Deficieneies of This Book / 29

CHAPTER 2   EVOLUTION OF THINKING ON COOPERATIVE
            ECONOMY / 31
   Section 1   Birth of Thinking on Cooperative Economy / 31
   Section 2   Study of Theories of Cooperative Economy Western Economics / 37
   Section 3   Marxist Scholars' classical Theoretical Writing on
               Cooperative Economic / 42

Chapter 3   Economics Analysis of Farmers Cooperative
            Economy Organizations' Efficiency / 49
   Section 1   Game Analysis of Farmers Cooperative Economic
               Organizations / 49

Section 2　Evolution of Cooperative Economic Analysis: The Analysis From Neo - Classical Economics To New Institutional Economics / 60

Section 3　Analysis of Characteristics of Cooperatives Property Right System / 66

Section 4　Shortcomings of Cooperative Institutional Arrangements / 67

Section 5　Cooperatives' Internal Decision - Making Mechanism / 70

CHAPTER 4　Historical CHANGES AND EVALUATION OF CHINA'S RURAL COOPERATIVE ECONOMIC ORGANIZATIONS / 84

Section 1　Development and Evaluation of Rural Cooperatives During Period of Republic of China / 84

Section 2　Cooperative Organizations Under Leadership of Chinese Communist Party During Great Revolution and Its Evaluation / 94

Section 3　Cooperative Organizations During New - Democratic Revolution and Its Evaluation / 95

Section 4　Cooperative Organizations During Socialist Revolution and Its Evaluation / 97

Section 5　Revolution and Evaluation of Household Contract Responsibility System Since China Begen Reform and Opening - Up / 102

Section 6　Revolution and Evaluation of Rural Supply and Marketing Cooperatives / 108

Section 7　Revolution and Evaluation of Rural Credit Cooperatives / 110

Section 8　Challenges and Opportunities for Rural Cooperative Revolution / 117

CHAPTER 5　NEW TYPE OF RURAL COOPERATIVE ECONOMIC ORGANIZATIONS IN CHINA / 126

Section 1　The Incentine Mechenism underlying the Rise of the New Type of Rural Cooperative Economic Organizations in Contewnporary China / 126

Section 2　Current Status of and Protoluns in the New Type of Rural Cooperative Economic Organizations in Contemporary China / 135

Section 3　Development Polieies of New Type China's Rural Cooperative Economic Organizations / 142

Section 4　New Type of Contemporary Rural Cooperative——Village Bank / 145

CHAPTER 6　Comparison of Coopeative Economic Model between China, the weat and other Parts of the world / 155

Section 1　Chinese and Western Cooperative Economic Model / 155

Section 2　Comparison of Western Cooperative Economic Model / 167

Section 3　Comparison of Chinese and Western Cooperative Economic Model / 171

Section 4　Comparison of China Cooperative Economic and Other Economic Model / 178

CHAPTER 7　CONCWSIONS AND TOPICS OF FURTHER RESEARCH / 198

REFERENCES / 205

第一章 导言

第一节 选题背景和意义

一 选题背景

合作经济是一种特殊的经济组织,合作社是合作经济的组织载体。如果以1844年英国罗虚代尔纺织工人建立的消费合作社的实践算起,到现在已有160多年历史。一般地,合作经济是社会弱势群体的组织,社会弱势群体通过组织合作社进行互助,从而增强抵抗风险的能力。合作经济由于维护和增加社会弱势群体的利益,改善了其社会和经济地位,因此,合作经济是弱势群体适应社会的载体。为了实现自己的社会和经济利益,合作社制定特有的合作原则和制度安排,形成了独特的运行机制要求社员必须遵守。由于其具有经济和政治的双重性、适用的广泛性、在农民生活中的重要性,使得合作社在世界各地取得了快速发展。截至2008年,国际合作社联盟拥有125个国家的235个成员组织,其社员总数已达7.5亿人。[1]

20世纪初,西方的社会思想被中国的一些知识分子介绍到中国,合作思想、合作制度也随之来到中国,如果以1918年北京大学出现的消费合作社算起,已有90多年的历史。新中国成立后,我国通过社会主义合作化运动改造个体小农,全国合作呈现求公、求大、求快,甚至借

---

[1] 李中华、曹春燕、辛德树:《国际农业合作社的发展、经验及对我国的启示》,《青岛农业大学学报》2008年第1期,第47页。

助意识形态灌输实现合作制度变迁的目标和效率。合作社也被变成社会主义的经济组织，人民公社更成了"工农商学兵"齐全的"共产主义大学校"。

1978年，党的十一届三中全会作出把党和国家工作中心转移到经济建设上来、实行改革开放的历史性决策，为中国农村的改革和发展揭开了崭新的一页。我们党全面把握国内外发展大局，尊重农民首创精神，率先在农村发起改革，使我国农村发生了翻天覆地的变化。废除人民公社，确立以家庭联产承包经营为基础、统分结合的双层经营体制，全面放开农产品市场，取消农业税，对农民实行直接补贴，初步形成了适合我国国情和社会生产力发展要求的农村经济体制；农产品供应日益丰富，农民收入大幅增加，扶贫开发成效显著，依靠自己力量稳定解决了13亿人口吃饭问题；农村市场兴旺繁荣，农村劳动力大规模转移就业，亿万农民工成为产业工人重要组成部分。2008年10月十七届三中全会通过的《中共中央关于推进农村改革发展若干重大问题的决定》，进一步明确了合作经济的地位及发展目标。决定涵盖了关于农村的经济、政治、文化、教育等方面，并提出到2020年城乡经济社会发展一体化体制机制基本建立、农民人均纯收入比2008年翻一番的宏伟目标。决定充分体现了党中央促进农村全面发展的要求与决心，体现了党中央对广大农民的高度关怀，同时对于进一步巩固和加强农业的基础性地位、构建社会主义和谐社会、实现国家繁荣富强和长治久安都具有十分重要的意义。

改革为农业和农村经济注入了新的活力，促进了农民收入恢复性增长，加快了农业结构调整的步伐，大大提高了农村生产力水平。但是，农村经济依然面临长期以来的深层次矛盾，"三农"问题日益突出。主要表现为：农村经济比较萧条，市场发育相对滞后；农产品商品率、产业化程度均较低，资源配置优化程度不高；农村人口众多，劳动力严重过剩；农民负担过重，城乡居民在经济、政治、社会、文化上两极分化；教育水平不高；社会保障制度没有建立等。"三农"问题的核心是农民收入问题，20世纪90年代中后期以来，我国农民收入增速连年下降，农民人均纯收入年增长率徘徊在4%左右，不到城镇居民人均可支配收入增长率的一半。2007~2011年，城乡居民收入比分别为3.33∶1、3.315∶1、

3.33∶1、3.23∶1、3.126∶1[①]，远高于国际上平均的1.5∶1[②]。

造成这种情况的原因是多方面的，概括起来主要有以下几方面：

第一，城乡二元经济结构使整个中国社会被分割为城市和乡村两个部分，使城乡之间在政治、经济、社会发展和文化水平上产生了巨大差异，从根本上造成了乡村与城镇发展的不均衡，制约了农民收入的增长。

第二，农业是自然再生产和经济再生产的统一过程。一方面，农业生产周期较长，受不可控制的自然因素的影响较大，其劳动过程和最终劳动成果具有明显的不确定性，面临着较高的自然风险；另一方面，农产品的需求弹性相对较低，一家一户的农民参与市场的交易费用极高，对市场的影响力又相对较弱，"小农户、大市场"的矛盾比较尖锐，面临着较高的市场风险。

第三，广大农村人均土地面积狭小，生产方式落后，农业生产效率低下。自20世纪80年代初期实行家庭联产承包责任制以来，农户家庭逐渐成为中国农业生产活动的主体。但由于中国人多地少，人均农业资源占有量低，农户家庭的土地经营规模很小，户均只有0.5公顷，再加上肆意占用耕地和耕地荒芜的现象时有发生，更加深了中国人多地少的矛盾。由于耕地面积狭小，中国很大部分农村生产仍然依靠直接手工劳动力来进行，农业机械占的比例低，未能形成专业化和集约化的农业生产方式，尤其在江南的丘陵地带和西北高原地区这种趋势更加明显，直接导致中国目前农业生产率低下。

第四，农民从农产品生产中获得的收入低，城乡贸易条件恶化。农民从纯农业中获得的收入低，农民增收难，这一点在主要粮食生产区表现得更加明显。过去几年中，由于不少农产品供过于求，价格下跌，导致农民来自农业的收入减少，使以务农为主的纯农户的收入增长尤其困难。在有些年份，粮食主产区农民的人均纯收入甚至是负增长。显然，这样的局面不仅限制了农民购买力的提高和国内市场的扩大，而且也不利于粮食生产能力的稳定和增长。另外，伴随着中国放开部分农产品交易市场，允许国

[①] 根据《中国统计年鉴》（2007～2011年），中国统计出版社，2007～2011年数据计算得出。
[②] 世界银行1997年对36个国家进行统计分析的结果。"36个国家的数据表明，城乡之间收入比率超过2的极为罕见；在绝大多数国家，农村收入为城市收入的2/3或更多一些。"

合作经济的理论与实践模式

外质优价廉的大宗农产品如小麦、大豆、棉花等进入中国，由于国际农产品市场价格较低，对国内农产品市场形成较大冲击，导致国内粮食供过于求，价格下跌，城乡贸易条件迅速恶化。在农民从农业获得的纯收入不断下降的同时，城乡贸易条件近年来进一步恶化，对农民增收形成了双重影响。

第五，农业生产还没有实现从粗放型向集约型的转变。具体表现为农产品结构单一，深加工不足，产业化和商品化程度较低；农村生产力水平相对落后，劳动生产率低下，资源消耗高；农业科技水平较低，科技成果转化率不高；农业社会化服务体系尚不健全，信息不灵，服务人员素质偏低等。这也成为制约农民收入增长的重要因素。

"农民收入长期上不去，不仅影响农民生活水平提高，而且影响粮食生产和农产品供给；不仅制约农村经济发展，而且制约整个国民经济增长；不仅关系农村社会进步，而且关系全面建设小康社会目标的实现；不仅是重大的经济问题，而且是重大的政治问题。"[1] 如何找到一条有效解决上述问题的制度途径，切实提高农民收入和市场地位，减少农民市场交易风险和不确定性，成为本书分析的起点。

合作经济组织作为一种改变弱势群体市场地位、实现小农户与大市场有效对接的经济组织形式，能够解决小农户与大市场之间交易费用过高、交易效率低下的问题。十七届三中全会通过的《中共中央关于推进农村改革发展若干重大问题的决定》为合作经济组织迎来重大发展机遇。因此，通过组建农民自己的合作经济组织，改变单一农业生产者和大市场之间进行不对等交易的制度安排，实施以合作经济组织为载体的农业产业化经营，是解决上述问题的正确选择。

农民合作经济组织不是对家庭经营的替代或排斥，而是建立在家庭经营的基础上，是对家庭经营模式的补充与完善。合作经济组织变农民家庭经营的个体劣势为群体优势，以服务成员为经营理念和以"民办、民管、民受益"为组织原则，不仅提高了农民的组织化程度，而且使其真正成为农民自己的组织。

---

[1] Barzel, Yoram, *Economic Analysis of Property Right*, Cambridge University Press, 1989, p171.

从微观的角度分析，一方面，农民合作经济组织能在一定程度上实现农业的规模生产和经营，打破平均化的生产资料分配形式和耕地经营格局，提高农业生产要素的综合利用效率，有利于现代化的技术组织方式和资金的注入；另一方面，它引导农民有组织地进入市场，使小生产与大市场进行有效对接，节约了交易费用，提高了农民在交易中的市场地位，使农民分享加工、流通领域的利润，提高了农民抵御市场风险的能力。

从宏观的角度分析，一方面，农民合作经济组织为政府加强对农业的指导和补贴提供了组织载体，是国家农业保护体系的重要组织基础，有效地提高了政府调控农业和影响农村经济的有效性；另一方面，它还能够成为农民与政府之间交流的桥梁和纽带，增加农民与政府之间的对话渠道，通过组织争取政府在财政、税收、金融等方面的支持，提高农民的政治地位，以获得平等的公民待遇。

从市场体系发育的角度分析，一方面，社会主义市场经济的发展要求培育合格的市场主体，按照主体资格健全、行为规范化的标准，从生产经营的效率、承担风险的能力、获取信息的渠道等角度分析农民合作经济组织，它显然比一家一户分散的农民更具备优势；另一方面，市场体系的发育要求建设社会化的服务体系，以进一步提高专业化水平和生产效率，合作经济组织能够为农民的生产和经营提供优质的服务，特别是在产前的农资供应、产中的信息和科技、产后的贮运和销售等方面，做出了突出贡献。作为农民自己的组织，它适应农业现代化、商品化、专业化的要求，已经成为农村社会化服务体系中的一个不可或缺的环节，为农业生产经营注入了新的活力。

二　选题意义

（一）理论意义

开展本课题的研究，具有如下两方面的理论意义：

1. 有利于繁荣与发展马克思主义合作经济理论

从历史上看，如果说马克思和恩格斯为科学社会主义的合作制度奠定了理论基础，完成了合作制理论从空想到科学的跨越，那么列宁则是社会主义合作制理论科学原理的揭示人。他创造性地运用和发展了马克思主义农民运动理论与合作经济理论，并全面领导了苏联社会主义农业合作运动的伟大实践。可以看出，马克思主义合作经济理论是马克思主义历史唯物主义和科学的政治经济学研究的理论成果，这些理论直到今天对于各国合作经济理论的发展仍发挥着重要作用，并不存在过时、失效问题。本课题坚持以马克思主义理论为指导，借鉴西方合作经济理论的研究成果，开展合作经济的理论研究，有利于繁荣和发展马克思主义合作经济理论。

2. 有利于丰富我国社会主义经济理论

党的几代领导人都十分关注合作经济的发展，把合作经济理论作为社会主义经济理论的重要组成部分，他们在继承的基础上，不断创新，逐渐形成了具有中国特色的合作经济理论体系。本书在现有合作经济理论基础上对合作经济展开深入研究，首先运用重复博弈理论探寻合作组织的基石。研究表明，当博弈次数有限，单阶段博弈存在唯一的纳什均衡；当博弈次数无限，如果参与人有足够的耐心，那么，任何满足个人理性的可行的支付向量都可以通过一个特定的子博弈精炼均衡得到。其次，澄清几个理论认识上的误区。一是理论界和决策界许多人把集体经济等同于合作经济，其实它们是两个反映不同本质内容的概念。集体经济是一种集体无差别占有生产资料的经济形式，是财产的合并，否认私人产权；合作经济是承认其成员对生产资料占有的差别交易的联合，承认私人产权。二是合作经济与股份经济。有学者认为，由于合作经济内含多种产权，股份经济属于其中一种。其实两者在组织原则体现的企业所有权上存在着本质的区别。最后，通过对中国合作制度变迁的分析找出存在的不足，在借鉴国外合作经济经验的基础上，进一步完善中国合作制度的发展。

（二）实践意义

1. 有利于正确分析和把握合作经济组织模式发展变化趋势，引导中国合作经济沿着正确的方向发展

20世纪下半叶，是中国合作经济组织发展最快，尤其是合作经济组织制度变迁最波澜壮阔的年代。由于一系列主客观方面的原因，获得土地的农民还没有捂热自己的土地，急风暴雨式的农业合作化运动和人民公社化运动就席卷了全国，最后形成了"一大二公""政社合一"的人民公社体制。"跑步进入共产主义"的幻想破灭后，形成了"队为基础、三级所有"

的一种独特的农村经济组织形式。家庭联产承包责任制的实施，使家庭代替生产队成为最普遍的农村经济组织，但市场导向的经济体制改革使我国农村经济不可逆转地走向社会主义市场经济的轨道。农民已不是传统的自然经济条件下的自给自足型农民，而是市场化或正在市场化的农民，同时农业具有自然和市场"双重风险"。在这种情况下，各种形式的合作组织应运而生，像"公司+农户"、"农户+合作经济组织+公司"、合作农场等。对于现存的这些合作组织模式，是让其放任自流还是政府引导、扶植甚至推广，是合作经济组织实践中需要解决的问题。

2. 借鉴国外合作组织成功经验和中国历史经验，完善中国合作制度，更好地发展中国新型农民合作经济组织

本书将我国农村市场化改革以来在家庭承包经营制度基础上新发育成长的，由农民按照自愿、民主、平等、互利原则自发组织的，为谋求经济和社会利益的经济组织和社会团体称为新型农民合作经济组织。之所以强调新型，缘于它既不是过去农业合作化的翻版，也不是现有的农村社区集体经济组织的强化，而是在新时期对农村微观经济基础的组织创新。中国从民国时期的合作社到家庭联产承包责任制，每一个阶段都打上了中国国情的烙印，避免重蹈覆辙和政策的大起大落，是发展新型农民合作经济组织应该吸取的教训。通过分析西方国家政府推动型合作经济模式和市场推动型合作经济模式，借鉴其成功的市场制度安排，同时吸收它们在社员资格制度、民主决策机制、内部治理结构、利益分配机制中的有益成分，更好地发展中国新型农民合作经济组织，推进中国的农村改革和发展，巩固和加强农业的基础性地位，促进社会主义和谐社会的构建。

第二节 概念界定

在诸多有关合作经济的著作和文章中，人们对于合作、合作制、合作社、合作经济、合作经济组织等范畴的含义及它们之间的区别和联系存在争议。为了便于研究和讨论问题，有必要对合作经济的相关范畴作简单分析。

合作经济的理论与实践模式

一 合作

合作一词，英文为 Collaboration、Co-operation 或 Working together，与中文的合作本意相当契合。说文解字中"合"为"合口也，从口"。《左传·宣公二年》有"既合而来奔"。"作，从起也"，《谷梁传》有"作，为也"的表述。因此，《新华字典》中解释为"互相配合做某事或共同完成某项任务"。合作有广义和狭义之分。广义的合作是指共同劳动、联合起来工作的意思。也就是说，人类联合起来，为达到共同利益的集体行动，都称之为合作。狭义的合作仅指经济方面，具体指相关产业部门之间的合作。

由此可见，合作是个人或组织为达到共同的目标，通过自愿联合，有意识、有计划地共同协力与相互扶持，从而增强自己群体竞争力的过程和行为。合作的途径有血缘、地缘、业缘，其中血缘是合作的天然最短途径。家庭是人类最基本的合作形式，企业等各种类型的合作组织是合作形式进一步发展的结果。

此外，我们还应当区别"合作"（cooperation）与"协作"（coordination）。合作是生产关系范畴，而协作则是生产力范畴。按照马克思的解释，协作是指"许多人在同一生产过程中，或在不同的但相互联系的生产过程中，有计划地一起协同劳动"[①]。协作可以产生新的生产力，利用协作劳动获得经济剩余，也为历史上一系列劳动组织（如原始人的氏族、奴隶主的庄园、资本主义的工厂、社会主义的企业等）所自觉采用。但是，这种协作劳动不一定是由合作关系形成的，由此产生的经济剩余也不一定为合作当事人所分享。

二 合作制

合作制是一种社会经济制度，是近代商品经济的产物，有其特定的组织形式，反映特定的经济关系。合作制从本质上有两方面含义：一方面，它是劳动者为改善生活或生产条件，谋取和维护自身利益，在自愿互利基础上建立起来的经济组织；另一方面，它又是以劳动联合为基础的经济关

[①] 马克思：《资本论》第 1 卷，人民出版社，1975，第 362 页。

系，生产资料、资本金等生产要素通过合作占有，为联合劳动提供物质前提。合作制的具体形式在实践中千差万别。

合作制是一个历史范畴，有其产生、发展和消亡的规律和过程。合作制又是一种普遍的社会现象，它的内涵、类别、性质、功能和作用，依其所在的时代、国家、社会经济条件的不同而变化。由此可将合作制概括为：合作制是劳动群众为了谋求自身的经济利益，在自愿互利基础上结合起来的经济组织制度。

三　合作社

合作社是近代社会的产物，是商品经济发展到一定阶段出现的一种特殊的生产和经营活动的组织形式。合作社形成一种制度并在世界各国普及之后，形式和内容都有很大的差异，合作社的定义在不同时期、不同国家也不相同。

英国《简明不列颠百科全书》采用的合作社定义是："由那些分享服务的利益的人所拥有和经营的组织。"[①]

法国是世界上农业合作社出现最早的国家。法国经济学家吉德（Charles Gide）认为："合作社是由一群人为了追求共同的经济、社会和教育的目标，借助于业务手段而实现的。"法国合作活动家奎特（G. Hauquet）从合作社在整个经济系统中的作用角度提出："合作社是人的结合体，而不是资本的非人的结合体，与其他经济部门有很大的区别，但是合作社作为社会经济体系中的一个部门，必须与其他部门互补，发挥各自的功能，方能解决各种社会经济问题。"

美国经济学家萨斯（Marvin A. Schaars）认为："合作社是成员自愿拥有并为成员控制的，在非营利或成本基础上运作，满足成员利益需要的业务。"加拿大合作经济学者赖罗则指出："合作社是一群人在一般共识下依民主与自助原则而结合在一起共同行动，以确保一种服务和经济秩序，以满足所有的社员和社会的需要。"

德国的合作社学者认为，经济意义上的合作社是具有四种特点的组织：

[①] 《简明不列颠百科全书》（中文版）第8卷，中国大百科全书出版社，1985，第708页。

合作经济的理论与实践模式

一是成员的结合是因为各自有至少一种利益相同。

二是群众目标也是群众成员个人的目标，就是在团结和互助的基础上通过集体行动来促进共同的利益。

三是建立一个共同所有、共同出资和共同管理的企业作为达到目的的手段。

四是这个共有企业的主要目标是促进群体成员的经济利益。

体现这四个特征的经济实体不管它以什么样的法律形式进行经济活动（如公司、合伙经营、社团等）都可以归类为经济意义上的合作社。[①]

关于合作社的定义，无疑以国际合作社联盟的定义最权威。国际合作社联盟在1995年举行的100周年代表大会上，给合作社确定了一个很原则的定义："合作社是自愿联合起来的人们，通过联合所有与民主控制的企业来满足他们共同的经济、社会、文化的需求与抱负的自治联合体，他们按企业资本公平出资，公正地分担风险、分享利益，并主动参与企业民主管理。"这是一个关于合作社界定的国际性标准。合作社定义中的"联合所有"（jointly-owned）不是"共同所有"（common-owned），"联合所有"是确认社员个人在合作社中的所有者权益，而不是过去理解的否定个人所有者权益的"共同所有"。"民主控制"（democratically-controlled）是指合作社的法人治理机制，即社员通过民主程序对合作社实施控制，这与含义很不确定的"民主管理"（democratically-managed）的概念也有区别。其强调合作社的价值是"自助、自担责任、民主、平等、公平与团结"。合作社的伦理价值是"诚信、开放、社会责任与关怀他人"。

国际合作社联盟还对这一定义作了详细说明：

第一，合作社是自治组织，它尽可能地独立于政府部门和私营企业。

第二，合作社是"人的联合"。"人"，可以是法人，也可以是自然人。许多的基层合作社仅允许自然人加入，但联合社允许法人加入，包括公司，且它们与其他社员拥有相同权利。通常，联合社的社员就是其他合作社。合作社选择哪一种形式，一般由社员来决定。

第三，人的联合是"自愿的"。即社员有加入或退出合作社的自由，任何组织或个人不得强迫他人加入或退出合作社。

---

① 汉斯·H. 缪恩克勒：《合作社法律原理十讲》，西南财经大学出版社，1991，第12页。

第四，合作社成立的目的是满足社员们"共同的经济和社会需求"。这一规定强调了合作社是由其社员组织起来的，并着眼于为社员提供服务。这种服务可能是单一的，也可能是多样的；可能是社会的，也可能是纯经济的。

第五，合作社是一个"共同所有和民主管理的企业"。这句话包含合作社的两个特点，即：所有权归全体社员，合作社是社员民主管理的。这两个特点，是区分合作社与其他组织，如股份制企业和政府管理的企业的主要所在。这句话还表明，合作社也是企业，它要在市场中发挥作用，因此，合作社的业务必须强调效率和效果。

以上各种合作社的定义虽然表述各不相同，但关于合作社的性质和特征基本一致。根据以上定义和说明，合作社可以理解为：合作社既是人们自愿结成的群众性的社团组织，又是具有法人地位的生产和经营企业。合作社作为一种经济、社会组织形式，其制度特征是人们自愿联合、共同所有和民主管理，其价值特征是满足共同的经济和社会需求。值得注意的是，合作社作为一种社团组织和企业，具有下列特殊性：

首先，合作社是一种企业组织，它与普通的社会团体不同，普通的社会团体是一种非企业组织。

其次，合作社与其他商业性企业不同，合作社是一种由它所服务的人们共同拥有和民主管理的，其利益在使用的基础上取得并公平地进行分配的特殊企业。

四 合作经济

人类一般意义的合作行为源远流长，但是，并不是有"合作"就是合作经济，合作不等于合作经济。作为一种特殊的社会经济组织现象和合作方式，合作经济是近代社会的产物，是人类社会发展到资本主义阶段才出现的。合作经济是一个历史范畴，对其概念有不同的理解。《政治经济学辞典》提出："合作经济是劳动群众为改变生活条件或生产条件而联合建立的一种经济组织。"[①] 我国学者近年来对合作经济的概念也提出了各种看法。洪远朋认为："自有人类活动起，就存在人们相互的合作行动。然而，

---

① 《政治经济学辞典》(下)，人民出版社，1981，第84页。

作为一种特定的经济思想,有其特定的历史背景,是社会发展到一定时期的特定产物。其萌发于空想社会主义时代。"① 而蒋玉珉则以广义合作和狭义合作区分二者。② 综合以上观点,本书认为,合作经济是指劳动者为改善生产条件和生活条件,谋取和维护自身利益,按照自愿、民主、平等、互利等原则建立起来的一种经济制度。合作经济的内涵是合作制,外延是各种类型合作社的具体实践。迄今,合作经济大体经历了四个发展阶段:19世纪初合作经济思想肇端于空想社会主义;1844年英国罗虚代尔公平先锋社奠定了合作社原则的基本框架;1895年国际合作社联盟确立合作社的基本原则;20世纪最后20年新一代合作社对合作社制度进行创新。随着合作经济的发展,合作经济的基本原则也在变化。随着社会历史的发展,合作经济的组织形式、经济关系会有不同程度的变化。合作经济的基本形式、所遵从的基本原则虽然有很大的继承性,但由于参加合作经济成员的社会经济地位的变化,其社会性质也发生了变化,产生了一系列新的内容。

五 合作经济组织

合作经济组织是按合作制原则组建的具体企业或社团,是具体的市场主体。合作经济组织的具体名称,在不同的国家,包括在一个国家内,也有不同的名称,最通行的称谓为合作社,所以有时合作社就成为合作经济组织的代称。我国的合作经济组织除了合作社的名称外,还有专业协会、联合组织等。合作经济组织按照区域可以分为城市合作经济组织、农村合作经济组织、社区合作经济组织。按照功能可以分为生产领域的合作经济组织、消费领域的合作经济组织、流通领域的合作经济组织、金融领域的合作经济组织。按照经营范围可分为综合性合作经济组织和专业性合作经济组织。现实生活中,合作经济组织主要在农村,主要对象是农民。

六 新型农民合作经济组织

新型合作经济组织是一个具有中国特色的概念。较早提出的是牛若峰、夏英合著的《农村合作经济发展概论》,在书中"把农村改革进程中

---

① 洪远朋:《合作经济理论与实践》,复旦大学出版社,1996,第17页。
② 蒋玉珉:《合作经济思想史论》,山西经济出版社,1999,第1页。

兴起的合作组织称为新型合作经济组织,是因为它与以前的集体制社队组织有着重大差别,即直接与发育中的市场经济和农民群众的新觉醒相联系。"① 2002年年底,浙江大学农业现代化与农村发展研究中心在研究报告中指出:"将研究对象界定为新型农民专业合作经济组织是基于以下考虑:①强调对农民主体性的确认和尊重;②作为提高农民组织化程度的主要载体,专业合作组织既不是过去的农业合作化运动的翻版,也不是现有的农村社区集体经济组织的强化,而是新时期对农村微观经济基础的创新。我们所讨论的是改革开放以来在我国农村涌现的,由围绕某一类农产品生产经营的农民及相关主体自愿组织起来的合作经济组织。"②

本书中使用的新型农民合作经济组织是泛指我国农村经济市场化以来,中国农民在家庭承包经营的基础上自发地依照自愿、民主、平等、互利原则,按章程进行共同生产经营活动,谋求和维护其成员社会经济利益的经济组织。包括乡村专业合作社、社区合作社、专业(技术)协会、各类经济联合体、合作社之间的联合组织等。这种新型农民合作经济组织既区别于旧中国的农村合作社,又区别于新中国的合作化和人民公社运动。本书中新型农民合作经济组织比国际合作经济运动中的合作经济组织更宽泛,既包括规范的农民合作社,也包括各种松散的、不完全具备合作社特征的农民合作与联合组织。

关于中国农村合作经济,"仁者见仁,智者见智"。一是广泛含义的理解,认为农村合作经济包括与农业和农村有关的,具有合作经济的某些特征和属性的各种组织,如合作社、农村社区性合作经济组织、农民专业技术协会、农村信用社、农村供销社、农村股份合作企业等。二是狭义的理解,认为农村合作经济只包括以农民为主体的农村合作组织,不以农民为主体的农村供销社、信用社等被排除在外。三是更窄的理解,认为农村合作经济仅仅指由农民自己创办和运行的专业合作社,真正以农民为主体,遵循自愿、民主、平等、互利的基本原则,和真正的合作组织比较接近。

本书在最宽泛的意义上使用农村合作经济组织这一概念。换言之,本

---

① 牛若峰、夏英:《农村合作经济发展概论》,中国农业出版社,2000,第107页。
② 许行贯、王栾生、黄祖辉、徐旭初等:《新型农民专业合作经济组织现状、机制及发展对策》(研究报告),2003年2月。

书中使用的农村合作经济组织、农民合作经济组织、农民合作社、农民专业合作社、新型农民合作经济组织等概念包括所有与农业和农村有关、带有合作经济属性的组织形式。比如农村信用社、农村供销社等虽然算不上真正的合作经济，但从它们与农村合作经济发展关系及发展目标来说，它们在农村合作经济的发展史上具有特殊的地位和独立的研究价值。因此，本书希望对我国农村合作经济做总结性研究，从而展现其动态的发展变化趋势。

第三节　国内外研究动态综述

合作经济自产生以来，理论上不断丰富和完善，实践上不断发展和创新。本节回顾了现有的文献，对合作经济的国内外研究进行了系统的梳理。由于国外合作经济实践的主要表现形式为合作社，关于国外合作经济按照西方合作社理论发展历史，追踪其发展轨迹；而国内合作经济实践的主要表现形式、称谓较多，在简述旧中国合作思想的基础上，主要梳理和总结新中国及当代合作思想，为分析和研究我国农村合作经济提供理论工具和借鉴。

一　国外合作社理论文献综述

关于合作社的思想及理论可谓源远流长、学派纷呈，从早期的空想社会主义到现代合作经济理论均对合作社的产生和发展做出了具有鲜明时代特征的阐述。

（一）20世纪40年代以前的合作社理论

早期空想社会主义者的合作思想可追溯到古希腊思想家柏拉图（Plato，BC427~BC347）的《理想国》对理想社会的描述。18世纪的空想社会主义者则对未来理想社会从富有天才想象力的文学描述转向理论上的探索和论证，其代表人物有 Thomas More（1478—1535）、Tommaso Companelle（1566—1639）等。19世纪初三大空想社会主义者圣·西门、傅立叶、欧文分别设想了"实业制度""和谐社会""合作公社"作为未来理想社会的模式。空想社会主义虽然蕴涵着丰富的合作思想，但是它并没有把合作组织看作一类特定的经济组织，而是将其作为改造资本主义社会的形式，幻想通过合作制和平改造资本主义社会。

基督教社会主义学派试图将合作思想与基督教相结合。他们认为合作社提倡的"互相帮助、人人友爱"与基督教的精神相吻合，代表人物有 William King（1786—1865）、Philippe Buchez（1769—1865）、Louis Blanc（1811—1882）、Hermanr Schulze – Delitzch（1808—1883）等。

20 世纪 20 年代以后，西方国家普遍认为合作社是资本主义体系的一个组成部分，合作经济是资本主义内部的进化因素，这种思潮被称为"进化派"[①]，成为西方国家合作社研究发展的方向，代表人物有萨皮罗（Aron Sapiro, 1947）、诺斯（Edwin G. Nourse, 1948）等。萨皮罗提出合法垄断说，主张合作社需要获得政府的支持，建立中央集中控制的合作社体制；诺斯提出竞争尺度说，把合作社看作是一把衡量竞争效率的尺度，反对农业垄断，主张通过建立合作社来加强竞争，提高市场效率。在萨皮罗和诺斯之后几年，学者们对合作社的研究开始从寻求其存在的合理性解释转向对合作社内部问题的深入剖析。

（二）20 世纪 40～90 年代的合作社理论

一般认为，关于合作社的经济学研究开始于 20 世纪 40 年代。大致可以分为两个阶段：第一阶段是 20 世纪 40～80 年代，经济学家应用新古典经济学方法沿三条主线分析合作社：一是作为纵向或垂直一体化；二是作为一个企业或厂商；三是作为通过集体或联合行动联结起来的厂商之间的联合（联盟）。第二阶段是 20 世纪 80～90 年代，经济学家应用新制度经济学研究合作社问题。

---

① 与历史上强调合作社的社会目标的"社会主义学派"相区别。社会主义学派将合作社视为对资本主义社会进行改造的工具，而不是将其作为一类特定经济组织形态。由于该学派重视社会整体变革的宏大政治目标，对社员微观经济效益的直接重视不够，以此理论设立的合作组织不仅得不到统治者的支持，而且对社员自身也缺乏吸引力，最终无法成为有生命力的社会经济制度。相比之下，实用主义的进化学派的思想理论在社员互助合作的基础上，实行民主管理，注重改善社员的生活和经济条件，使合作社成为世界各国普遍存在的经济组织形式，并且获得重大的发展。

合作经济的理论与实践模式

1. 20 世纪 40~80 年代

把合作社作为纵向或垂直一体化的代表人物有 Phillips（1953）、Robotka（1957）等。① Robotka（1957）建立了垂直一体化框架，认为合作社是一种经济现象，是独立的经济主体之间不完全的经济联合，是业务的联合而不是人的联合。因此，合作社是一种纵向一体化形式，其内部是委托-代理关系，社员对合作社的贡献、在合作社中的投票权以及从合作社返还的收益都与惠顾比例一致。

把合作社作为一个企业或厂商是 Emelianoff（1942）和 Enke（1945）在研究消费合作社时提出的。他们把经典厂商理论应用于合作组织，推出如果合作社使合作社生产者剩余和成员消费者剩余最大化，那么合作社成员和社会福利都将被最大化，并首次提出合作社"决策者"② 概念。随后，Helmberger 和 Hoos（1962）在现有研究的基础上，创建了一个合作社模型，结果表明：①合作社可以通过限制合作社成员数量来增强现有成员的潜在激励；②在收益递减的情况下，如果管理者试图通过吸收新成员来扩大业务，将会减少已有成员的收入。而 Ward（1958）、Domr（1966）、Sexton（1966）、Putterman（1980）等人利用新古典经济学方法来探讨合作组织资源配置的效率问题。这些研究试图说明，至少从长期来说，资源的配置在合作社里是可以实现其静态效率的，对成员的劳动激励可能会达到市场雇佣条件下的水平。

但是，Alchain 和 Demesetz（1972）研究发现，对于合作组织而言，实现上述激励水平和生产效率的条件并不容易满足，因此对劳动的衡量是不完全的，于是他们发展了关于合作组织变迁的理论。后来，Holmstrom（1982）通过构建一个简单的团队生产模型，讨论了平均分配条件下合作组织的效率问题。结果表明，在一个封闭的，即预算平衡的合作组织内，"搭便车"可能导致诸如劳动力等生产性投入的供给不足。无论是 Meade（1972）、Alchain 和 Demesetz（1972），还是 Holmstrom（1982），他们的研究都将合作社生产的低效率归咎于团队内部在收入分配上采取的分享或平

---

① 最早提出垂直一体化概念的是美国的约翰·布莱克（John D. Black, 1924）。详文见张晓山《创新农业基本经营制度发展现代农业》，《经济纵横》2007 年第 1 期，第 6 页。
② 类似于现代企业中的总经理。

均主义原则，而这又被认为是公平和公正的体现。因此，一些学者便从非经济因素来解释合作社的内部激励结构及其性质，Domr（1966）和Putterman（1980）详细地讨论了这些问题，而Maclend（1988）通过构建模型论证了平均分配原则可以和效率相容。

把合作社作为通过集体或联合行动联结起来的厂商之间的联合（联盟）的代表人物有Condon（1987）、Vitaliano、Eugene和Michael Jensen（1983）等。他们建立一个理论框架，用以证明财产权的控制与合作社组织间的关系。Vitaliano（1983）认为合作企业作为经济组织，其剩余索取权被限定在合作社合约框架下的提供惠顾的代理群体中，不仅不能开放交易，而且成员对合作企业没有独立所有权，只拥有大致相同份额的货币价值的求赎权。同时，由于合作组织成员无法以市场价格卖出股份，其时间预期被降低。

2. 20世纪80~90年代

20世纪80年代，随着交易费用理论、博弈论等一些新制度经济学方法的应用，一些学者开始使用这些方法理论研究合作社问题。Axelord（1981）研究表明，在有限次重复博弈中，合作行为频繁出现。Kreps，Milgrom，Roberts和Wilson（1982）的声望模型证明合作行为在有限次博弈中会出现。到了90年代，合作社的理论研究有了更快的进展。Joel M. Guttman（1992）认为，在合作社内部，工人的报酬不仅仅是其投入的函数。比如，在以色列的Kibbutz内，净收入在成员之间平均分配，无论其成员对集体的贡献如何。在这种情况下，存在着严重的"搭便车"问题：当工人的收入与其贡献无关时，为什么他们还自愿合作为集体的产出贡献力量？Guttman通过采用对策性匹配博弈发展了两种排除这些非合作结果的方法，给自愿合作以更有力的解释。Eschenburg和Rolf（1992a，1992b）则认为合作社对市场的代替并不是取消了市场，而是外部市场内部化，即"合作社内部市场"。

（三）当代合作社理论的新拓展

20世纪90年代以来，合作社的理论研究有了更快的发展，以新制度经济学为主的大量新方法、新理论（委托代理理论、产权理论、交易费用理论、博弈论等）用于研究合作社，对前期理论进行了拓展。

合作经济的理论与实践模式

1. 合作社作为厂商或企业的拓展

一些学者围绕合作社是追求单一目标函数最大化的独立厂商的假定，改进了前期的研究。

Sexton（1990）利用新古典理论构建了一个描述农业营销产业空间竞争的模型，比较了不同市场结构和企业行为模式下加工企业价格范围，得到合作社加工者在买方寡头垄断市场中的价格——产出均衡，并阐明了在这种市场中开放成员资格的合作社可以促进竞争。

Feinerman 和 Falkovitz（1991）从另外一个视角，用新古典理论构造了一个生产和消费服务皆由合作社提供，且社员的生产决策与消费行为同时被确定的模型。在给定具有代表性社员的效用函数情况下，该类型合作社的目标即最大化社员的总福利，以色列的莫沙夫（Moshav）即是该类合作社的典型。Royer 和 Bhuyan（1995）利用新古典理论分析了投资者导向型企业和农业营销合作社，通过一体化整合进入下游加工阶段的激励和影响。他们对合作社纵向一体化激励的市场力量的解释，完善了交易成本和不完全合约方法。

Albck 和 Schultz（1998）运用标准的产业组织理论来发展 Cournot 双寡头垄断市场上合作社和 Sexton 模型，得出合作社将占有很高的市场份额。然而，这些结果仅在他们的假定范围内适用。

2. 合作社作为厂商之间联盟的拓展

一些学者把合作社看作一个追求效用最大化的群体的联合，从而形成联盟。

Zusman（1992）利用契约理论构建了描述合作社企业制定集体抉择规则和内部法规的模型。该模型解释了合作社在信息不完全、不确定、有限理性以及议价成本控制等条件下，如何选择和制定其内部法规与集体抉择规则，进一步解释了合作社面临异质性成员群体时如何设计集体选择规则。随后 Zusman 和 Rausser（1994）采取合约研究方法构建了一个在集体行动组织中不同参加者之间的讨价还价博弈模型，把集体行动组织视为 $n+1$ 个人的模型，推出合作社回应社会力量和不同利益群体的影响方案。

Fulton 和 Vercammen（1995）利用新古典理论构建了非一致性定价计划的模型，使用这种定价计划的合作社可以减小因实行平均成本定价所导致的经济无效率，还推导出在社员异质性的情况下，采用简单非一致性定价计划可能的稳定均衡状态及分配效应。根据推导的结论，合作社应该采用非一致性定价计划。

Vercammen，Fulton 和 Hyde（1996）利用标准新古典理论构建了营销性合作社非线性定价模型。该模型推导出营销性合作社在会费定价上受社员异质性和信息不对称影响且社员剩余最大化的情形下，应该选择何种定价计划。该模型进一步加深了学界对于农业合作社非一致性定价计划影响力的理解，阐明了非一致性定价计划是如何缓解因一致性定价规则所致的经济无效，但作者在分析过程中低估了不同管理结构和投票方法对于定价规则选择结果的影响力。

Hendrikse（1998）构建了投资决策的博弈论理论模型，该模型以组织形式（合作社还是投资者导向型企业）的选择为关键战略变量。该模型推导出在何种条件下，合作社能成为有效率的组织形式，并指明了在何种条件下合作社和投资者导向型企业可以在一种可持续均衡状态下共存。同时该模型还推导出合作社和投资者导向型企业各自在决策过程中接受或拒绝一项好的或坏的项目的可能性，这一点使其比先前的理论工作更具有创造性。

Karantininis 和 Zago（2001）构建了一个博弈理论模型，以研究内生性社员制度和异质性对于社员及合作社行为的影响。作者推导出在双寡头垄断市场下农民加入合作社的条件、合作社最优的社员规模、社员异质性对于最优社员规模的影响，得出与封闭成员资格的合作社相比，开放成员资格的合作社可能不占有优势。

3. 合作社作为契约集或合约集——合作社股东之间交易关系的拓展

在 20 世纪 90 年代，将合作社视为合同契约受到了学界的注意。该理论认为合作社利益相关者之间的关系是契约性的，实际上是建立在委托代理理论、交易费用理论、不完全合约基础上的松散结合，这些理论的共同点在于其契约性。相比较 80 年代中期的理论模型，90 年代早期的学者构想了许多更为复杂的框架，但未涌现新的理论。同时期，以契约性为出发点的实践研究也逐渐兴起，但是，直到 90 年代末，有关契约联结的正式理论才开始出现。

Eilers 和 Hanf（1999）利用委托-代理理论，探讨了农业合作社中最优契约设计这一问题。作者引发了针对合作社控制和组织设计中的一个问题的启发性讨论，即农业营销型合作社中"谁为委托人、谁为代理人"，其结论表明，委托-代理理论是分析合作社激励问题的一项有用的工具。

Hendrikse 和 Veerman（2001a）运用不完全契约理论的产权形式阐释了对于农业营销型合作社而言，何种治理形式能最大程度上获取投资利润。随后 Hendrikse 和 Veerman（2001b）运用另外一种新制度经济学方法——交易成本理论来研究农业营销型合作社中投资限制和控制限制之间的关系，清晰地解释了交易成本理论、治理结构概念和财政理论，并阐明了这些理论在农业合作社中的运用。

Hendrikse 和 Bijman（2002）探讨了生产者治理结构的选择问题，运用产权不完全契约理论，分析了在多层级网链结构中，产权结构对于投资的影响。推导出在何种市场和激励结构下，生产者通过自投资进行下游产业融合可以带来更多收益；运用博弈理论模型，推导出不同投资情况下最优的产权结构。

David W. K., Leon A., Markus C.（2007）克服了静态合作博弈的参与者能作出具有约束力协议的假定，从动态博弈[①]的视角，讨论了时间不间断的决定性动态环境下合作博弈和成功的合作社联盟所取得的动态平稳，达到多赢的帕累托最优局面。

除了以上三种理论外，还有合作社发展周期论，如 Cook（1995）把合作社的发展周期分为五个阶段。从更广阔的视角来看，合作社作为一种经济组织本身就必须进行组织创新和结构调整以适应外部环境的变化。正因为如此，"新一代合作社"受到众多学者的重视和研究，如 Fulton（2000）指出"新一代合作社"既是适应现代农业变化的一个调整，也是对合作社内部制度安排的缺陷进行的创新和改革。

（四）结论及简要评价

由于合作社的发源地为欧洲和北美，因此，合作社的理论研究在这些

[①] 在博弈论的研究和应用范畴中，动态微分博弈是最艰难而成果极大的一个分支，它研究的是随时间而转变的决策互动。动态博弈的困难在于，在前一刻最优的决策在下一刻可能不再为最优，因此在求解上发生很大的困难。可以说，如何解决随机动态环境下的合作问题是博弈论应用和发展的一个重大课题。

国家和地区也相对领先。通过对国外合作社理论研究成果的梳理，可以得到以下几点结论。

第一，由于农业的特殊性，合作社最先与农场结合，并在农业营销方面发挥了巨大的作用。随着世界经济环境的变化，合作社逐渐出现在其他领域且扮演着越来越重要的角色。

第二，合作社理论研究早已从阐述存在的必要性转向合作社组织制度研究，涉及成员利益的异质性、激励与约束规则的设计、治理结构的选择、管理者（作为代理人）的行为等方面。

第三，近十几年研究的核心是合作社绩效或效率，大多数的研究成果表明合作社通常被认为是低效率的，但实证研究的结果并没有提供确切的解释和公认的结论，同时实证的结果也没有证明合作社普遍比其他类型的组织效率低。因此，对于合作社绩效或效率，尚需要进一步深入研究。

毋庸置疑，"新一代合作社"被认为是合作社制度在当前条件下创新的典范。但"新一代合作社"是否效率最高，制度安排上有无改进，已成为摆在新制度经济学家面前的一道难题。

二　国内合作社理论综述

合作经济组织一直是我国经济学者的重点研究对象。早期合作经济组织研究的主要内容是回顾历史、正本清源。新中国成立后我国合作经济组织的发展由于复杂的政治、经济和社会原因逐步脱离了合作运动的本质，十一届三中全会以后，建立在家庭联产承包责任制基础上的合作运动有了新的发展，重新认识合作经济组织尤其是农村合作经济组织成为摆在理论工作者面前的主要任务。进入20世纪80年代以后，农村合作经济组织理论在许多方面取得了新的进展。

（一）关于农村合作经济组织的界定

相对于国际通行的称谓"合作社"，"农村合作经济组织"是一个具有中国特色的概念。然而，作为合作经济最典型的组织形式——合作社，其定义、价值观、原则、作用及发挥优势的方法和途径，已在国际上达成广泛共识。1995年，国际合作社联盟给出合作社的定义："合作社是自愿联合起来的人们，通过联合所有与民主控制的企业来满足他们共同的经济、社会、文化的需求与抱负的自治联合体，他们按企业资本公平出资，公正地分担风险、分享利益，并主动参与企业民主管理。"原则主要有七项，即自愿与开放、社员民主控制、社员经济参与、自治与独立、教育培训与信息、合作社间的合作以及关心社区。我国于1985年加入国际合作社联盟。

合作理论与合作原则变迁至今，最初的罗虚代尔原则注重的公平（尤其是劳动公平）原则很难适应当前中国农村合作实践的需要，我们应该在遵循马克思、恩格斯原本论述的基础上，依据中国农村合作经济发展的现状，重新界定中国农村合作经济组织的内涵和外延。

第一，农村合作经济组织不能仅局限于劳动的联合。历史表明，将合作社局限于劳动的联合中，等同于将合作社作为社会大生产中的一个农业车间，而不是相对独立、存在内部经济利益的经济组织。在任何社会经济制度下，无论是简单的再生产还是社会化的大生产，都必须将劳动者和生产资料这两个基本要素结合起来，劳动的联合必然要求以生产资料的联合为基础。中国农业集体化之后，因将财产收为公有，分配制度平均化，使得公有财产下的合作制度效率低下，最终人民公社制度流产。这充分说明，合作社不仅要体现劳动者劳动的联合和资本的联合，还要使劳动者实现自己收益的增长。

第二，农村合作经济组织不能局限于公有产权和单一的治理机制。由于合作社既是一种经济组织形式，又内含一种经济制度，而这种经济制度决定着劳动者的经济利益能否和怎样实现，同时决定着合作社的形式，如在农民拥有私有财产后，将公有财产折股量化、私有财产吸收入股可以形成股份合作制，在单一的财产公有权下只能由国家的代理组织统一经营管理，形成"人人都有份，人人都没份"的组织，如高级社和人民公社。劳动者拥有的财产权利不同，组建的合作组织的形式也不同，混合产权形式是不同合作组织建立的前提。在创新的合作组织形式中，已经出现了多种产权形式和委托代理关系，说明合作社的产权和内部治理机制可以有多种形式。

第三，农村合作经济组织不能局限于单一的组织形式和农业生产领域。既然马克思、恩格斯、列宁论述了合作工厂、生产合作等形式，合作社就不应该局限于公有产权形式；更不应该局限于生产领域，而应包含产前、产中、产后的整个生产领域，加入到投资、生产、分配的各个环节，参与农业、工业、服务业的利润分配。

鉴于以上分析，农村合作经济组织应界定为：由农业生产劳动者为了谋求、维护和改善其共同利益，遵守合作社的原则实现劳动的联合和资本的联合，建立以民主管理为基础的管理制度，实现劳动的分工协作和资本的有效运营，采取按劳动分配和按资本分配的方式，直接为农民提供服务的经济组织或联合体。

（二）农村合作经济组织产生的必然性

在家庭联产承包责任制基础上发展起来的农村合作经济组织，其产生的必然性是学者们首先要研究的问题。他们较早从市场体系的建立、家庭联产承包责任制的发展和政府与市场关系的角度研究农村合作经济组织产生的必然性。较为一致的观点是，市场体系的建立和农村家庭联产承包责任制的缺陷使农民产生对各种中介服务的需求，农村合作经济组织应运而生。张晓山认为市场的失灵和政府缺陷是农村合作经济组织产生的根本原因，"发展市场经济要注意区分市场和政府的不同功能，市场着眼于效率与利润，追求效用最大化，而维护公平则是政府的责任。但在现实经济生活中，市场竞争并不完全，资源所有者在市场体系中的地位也并不平等。面对这些问题，政府不愿干预或无力干预，这就导致合作社的诞生"（张晓山，1997）。缪建平（1999）认为农村合作经济组织"是我国农民在推进农村经济改革和发展中的又一创造，是在家庭联产承包责任制的基础上，顺应我国农业生产的专业化、商品化、社会化和市场化趋向改革的不断深化而发展的。它能够把农民组织联合起来进入市场，符合市场经济发展的内在要求"。

从政府和农民的关系层面分析农村合作经济组织产生的必然性是部分学者的共识。高伟（2002）认为单个、弱小的农户无法与政府集团抗衡，农民合作后可以形成一个强势集团，就有可能挤进政府决策圈，从而获得政府对农民集团较高质量的服务，保障农户利益。[①] 郭晓鸣和曾旭晖（2005）认为政府的现实需求也是合作组织必然存在的重要因素，发展农

---

① 高伟：《我国发展农村合作经济组织的必要性和模式选择》，《南方经济》2002年第8期，第50页。

村合作组织可以降低政府的管理成本,促进地方产业政策的实行,推动乡镇农业技术推广机构转型。[1]

以专业合作组织为载体,推动我国农业产业化的发展是研究农村合作经济组织产生的又一视角。夏英(2000)认为合作经济组织是连接公司企业与农户的纽带和桥梁。周立群和曹利群(2001)认为农业产业化的进程也是一个农村经济组织演变和创新的进程。在农业产业化之初,农村的主要经济组织形式是"龙头企业+农户",但其不能对当事人构成有效约束,导致机会主义出现。为了克服这种缺陷,有必要引入中介组织,形成新的组织形式——"龙头企业+中介组织+农户"。苑鹏(2003)提出农村合作经济组织是农业产业化的有效组织载体。

黄祖辉独辟蹊径,从分析农业生产的基本特征入手探讨农民合作的必然性。他认为单个农户仅凭自身力量在市场谈判中处于弱势地位,指出:"只要农业生产中最基本的特点——生产的生物性、地域的分散性以及规模的不均匀性存在,农民的合作就有存在的必然性,这不仅对于农业人口的地位提升,而且对于农产品市场更好地运行,对一个国家乃至国际经济的发展,都具有重要的作用。"(黄祖辉,2000)

程恩富(2006)从农村改革和发展的第二次飞跃离不开合作经济的广泛发展的角度,揭示了当前发展农村合作组织的必要性。提出合作化经营是广大农户联合起来从事市场活动的经营形式,是解决小农户与大市场矛盾的最佳途径,是市场经济实践的产物。马艳(2006)从我国农村合作经济组织的建立和发展的视角,指出由于我国农村合作经济还处于发展的初级阶段,是属于不同于传统集体经济组织的新型农村经济组织,其建立和发展经历了三个阶段:稳步发展的初始阶段(1951年至1955年年初);激进发展的曲折阶段(1955年下半年至1978年);改革开放后的回归发展阶段(1978年以后)。

(三)农村合作经济组织的发展状况

目前,学术界对农村合作经济组织发展状况的研究主要集中于发展特

---

[1] 郭晓鸣、曾旭晖:《农民合作组织发展与地方政府的角色》,《中国农村经济》2005年第6期,第28页。

征、影响因素以及未来发展趋势几个方面。

从历史变迁的视角，夏英和牛若峰（1999）认为我国农村合作经济组织的发展大体经历了三个阶段：第一阶段是从新中国完成土地改革至1953年的互助合作，即生产合作社时期；第二阶段是集体化和实行高度集中统一的"人民公社"，即集体经济时期；第三阶段是从农村家庭承包经营制的实施到目前各类农民自助组织竞相发展时期。我国农村合作经济组织在不同的发展阶段呈现不同的特征，就目前而言，国内的合作经济组织正处于蓬勃兴起的第三阶段，呈现许多新的特征。赵凯（2004）将当前特征归结为以下几个方面：地区分布不平衡；组织数量快速增加，带动农民经济收入不断增长；组织模式多元化；组织与农户关系日趋紧密，合作领域不断拓宽，但仍以种植业为主；合作范围逐步扩大，但总体区域跨度较小。王景新（2005）通过对"农业部课题""中改院问卷""实地调查"三组数据资料的统计分析，认为当前农村合作经济组织是政府主导下的内生型需求诱导性制度创新。

通过对浙江省农村合作经济组织的实证调查，黄祖辉和徐旭初（2002）指出，产品特性因素、生产集群因素、合作成员因素和制度环境因素是影响农村合作经济组织的主要因素，其中制度环境因素又主要包括宏观体制、法律法规、行政介入和文化影响。孙亚范（2006）进一步从文化的角度分析影响农村合作经济组织发展的因素，指出合作社文化的基础是人文主义，核心是集体主义，进而指出我国传统文化中有一些价值观念制约着合作经济组织的发展。

在组织模式的发展趋势研究方面，学术界存在两种不同的观点。一种观点认为，我国农村合作经济组织的主导发展方向是发展社区综合性合作社，即将现存的各种专业合作社同社区组织结合起来，形成一种拥有信用、供销和技术服务等方面业务的合作社（高伟，2002；孙亚范，2006）。大部分学者认同第二种观点，即农村合作经济组织呈现多元化的发展趋势（曾尊固、熊宁，2000；苑鹏，2001；黄祖辉，2002；王景新，2005；傅晨，2006）。由于农村合作经济组织广泛存在于农村中的各个经营领域，强烈的异质性使我国现阶段农村合作经济组织并不存在统一的制度和运行模式，而是只要能够解决"小农户与大市场"的矛盾，就应该生存并获得发展，突出农村合作经济组织的民间性和服务性。因此，多元化发展将是农村合作经济组织的主流趋势。

（四）农村合作经济组织的制度安排

当农村合作经济组织渗透到农村的各个领域，成为发展农村经济的重要载体时，有关农村合作经济组织制度安排方面的研究就显得日趋重要。

大多数学者从农村合作经济组织绩效的视角分析其制度安排。主流的观点认为，农村合作经济组织的绩效与制度直接相关。罗必良和王玉蓉（1999）认为一个经济组织的经济绩效，既取决于组织内部的制度安排，又取决于组织制度安排与环境的相容性。黄胜忠、林坚和徐旭初（2008）研究发现，农民合作社的绩效与治理机制紧密相关，治理良好的合作社，其成长能力和赢利能力相对较强，社员满意度也相对较高。

部分学者从农村合作经济组织制度变迁的理论与实证角度探讨。伍山林（1996）指出同意一致性是交易的效率评价最终和唯一的目标，并试图对制度变迁的效率给出一个评价标准。冯开文（2003）从制度变迁的协调演进方面系统分析了我国合作制度变迁的路径，得出了制度变迁和创新的路径一旦选定，就会不断强化形成路径依赖，进而成为后续制度变迁的轨道的结论。王天宇（2008）认为制度变迁有两重含义：一是制度创新，二是新旧制度接轨。制度变迁也可以被看成是一种效益更高的制度对另一种效率较低的制度的替代过程。因此，农村合作社制度能否替代或超越家庭经营成为主流，取决于合作社是否能将外部利润内部化，使农民得到的净收益更多。

随着农村合作经济组织制度安排研究的不断深入，运行机制和内部治理受到越来越多学者的关注。黄祖辉和徐旭初（2005）分析了合作社的利益机制和决策机制，认为农民专业合作社的利益机制主要涉及两方面：一是合作社与其成员的利益关联方式；二是合作社的利益分配机制。至于决策机制，农民专业合作社要真正做到"民受益"，就必须解决好"民管"问题。傅晨（2006）从会员制度、治理结构、决策机制、利益机制四个方面，结合案例分析了农村合作经济组织的运行机制。赵意奋（2008）认为合作社具有独特性的治理结构，主要包括成员大会、理事会和监事会三个机构，使其同集体经济组织、公司区别开来。

（五）结论及评价

综上所述，经过近几十年的探讨和研究，学术界在农村合作经济组织理论方面取得了丰硕的成果：①作为具有中国特色的概念，农村合作经济组织对应于国际合作社，在保持合作社经典原则的基础上，又有一些新的突破；②农村合作经济组织的发展受多种因素的影响，多元化的合作组织将成为我国农村合作经济组织未来发展的主流趋势；③合作组织绩效与制度有直接联系，在剖析制度变迁的基础上，分析了合作经济组织的运行机制和内部治理。

但是，现有的研究也存在一些不足之处，集中体现在以下几个方面：①由于系统微观数据的缺失，有关运行机制、内部治理、制度绩效方面的研究缺乏实证分析，不利于改进内在缺陷；②现阶段研究只是从经济学意义层面，没有把合作经济与"民主经济"或者"经济民主"[①] 联系在一起，与人道、社会责任联系在一起；③现有研究大多集中探讨某一类型的合作经济组织，个性研究未能有效上升为共性研究，农村合作经济组织内在规律性的研究尚不深入。

农村合作经济组织既是一个历史问题，又是一个全新的课题，有许多问题有待进一步探讨和研究，如对农村合作经济组织运行机制和内部治理如何进行有效规范？怎样才能更好地发挥合作经济组织在保护农民利益方面的作用？如何提高农村合作经济组织的效率并兼顾公平？因此，合作经济的相关研究需要与时俱进地进行下去。

第四节　研究思路

本书以"合作经济"作为考察对象，分别从理论和实践两方面来分析和把握合作经济组织的发展演变历程及其存在的问题。理论上澄清了人们

[①] 经济民主包括两个要点：一是"工作场所"民主，主要由劳动者自主劳动和管理，充分发挥劳动者的主动性；二是管理体制民主，即由劳动者直接参与决策和管理（王洪春：《中外合作制度比较研究》，合肥工业大学出版社，2007，第289页）。

认识上的误区，重新恢复了合作经济的本来面目。实践上随着农业产业化进程的加快，各地合作经济组织已呈现百花齐放、相互补充、相互竞争的格局，在分析各种合作经济组织模式的基础上，深度挖掘合作经济组织制度变迁的路径及效率，使其更好地为提高农民收入和市场主体地位服务。最后通过对信用合作社历史沿革的分析，提出在其失去原有的民主性和合作性的背景下，村镇银行能更好成为新农村建设中金融供给的主力军。本书坚持以马克思主义理论为指导，借鉴西方成熟的合作经济的研究成果，对合作经济思想来源及形成原因、制度变迁及其效率评价、新时期的新一代合作社及农民专业合作组织进行分析考察，构建适合我国国情的合作经济组织制度及模式，并应用于实践，为相关的决策者提供政策建议。

第五节　研究方法

第一，规范分析与实证分析相结合。依据农业经济学、组织行为学、农村社会学、投资经济学等学科的基本理论及方法，从我国现存各类农村经济合作组织的发展现状出发，在概括各类农村经济合作组织现存问题的基础上，进行系统分析，把握我国各类农村合作经济组织的发展趋势。

第二，定性分析与定量分析相结合。仅有定性分析，很难给人们一个精确的概念，也就难以提出操作性很强的政策建议。定量分析的引入，可使经济分析更科学、更精确、更实用。本书在分析农民合作经济组织产生的博弈时，除了定性分析之外，还采用了定量分析，结果一目了然。

第三，比较研究法。通过将美国的农民合作社与法国的合作组织、德国的合作组织以及荷兰、日本的合作组织进行对比，揭示西方合作经济发展的共同趋势及差异。在此基础上，又将中国与西方合作组织进行比较分析，找出其相同和差异之处。在中国合作经济与其他经济模式比较部分，深入分析了合作经济与集体经济、股份制经济、股份合作制经济、合伙经济的区别与联系，澄清了人们在认识上的误区。

第六节 本书的创新及不足

一 本书的创新

第一，在合作经济理论研究上，丰富和发展了研究合作经济组织的理论范围。本书认为，研究合作经济组织不能局限于原有的农业合作理论的框架内，应顺应产业融合的发展趋势，广泛吸纳现代企业的相关理论（如委托代理理论、交易费用理论、博弈论、产业组织理论和集体行动理论），研究和探索新形势下农民合作经济组织的发展问题，对于提高农民收入和市场主体地位，更好抵抗市场风险具有重要作用。

第二，在信用社逐渐失去其原有的民主性和合作性及国家建立现代农村合作金融制度的背景下，本书另辟蹊径，以村镇银行为对象，探讨了其功能、机构设置、运行原则和对农村当前金融市场的作用，指出其将成为农村金融市场的主力军。

第三，运用博弈论原理探讨合作组织产生的理论基础，分别诠释了重复博弈情形下有限次博弈的不合作与无限次博弈合作的理论渊源。

第四，运用经济学的分析方法探讨合作社的效率，不同于其他文献采用指标体系和计量模型的分析，本书在运用合作社成员目标决策最大化方程的基础上，引入评估方程和比较分析，得出了相关的结论。

二 不足之处

第一，数学工具的应用还不够得心应手，在运用规范的模型进行严密的数学论证和推理方面存在着不足。在农民合作组织效率的经济学分析中，初衷是想通过回归方程分析合作社与乡镇企业、国有企业、股份制公司的效率差异，但由于合作社数据的不足，已掌握的数据不能代表中国农村合作社的全貌，最后改用评估方程的模型进行分析。

第二，在农民合作金融组织创新形式的论述中，首先介绍孟加拉国的乡村银行，其团体贷款的成功模式引起了包括中国在内的许多国家政府、

合作经济的理论与实践模式

决策制定者、经济学家的重视,并试图将信贷模式移植到本国。而当中国农村金融投入不足、投资匮乏,农业规模化绩效难以实现,村镇银行的实施无疑是政府深化农村改革、提高农民收益的有效形式。由于村镇银行是农民合作金融的创新,相关持续性的资料较少,对农村金融的效应还需要时间来验证。

第二章　合作经济思想的演变

合作经济是一个全球性的经济组织现象。中国农村合作经济是世界合作经济的一个组成部分，国际普遍认可的合作经济原理对中国农村合作经济具有指导意义。同时，中国农村合作经济又是在具有中国特色的社会主义框架和马克思主义经典作家合作经济理论的指导下开展的，具有一定的特殊性。因此，从理论层面上梳理和总结合作经济的基本思想，追踪其历史变迁，能够为分析和研究我国农村合作经济提供理论依据。本章从起源的角度研究合作经济思想的产生，介绍西方经济学关于合作经济的理论研究，评析马克思主义经典作家马克思、恩格斯、列宁、斯大林、毛泽东和邓小平的合作经济思想。

第一节　合作经济思想的产生

一　早期的合作思想

欧洲是合作经济思想和实践的发源地。为了准确把握合作经济发展的历程，我们需要跨越历史的长廊，探求它的起源。国外学者甚至追溯到《圣经》（旧约全书）对美好社会的预言，古希腊思想家柏拉图（Plato，公元前427—公元前347）的《思想国》对理想社会的描述。[1] 然而，更多的学者认为，合作经济思想的起源与空想社会主义有关。空想社会主义是资本主义原始积累时期正在形成中的无产阶级的经济利益、政治要求和社会

---

[1] 查尔斯·莫瑞克兹：《合作社结构与功能》，成都科技大学出版社，1993，第3页。

思想的"不成熟"表达。这种"不成熟的理论，是和不成熟的资本主义生产状况、不成熟的阶级状况相适应的"。①

托马斯·莫尔（Thomas More，1478—1535）是空想社会主义的奠基人，他目睹了"圈地运动"给广大人民带来的痛苦，幻想人类社会的理想形式。1516年，莫尔出版《乌托邦》② 一书，对资本原始积累带给人们的苦难表示同情，对当时的英政府做了尖锐的批评，并用文字形式描绘出理想的社会。莫尔认为："只有完全废除私有制度，财富才可以得到平均公共的分配，人类才能有福利。"③

托马斯·康帕内拉（Tommas Companelle，1566—1639）是16世纪末17世纪初意大利著名的思想家，他在《太阳城》④ 一书中阐述了空想社会主义思想。他认为，私有制是利己主义的根源，利己主义引起诡辩、伪善和残暴三大罪恶，形成了社会上尖锐的贫富对立，只有消灭私有制，才能消灭贫富的对立和社会的丑恶现象。

18世纪，英国的温斯坦莱，法国的摩莱里、马布利、巴贝夫等人提出类似的理想社会，尤其开始从理论上探讨和论证"理想社会"的原则。如巴贝夫提出要通过革命来消灭私有制，建立人民共和国，推行"国民公社"制度。他们突破了乌托邦用文字形式对空想社会主义的描述，开始从理论上探讨消灭生产资料私有制的社会主义原则。尽管他们带有浓厚的禁欲主义、平均主义色彩，但恩格斯仍称之为"直接共产主义的理论"⑤。

早期空想社会主义抨击了原始积累时期资本主义制度的弊病，对未来美好的社会进行了天才的设想，一切财产归全体成员所有，人们联合起来共同生产、分配和消费，暗含着合作经济的思想。

---

① 马克思、恩格斯：《马克思恩格斯选集》第3卷，人民出版社，1972，第724页。
② 《乌托邦》一书的全名是《关于最完美的国家制度和乌托邦新岛的既有益又有趣的金书》，全书文字为拉丁文，以对话的形式描述了一个人在异国旅行的所见所闻，实则是对理想社会的描述。
③ 莫尔：《乌托邦》，商务印书馆，1962，第36页。
④ 《太阳城》一书写于1602年，原文是意大利文，只有手抄本。1613年康帕内拉把它译为拉丁文，1623年《太阳城》在法兰克福出版。《太阳城》一书也是以对话的形式写的，描写一个航海家在一个不为人知的国家即理想国家的见闻。
⑤ 马克思、恩格斯：《马克思恩格斯选集》第3卷，人民出版社，1972，第406页。

二 三大空想社会主义者的合作思想

19世纪初，经过英国的工业革命和法国的资产阶级大革命，资本主义有了很大的发展，同时，社会矛盾也大大加剧。在这一背景下，空想社会主义进入一个新的发展阶段。圣西门、傅立叶和欧文是空想社会主义的三位杰出代表人物，他们继承和发展了早期空想社会主义者的主要思想，在一定程度上接受了包括法国唯物主义和黑格尔辩证法等哲学进步的成果，使空想社会主义的理论体系和内容更加完整，进而成为马克思主义的三大理论来源之一。在他们的理想模式中，合作组织具有十分重要的作用，他们注意到资本主义制度带来剥削、贫穷的严酷现实，对资本主义这种不公平、不道德的制度进行了尖锐的批判，并建议用合作社这种集团所有制改造资本主义私有制，实现劳动者的民主自治和共同劳动，削弱并逐步消除资本权力，从而向理想社会（社会主义社会或共产主义社会）过渡。

克劳德·昂利·圣西门（Comte de Henri Saint-Simon, 1760—1825）是19世纪初期法国杰出的空想社会主义者，他在1821年出版的《论实业制度》一书中，设想了一个实行"实业制度"的未来理想社会。按照其设想，在实业制度社会，精神权利由学者掌握，世俗权利由实业家掌握。在实业制度社会，保留财产私有，社会生产由一个中心主持从而有计划地进行，人人都是劳动者，人人都参加劳动，个人的收入除了取决于劳动，还取决于所占有的资本数额，因为这样才能把有产者吸引到社会主义。[1]

查尔斯·傅立叶（Charles Fourier, 1772—1837）最早以理论形式表达了空想社会主义的合作化思想。[2] 他将其所处的时代称为文明时代，而取代这一时代的将是保证主义时代。他认为，文明时代孕育着保证主义时代，文明时代的原理是个人自由，而这种自由导致经济的无政府状态，弱肉强食，变成与自由相反的独占，独占就是工商业中封建制度的再现。因此，作为其对立物，以弱者互助为宗旨的合作经济组织也因提倡个人自由

---

[1] 傅晨：《中国农村合作经济：组织形式与制度变迁》，中国经济出版社，2006，第34页。
[2] 在傅立叶之前，有些空想社会主义者曾用历史事例或文艺作品的形式宣传过合作社思想（见维·彼·沃尔金《18世纪法国社会思想的发展》，商务印书馆，1983，第385~391页）。

而产生。但它们之间存在着差异，前者崇尚支配，后者要求互助。只有"法郎吉"才是保证主义时代真正的基础组织，并能对独占组织的扩张实施制衡，"法郎吉"实际上是一种生产－消费协作组织。在傅立叶看来，这种组织有三大特征：一是共同生产，即在这个组织中，各个人的最低生活水准可以得到保证，建筑在其基础之上的私有财产得到保护，这时的私有财产与文明时代的私有财产根本不同，它不仅没有反社会的作用，反而能增加社会财富；二是愉快劳动，即不依赖强制，而是依靠友爱进行联合劳动，其成员有调换工作的自由；三是公平分配，即将全体成员最低生活保证得以满足之后的余额，按照劳动、资本及才能，以 5/12、4/12 及 3/12 的比率进行分配。由此可见，在傅立叶看来，未来社会的企业应该由资本、劳动和才能共同组成，而这三种要素有机结合的前提是自愿、平等和承认私有产权。这种被傅立叶称为"法郎吉"的组织实际上就是空想社会主义合作社的雏形。

罗伯特·欧文（Robert Owen，1771—1858）是19世纪初期英国杰出的空想社会主义者。其思想的核心就是建立在生产资料公有制的基础上，以联合劳动、联合消费、联合保有财产和权利平等为原则的"合作公社"。欧文反复强调财产公有的重要性，认为个人私有必然反对权利平等，引起竞争、嫉妒、蛮横、奴役和贫困。他认识到，在资本主义制度中人们创造的财富被资本家据为己有，导致贫富悬殊、阶级对立，因此，必须消灭私有制，建立公有制，而改变这种旧制度的途径就是建立合作经济组织。欧文认为，资本主义社会消费和生产的不平衡起源于货币成为财富交换媒介和价值尺度，因此应该废除货币制度，以能够表示劳动时间的劳动券取而代之。这样不仅可以排除中间商的盘剥，实行合乎公平和正义的交换，达到消费和生产的和谐，而且能够提高人类的道德情操和博爱精神。基于上述思想，欧文于1824年去法国的印第安纳州建立了"新和谐"共产主义移民区，1832年在英国伦敦创办了"全国劳动产品交易市场"，但这两次实践都因与当时商品经济运行规律的对立而最终失败。

空想社会主义是马克思主义的重要来源之一，马克思和恩格斯把空想社会主义发展为科学社会主义。马克思和恩格斯对三大空想社会主义者尤其是欧文的合作社试验给予很高的评价。马克思说："在英国，合作制的种子是由欧文播下的。"① 恩格斯也指出:"当时英国的有利于工人的一切社会运动,一切实际行动,都是和欧文的名字联系在一起的。"② 恩格斯对欧文《新道德世界书》一书给予很高的评价。恩格斯说:"在这本书里不仅可以看到规定有平等的劳动义务和平等的取得产品的权利的最坚决的共产主义陈述,而且还可以看到为未来共产主义公社做的带有平面图、正面图和鸟瞰图的详尽的房屋设计。"③ 但是,马克思和恩格斯认为,由于空想社会主义者没有真正认识到资本主义社会的根本矛盾,不懂得社会发展的客观规律,没有找到社会改革的科学方法,空想社会主义者把改造资本主义社会的希望寄托在资产阶级统治者身上,反对暴力革命,反对阶级斗争,因而,他们的理想是空想的,他们的实践注定是要失败的。马克思和恩格斯以后科学社会主义最重要的理论家和实践家列宁也指出,空想社会主义者"批评社会主义社会,指斥它、咒骂它、幻想消灭它,幻想有较好的制度出现,劝导富人,说剥削是不道德的","但是空想社会主义者不可能指出真正的出路,他既不会阐明资本主义制度下雇佣奴隶制的本质,又不会发现资本主义发展的规律,也不会找到能够成为新社会的创造者的社会力量"④,"他们没有估计到阶级斗争、工人阶级夺取政权、推翻剥削者的阶级统治这样的根本问题,而幻想用社会主义来和平改造现代社会。因此,我们很有理由把这种'合作制'的社会主义当作彻头彻尾的幻想,把以为只要实行居民合作化就能使阶级敌人转变为阶级朋友、使阶级战争转为阶级和平(所谓国内和平)的幻想,当作浪漫主义的,甚至是庸俗的东西"⑤。

空想社会主义者反对人剥削人、人压迫人的资本主义制度,试图采用合法的手段实现理想的平等、公平、民主的社会组织形式。虽然他们的实践最终失败,但他们对合作经济的积极设想是人类的宝贵财富,启发了人

---

① 马克思:《国际工人协会成立宣言》,《马克思恩格斯选集》第2卷,人民出版社,1995,第132~133页。
② 恩格斯:《反杜林论》,《马克思恩格斯选集》第3卷,人民出版社,1995,第304页。
③ 恩格斯:《反杜林论》,《马克思恩格斯选集》第3卷,人民出版社,1995,第305页。
④ 列宁:《列宁全集》第19卷,中共中央编译局编译,1989,第7页。
⑤ 列宁:《论合作制》,《列宁选集》第4卷,人民出版社,1995,第686页。

们对合作经济的思想研究和实践。[①]

三 其他早期主要的合作经济思想

与傅立叶、欧文为代表的空想社会主义者差不多同时代的早期合作经济思想，主要的还有以英国的威廉·金、法国的菲利浦·毕舍为代表的基督教社会主义合作思想，以法国的路易·布朗、德国的斐迪南·拉萨尔为代表的国家社会主义合作思想，以及以德国的弗里德里希·莱费森和赫尔曼·舒尔茨－德里奇为代表的信用合作社思想。

威廉·金（William King，1786—1865）的合作思想及其实践对合作社的发展产生过重要影响。威廉·金原本是一名医生，但他却是与欧文齐名的"合作社之父"，他是一个把基督教教义与社会主义结合起来的基督教社会主义者。他与欧文不同，不主张合作社的创办资金由政府和慈善家捐赠，不主张一开始就成为合作社，而主张从小做起，创办小合作社商店，逐步扩充实业，办工业合作社，再积累更多的资本办组织公社。他于1827年创办布莱顿合作社（The Brighton Co-operater Association），首先提出劳动者应创办消费合作社（"共同店"，Union shop）。为了传播其思想，1828年创办合作社月刊，宣传和普及合作社思想，影响极大。从1827年到1834年，他一共组织了约500个合作社，其中大部分在威廉·金生活和工作过的布莱顿城，故被称为"布莱顿合作社浪潮"。虽然这些合作社也失败了，但威廉·金的合作思想后来成为各种合作思想流派的基础。[②]

以法国的路易·布朗（Louis Blanc，1811—1882）、德国的斐迪南·拉萨尔（Ferdinand Lasslle，1825—1864）为代表的国家社会主义合作思想主张在资产阶级国家的帮助下办生产合作社，被称为"生产合作派"。布朗认为，职业相同的人应当组织生产合作社，由于合作社缺乏资本，需要国家给予帮助。1842年，布朗呈准法国政府，建立国立生产合作社，由政府收购工厂，分给工会。拉萨尔认为，通过组织合作社，使劳动者成为企业家，才能真正解救劳动者，但国家应当在资金和工具上给予支持。他认为生产合作社是资本主义内部的社会主义因素，这些因素积累到一定程度，

[①] 牛若峰、夏英：《农村合作经济发展概论》，中国农业出版社，2000，第7~8页。
[②] 俞家宝：《农村合作经济学》，北京农业大学出版社，1994，第28~29页。

只要形成全国性的合作社组织统一调节生产和分配，社会主义就自然建立起来了。

以德国的弗里德里希·莱费森（Friderich Raiffereisen，1818—1888）和赫尔曼·舒尔茨 - 德里奇（Herman Schulze - Delitzch，1808—1883）为代表，主张办信用合作社。他们提出的合作纲领主要包括以下内容：以小村社为合作区域范围，以保证合作的安全；合作社为社员服务，不以谋利为目的；合作社不仅在经济上，而且在道德上帮助社员；入社不以认股为条件，社员对合作社承担无限责任；合作社的管理人员不领取报酬；合作社对股金只支付普通利率，不分配盈余，建立不可分割的公共积累基金。[1]

第二节　西方经济学关于合作经济的理论研究

一　罗虚代尔公平先锋社

英国是合作社的发源地，在欧文思想的影响下，早在 1829 年就出现了 300 多个合作团体，虽然多数因经营不善和内部分裂而很快解体，但从没有停止过合作制的实践。

兰开夏州罗虚代尔镇的工人，从欧文及后来人试办合作社的失败中总结教训，认识到要办好合作社就一定要依靠劳动人民自己的力量，从当时的实际需要与可能出发，特别要从工人的切身利益出发，以限制中间商盘剥、方便群众需要、改善社员生活条件和社会地位为目的才能有前途。在这种思路引导下，由 28 名纺织工人经过长时间的酝酿和准备，以每周节省下来的两个便士为股金，于 1844 年 12 月在罗虚代尔镇建立了一个小合作社，取名为"罗虚代尔公平先锋社"（The Rochdale Equitable Pioneer），这个合作社实际上是一个日用品消费合作社。合作社建立之初就制订了社章："本社以实现社员之经济利益与改善社员的社会地位及家庭境况为对

---

[1] 傅晨：《中国农村合作经济：组织形式与制度变迁》，中国经济出版社，2006，第 42～43 页。

象和目的","如事实许可,本社即当从事于生产、分配、教育以及自治诸工作"①。可以说,罗虚代尔公平先锋社虽然没有完全摆脱空想社会主义的影响,但相对于以前的合作试验,主导思想还是从当时的实际情况出发,目的是为了减轻商业资本的中间盘剥、改善社员对日用品的供应状况、维护社员的根本利益,坚持了公平合理的办社原则,方案切实可行,是当时最成功、最典型的合作社,后来被推崇为合作社的典范。

二 罗虚代尔原则

罗虚代尔公平先锋社坚持的办社原则,概括为8条,被称为罗虚代尔原则。

自愿。参加罗虚代尔公平先锋社,完全出于自觉自愿,并有退社自由。社员参加合作社是出于一个共同的目的:维护社员利益,改善社员社会地位,反对中间盘剥。合作社能否成功,与社员的利益息息相关,这种利益上的共同就决定了自愿参加是办好合作社的根本原则。

一人一票。社章规定:社员大会是合作社的最高权力机构,合作社的一切重大事项都必须经社员大会讨论决定,合作社的管理人员由社员大会选举产生。在事项表决时,每个社员无论股份多少,每人只有一票的权利。这一原则保障了合作社内部各成员的平等权利,避免了少数人凭借较多的股份控制合作社,这是民主管理合作社的集中体现。

现金交易。社章规定:本社成员无论在何种情况下,不能以任何借口不用现金交易。不准赊入货物,也不准赊出货物,如有违反,不仅处以罚款,并认为不称职。这一原则的出台是出于当时经济和道义上的考虑,合作社成立开始,股本很少,如果不进行现金交易会造成资金周转困难,直接影响合作社能否成功,同时,当时的社会风尚是把赊欠看作一种社会弊病,合作社应带头消除这种弊病。后来,随着信贷事业的发展,这一条又做了修正。

按市价售货。按市价售货,从而获得一定的盈利。盈利的分配,先扣除股息和经营费用,同时留一部分用作公积金和教育基金,其余大部分按

---

① G. Hoiyoake:《罗虚代尔公平先驱社概史》,彭师勤译,中国合作图书用品生产合作社印行,1947,第5~6页。

社员购买额的比例进行分配。这种交易和分配方式不仅给社员带来经济利益,有利于把合作社的业务面向社会,还壮大了合作社的经济力量,使之有经济余地发展福利事业,进一步提高了合作社的威信和社会地位。

如实介绍商品,不缺斤少两。合作社要求向社员如实介绍商品情况,保证商品质量,不弄虚作假,不缺斤少两,树立诚实的商业作风。这一条原则主要是针对当时商人投机取巧行为的。

盈余按购买额分配。社员平时凭购货本购买,到一定时期进行结算,对盈余做了必要的扣除后,按社员购买社内货物总额的比例进行分配。通过这种办法,把社员的利益和合作社的利益紧密地联系在一起,社员会更关心合作社的经营成果,保证了合作社的生命力。

重视对社员的教育。为提高社员的文化知识和思想修养,在先驱者格林伍德的倡导下,根据合作社的经济力量,逐步创办和发展了文化教育事业。1849 年合作社成立了教育委员会,1853 年社员大会修改社章时,将从每年盈余中提取 2.5% 作为教育基金列入社章条款。

对政治和宗教严守中立。这是为了表明合作社本身是没有任何政治背景和政治目的的,不参与政治和宗教的经济团体,同时也表明,合作社的大门对各种不同政见和信仰的人都是敞开的。

由于罗虚代尔先锋社成立的背景是消费合作社,其原则也主要适应了消费合作社的需求,对其他类型的合作社并不一定完全适用,这就决定了罗虚代尔原则的可变性。人们为了推进合作,适应合作发展的趋势,也需要不断调整合作规则。据统计,1844 年、1845 年和 1854 年,罗虚代尔先锋社先后制订了一系列可操作的规则,其条款数量和内容有了较大的变化,但主要的合作精神还是保留并继承下来。认同的条款主要有:合作社决策遵循一致同意原则;合作社交易在成员内部进行;合作社成员不得自行到市场上销售产品;合作社盈余必须提取公积金或储备金;合作社公共积累不得分割等。1895 年,国际合作社联盟把罗虚代尔合作社的办社原则作为国际合作联盟的办社原则列入联盟章程,作为国际合作联盟成员国的合作社组织共同遵守的原则。1937 年,国际合作社联盟在罗虚代尔公平先锋社办社原则基础上制订了合作社的 7 条基本原则,称为"罗虚代尔原则"(The Rochdale Principle),它是世界各国合作社共同遵循的基本原则。1966 年又修改为 6 条,命名为"合作社原则",即:社员资格可以自愿和不受歧视地取得；合作社按社员事先约定的方式管理，社员享有平等投票权；对股份利息进行严格限制；合作社盈余用于发展合作社业务和按社员交易额分配；开展合作原则和合作技术方面的教育；加强合作社之间在地方、全国和国际范围内的合作。①

三 国际合作社联盟与合作社原则确立

19世纪末20世纪初，合作社已成为世界性的普遍现象。为了推动世界各国合作社运动的发展，1895年在英国伦敦成立了一个非官方的合作社国际组织——国际合作社联盟（International Cooperative Alliance，ICA）。根据国际合作社联盟章程，国际合作社联盟是联合、代表和服务于全世界合作社组织的独立的、非政府的社团法人。任何国家级合作社组织，只要承认和遵守国际合作社联盟章程，均可以申请加入。②

国际合作社联盟的主要目标：①推动世界合作社在互助和民主的基础上发展；②发展和维护合作社的价值和原则；③促进各会员组织之间经济和其他互利关系的发展；④推动人类可持续和社会经济进步，促进世界和平与稳定；⑤促进在合作社运动中男女地位平等。

在国际合作社联盟成立之初，加入合作社联盟的首要条件就是承认罗虚代尔公平先锋社的办社原则。至于国际合作社联盟关于合作社的定义及有关解释，前面已做论述，在此略过。

1995年，国际合作社联盟对合作社原则又作了新的规定。认为合作社应是自然人和法人的自愿联合，这使合作社能够实现与企业的联合和对企业的包容；合作社在基层实行一人一票的原则，其他级则按成员社的规模采取比例投票，这种一社多票制非常接近股份公司的一股一票制；对股金只付利息的做法也修改为限制股金分红，承认了股份制企业股金分红的有

---

① 汉斯·梅里契克：《农业合作社——立法原则与新动向》，《合作社法国际研讨会论文集》，中国农业出版社，1996，第126页。
② 国际合作社联盟章程第六条（资格）规定了12种组织有资格申请加入。1895年，国际合作社联盟成立时有14个国家的合作社加入。到1997年，加入国际合作社联盟的国家有92个，有国际组织8个、国家性组织212个，社员7.5亿人。中华全国供销合作社于1985年正式加入国际合作社联盟。详见官爱国、符纯华《现代世界合作社经济》，中国农业出版社，2000，第268页。

效性；此外，还要求合作社在保持自立的前提下，多方筹集资金；要实现地方的、全国的、区域的和国际的合作社之间的合作等。①

虽然国际合作社联盟制定了合作社的基本原则，但是在实践中，市场经济的发展给合作经济打上了越来越深的烙印。为了在激烈的市场竞争中求发展，欧美国家的合作社不断拓宽制度边界，出现了较大变化，主要表现在：①"一人一票"向"一人多票"发展，但没有严格的上限；②合作社在为社员服务的同时，营利的倾向加重；③由于合作社规模的扩大，合作社转向对外融资；④雇工和雇用职业经理经营管理；⑤广泛地寻求政府和政党的支持。上述变化使合作社社员作为所有者、劳动者、经营者、惠顾者于一体的特征淡化甚至趋于消失，合作社的民主性质和社员的主体地位受到影响。

2002年，国际劳工组织第90届大会通过了《关于发展合作社的建议书》，采用了1995年国际合作社联盟通过的《关于合作社特征的宣言》。②由此说明，罗虚代尔原则得到了广泛的国际认可，是合作社发展的主流。

四 新一代合作社与合作社制度的创新

在合作经济发展历程中，同其他经济形式一样，受到来自内部和外部的挑战，为了生存和发展，合作经济也必须进行适时的组织和制度创新，才能不断地发展壮大。由于农业的特殊性，使其成为合作经济发展比较完善的一个领域。在过去20多年中，一种被称为"新一代合作社"的新型合作社在美国、加拿大及欧洲迅速发展起来，在制度层面上除保持原有的原则之外，又依据新形势进行了调整并取得了令人瞩目的成绩。新一代合作社的制度创新主要表现为：

第一，新一代合作社在保持合作社成员的所有者与惠顾者二者身份合二为一的基础上，实行附带购买交易权的社员资格，交易权可以转让和买卖，实现社员的自由进入和退出。由于交易权具有双重身份，一方面作为合作社的资金来源，另一方面作为社员对合作社的投资。交易权将合作社

---

① 冯开文：《微观经济组织的新思路——关于合作社与乡镇企业比较研究的思考》，《农业经济问题》2000年第8期，第9页。
② 唐宗琨：《国际劳工组促进合作社发展文件解读》，《经济研究资料》2002年第7期，第17页。

和社员的利益联系在一起。

第二，为了保证合作社的盈利，在保持为社员谋求最大收入之外，规定了双方的责任和义务。社员必须按照合作社规定的数量和质量提供原料农产品，合作社按照规定必须接受。

第三，在保持按股金和惠顾额返还原则的基础上，将合作社中原料农产品增值额按交易量返还给社员，实现社员投资的资本回报。

第四，在保持为社员服务的基础上，增强了市场竞争取向。主要是合作社投资于农产品加工并获取价值增值，且是他们社员自己生产的原料农产品的加工和增值服务，而且是由社员管理，从而使社员在适应产业一体化的过程中，更好地融入市场的竞争中，实现自身的价值。

第三节 马克思主义经典作家合作经济理论

一 马克思和恩格斯的合作经济理论

马克思和恩格斯没有撰写专门论述合作社的论著，关于合作社的论述分散在《资本论》及其他重要文献中。他们对合作运动的研究是以农业和工业生产合作为主要对象的，在他们看来，由工人和贫苦农民组织的合作经济组织是对资本所有权的积极扬弃，动摇着资本主义经济制度的基础，而消费和信用等其他形式的合作只触及了这个制度的表层。

马克思主义的创始人马克思和恩格斯关于生产合作的理论主要体现在三个方面。

第一，对合作工厂的出现给予高度评价。马克思说："特别是由于少数勇敢的'手'独立创办起来的合作工厂，对于这些伟大的社会实践的意义无论给予多么高的评价都是不算过分的。"[1] 因为"工人们不是在口头上，而是用事实证明：大规模的生产，并且是按照现代科学要求进行的生产，在没有利用雇佣工人阶级劳动的雇主阶级参加的条件下是能够进行的；他们说明：为了有效地进行生产，劳动工具不应当被垄断起来作为统

---

[1] 马克思、恩格斯：《马克思恩格斯全集》第2卷，人民出版社，1972，第132~133页。

治和掠夺工人的工具；雇佣劳动，也像奴隶劳动和农奴劳动一样，只是一种暂时的和低级的形式，它注定要让位于带有兴奋愉快心情自愿进行的联合劳动"①。

第二，分析了合作工厂产生的客观必然性。马克思认为："工人自己的合作工厂，是在旧形式内对旧形式打开的第一个缺口，虽然它在自己的实际组织中，当然到处都在产生出并且必然会再生产出现存制度的一切缺点。……没有从资本主义生产方式中产生的工厂制度，合作工厂就不可能发展起来；同样，没有从资本主义生产方式中产生的信用制度，合作工厂也不可能发展起来。"②

第三，通过分析，认为合作工厂是对资本主义生产方式的积极扬弃。马克思认为，股份公司是资本家个人资本的集合，虽然反映了社会资本与个人资本的对立、社会企业与私人企业的对立，但其仍然是资本主义生产方式内的对立，并没有克服财富作为社会财富与作为私人财富之间的对立，所以它所作的扬弃是一种消极的扬弃。而合作工厂中，"工人作为联合体是自己的资本家。也就是说，他们利用生产资料来使自己的劳动增值"③，即在这种工厂中，劳动与资本的对立已经被克服，所以尽管它在资本主义条件下也会在一定程度上"再生产出并且必然再生产出现存制度的一切缺点"④，但仍被认为是对资本主义生产方式的积极扬弃。

马克思、恩格斯关于农业合作社的思想有一个发展、演变的过程。在巴黎公社诞生前后的一段时间内，由于当时农业合作运动尚未广泛展开，并受他们当时关于土地国有化观点的影响，因此他们认为资本主义发展必然导致小农土地私有制的消灭，而无产阶级的任务是将资本主义的大土地收归国有，反对将国有土地租给个人和工人协作社经营。但随着在小农占多数的欧洲国家中农业合作运动的兴起，特别是在丹麦社会党人创造的适合丹麦农民知识水平和能力的农业合作形成之后，马克思主义创始人关于农业合作社的观点有了新发展，他们对过渡时期农业合作的类型做了如下预见：

第一，将国有土地交给合作社经营的合作社经济。这一观点显然不同

---

① 马克思、恩格斯：《马克思恩格斯全集》第2卷，人民出版社，1972，第133页。
② 马克思：《资本论》第3卷，人民出版社，1975，第497~498页。
③ 马克思：《资本论》第3卷，人民出版社，1975，第497~498页。
④ 马克思：《资本论》第3卷，人民出版社，1975，第497~498页。

于他们以前的看法,并表明在无产阶级夺取政权的一段时期内,国有经济与合作经济不仅可以共存,而且可以融合。恩格斯明确表示:"在无产阶级夺取政权之前,应该迫使资本主义国家把大片整块国有土地租给农业工人合作社共同耕种。在无产阶级夺取政权之后,则应将国有土地在社会监督之下交给由农业工人组织的合作社使用。"① 这说明有着独立利益的合作社能够以自己拥有的其他生产资料去经营国有土地。

第二,内部存在雇佣关系,但剥削受到限制的合作经济。合作社作为过渡时期的经济组织,它既有新社会的性质,又不可避免带有旧社会的痕迹。因此恩格斯指出:"把各个农户联合为合作社,以便在这种合作社内愈来愈多地消除对雇佣劳动的剥削,并把这些合作社逐渐变成全国大生产合作社拥有同等权利和义务的组成部分。"② 在他看来,合作社在过渡时期存在剥削现象是正常的。

第三,劳动者自愿平等、互惠互利、多种形式组建的合作经济。他们认为对于既是劳动者又是私有制的小生产者,绝不能采取暴力剥夺,也不能采取赎买的方式,而只能采取组建合作社的途径迫使他们逐渐过渡到共产主义社会。这种合作社的特点是,劳动群众在一定范围内集体占有生产资料和集体劳动,是独立的经济实体,并在合作社内消灭剥削和压迫。这种合作社因各国国情不同而应有不同的选择。

二 列宁的合作经济理论

列宁的社会主义合作经济理论主要反映在他的《论合作制》一文中。他认为:合作社制度是社会主义制度的重要组成部分,"在生产资料公有制的条件下,在无产阶级胜利的条件下,文明的合作社工作者的制度就是社会主义制度"③。他指出:发展农民合作社要尊重农民的意愿,自愿互利是合作经济的基本原则,对待农民"要想用某种加速的办法,下命令从外边、从旁边去强迫改造,是完全荒谬的"④。他强调:对农民进行合作化改造需要相当长的时间,"改造小农,改造他们的整个心理习惯,是需要经

---

① 马克思、恩格斯:《马克思恩格斯全集》第36卷,人民出版社,1974,第415~416页。
② 马克思、恩格斯:《马克思恩格斯全集》第4卷,人民出版社,1972,第314页。
③ 列宁:《论合作制》,《列宁选集》第4卷,人民出版社,1972,第684页。
④ 列宁:《列宁选集》第4卷,人民出版社,1972,第106页。

过几代的事情"①。列宁认为，合作社可以，也应该不去"干预农民的财产关系"。他揭示了合作制在社会主义建设中的崭新意义，"现在我们已经找到了私人利益、私人买卖的利益与国家对这种利益的检查监督相结合的尺度，找到了使私人利益服从共同利益的尺度"②。他宣告，由于找到了合作社这种形式，把小农经济引导到社会主义这一"过去许许多多社会主义者解决不了的难题"已经迎刃而解了。

三 斯大林的合作经济理论

斯大林根据列宁的合作制理论，提出了他自己的一系列新观点。他把集体农庄作为社会主义农业的经济形式，把合作社看作是向集体农庄过渡的准备措施；在农业改造运动史上，他第一次提出了集体所有制的概念，并指出在社会主义经济中有两种公有制形式并存：集体所有制是社会主义公有制的低级形式，全民所有制则是社会主义公有制的高级形式。斯大林以此指导农业的社会主义改造。

四 毛泽东的合作经济理论

毛泽东全面继承了马克思主义合作经济理论，并把这种理论与中国实际相结合，形成了自己特有的合作理论。早在延安时期他就十分重视互助组和合作社组织，像延安的南区合作社，是当时的模范合作社之一。他在1942年撰写的《经济问题与财政问题》一文用很大篇幅加以介绍和表扬合作社。在1943年写的《论合作社》和《组织起来》中，他明确地说："合作社性质，就是为群众服务……把群众的利益放在第一位。"在1945年发表的《论联合政府》中，他甚至说："在现阶段上，中国的经济，必须是由国营经营、私人经营和合作社经营三者组成的。"他把发展农村合作制看成引导农民走社会主义道路的途径，把搞不搞农业合作看作是走不走社会主义道路的大问题，因此，要求全党"把农业的互助合作当作一件大事去做"③。在实现合作化的步骤上，毛泽东认为："一般规律是经过互助组

---

① 列宁：《苏维埃政权当前任务》，《列宁全集》第3卷，人民出版社，1972，第508页。
② 列宁：《列宁选集》第4卷，人民出版社，1972，第682页。
③ 毛泽东：《毛泽东文集》第6卷，人民出版社，1999，第214页。

再到合作社,但是,直接搞社,也可以允许试一试。"① 他认为,分析合作社是否成功的标准是生产力,"农业生产合作社,在生产上必须比单干户和互助组增加农作物产量,绝不能老是等于单干户或互助组的产量,如果那样就失败了,何必要合作社呢?更不能减低产量"②。

五 邓小平的"两次飞跃"理论

虽然邓小平没有专门论述合作经济的文章,但在《邓小平文选》三卷本中体现着合作经济的思想。具体体现在:

第一,发展农业合作经济要因地制宜,尊重农民意愿,绝不能和农民"顶牛"。1980年他在谈到农村政策问题时,强调"从当地具体条件和群众意愿出发,这一点很重要","所谓因地制宜,就是说那里适合发展什么就发展什么,不适宜发展的就不要去硬搞"③。

第二,扩大经济主体的经营自主权,使他们的责、权、利相统一,是发展合作经济的最好办法。1978年邓小平提出:"当前最迫切的是扩大厂矿企业和生产队的自主权,使每一个工厂和生产队能够千方百计地发挥主动创造精神。"④

第三,大力发展商品经济,重视农村生产领域的合作,发展多种经营,大力支持农村乡镇企业,提出了我国农业"两个飞跃"的发展战略。他指出:"第一个飞跃,是废除人民公社,实行家庭联产承包为主的责任制,这是一个很大的前进,要长期坚持不变。第二个飞跃,是适应科学种田和生产社会化的需要,发展适度规模经营,发展集体经济。这是又一个很大的前进,当然这是很长的过程。"⑤

六 合作经济思想对中国的影响

从早期的合作思想到当代新的理论不断融入合作经济理论,使合作经济理论历经了最初的凸现公平到迎合市场规则的公平效率并举的变迁,也

---

① 毛泽东:《毛泽东文集》第6卷,人民出版社,1999,第299页。
② 毛泽东:《毛泽东选集》第5卷,人民出版社,1977,第176页。
③ 邓小平:《邓小平文选》第2卷,人民出版社,1995,第316页。
④ 邓小平:《邓小平文选》第2卷,人民出版社,1995,第315页。
⑤ 邓小平:《邓小平文选》第3卷,人民出版社,1995,第355页。

表明了合作社发展的方向。同时，在合作思想演变的过程中，对中国合作制度的变迁产生了深远的影响。

马克思、恩格斯、列宁提倡建立多种形式合作社，通过合作社向社会主义过渡，并不是把合作社界定为社会主义性质的经济组织。斯大林则将合作社等同于集体所有制的经济组织，并坚决主张用这样的合作社去取代小农经济，"全盘集体化"成为苏联社会主义制度建立的标志。后来，毛泽东在接受马列经典作家思想的前提下，又打上了斯大林思想的烙印。他使中国当时的农业合作呈现求公、求大、求快，甚至借助意识形态灌输实现合作制度的变迁。合作社也成了社会主义的经济组织，人民公社更成了"工农商学兵"的"共产主义的大学校"。可喜的是，随着邓小平对意识形态的严冰解冻，因地制宜、尊重农民意愿的务实风盛行，合作制度创新此起彼伏，国家对合作社的规定也不断贴近农民实际。从1982年第一个中央1号文件，到中共十六大、十七大的有关规定，合作社的内涵日趋宽泛，对组建、创新各种形式的合作社的扶持作用日趋明显。

1983年1月2日中央1号文件《当前农村经济政策的若干问题》中指出："根据我国农村情况，在不同地区、不同生产类别、不同的经济条件下，合作经济的生产资料公有化程度、按劳分配方式以及合作的内容和形式，可以有所不同，保持各自的特点。例如：在实行劳动联合的同时，也可以实行资金联合，并可以在不触动单位、个人生产资料所有权的条件下，或者在保留家庭经营方式的条件下联合；在生产合作之外，还可以有供销、贮运、技术服务等环节上的联合；可以按地域联合，也可以跨地域联合。不论哪种联合，只要遵守劳动者之间自愿互利原则，接受国家的计划指导，有民主管理制度，有公共提留，积累归集体所有，实行按劳分配，或以按劳分配为主，同时有一定比例的股金分红，就都属于社会主义性质的合作经济。"这体现了对以前合作经济实践的反思和总结，充分肯定了劳动者通过劳动联合和资本联合以实现其经济利益。

中共十五大报告中明确提出"劳动者的劳动联合和劳动者的资本联合为主的集体经济，尤其要提倡和鼓励"，对于合作社特别是新兴的合作组织给予肯定。

中共十七届三中全会通过的《中共中央关于推进农村改革发展若干重大问题的决定》中明确提出："推进农业经营体制机制创新，加快农业经营方式转变。家庭经营要向采用先进科技和生产手段的方向转变，增加技术、资本等生产要素投入，着力提高集约化水平；统一经营要向发展农户联合与合作，形成多元化、多层次、多形式经营服务体系的方向转变，发展集体经济，增强集体组织服务功能，培育农民新型合作组织，发展各种农业社会化服务组织，鼓励龙头企业与农民建立紧密型利益联结机制，着力提高组织化程度。"决定指出我国要按照服务农民、进退自由、权利平等、管理民主的要求，扶持农民专业合作社加快发展，使之成为引领农民参与国内外市场竞争的现代农业经营组织。这就说明组织化已经成为当前我国农业发展、农村致富的必要方式，当前的家庭经营方式显然已经不符合农民增量利益实现的迫切需求，而必须通过培育农民新型合作组织，发展各种农业社会化服务组织，鼓励龙头企业与农民建立紧密型利益联结机制，着力提高组织化程度，这才是保护和发展农民利益的切实有效的办法，这也是符合国际的大势所趋。

这些说明，中共十一届三中全会后的合作理论已在辩证继承的基础上有了很大的发展创新。1978年以后的中国合作理论，已经告别了"拿来主义"的被动局面，开始进入根据中国国情、务实创新的阶段。受此影响，中共十一届三中全会后的合作社，内涵就有了明显的不同，外延也有了明显的扩大，也就更接近国际认同的合作社原则。

第三章 农民合作经济组织效率的经济学分析

农民合作经济组织效率是其持续发展的源泉。合作社作为合作经济组织的一种实现形式,在生产力要素组合上比一家一户的分散小农有着效率的优势,能使社员取得比不加入合作社多的收益。合作社的结构与投资者所有的企业相比有特殊性,在组织效率上有结构产生的缺损。合作社如何认清自身的优劣势,采取相应的对策扬长避短,对合作社的健康发展有着重要的意义。

第一节 农民合作经济组织产生的博弈分析

农民合作经济组织自20世纪80年代以来在我国农村悄然出现并迅速发展,它的兴起和发展既是农业产业化的必然结果,又是中国农村从传统走向现代的必由之路。截至2005年年底,综合农业部等机构的统计和估算,全国新型农民专业合作社总数已经达到15万个左右,拥有农民专业合作社的村占同期村民委员会总数的22%左右。参加组织的会员约2363万人(户),占乡村农户总数的9.8%。[①] 也就是说,还有90%的农户正在单枪匹马地进行农业生产活动。一家一户的分散经营规模小,已不再适应市场经济对农业生产的要求,而且家庭经营具有相当的盲目性,分散经营的农户无法详细了解市场需要多少、需要什么样的农产品。只有把农户及时有效地组织起来,才能激发出农业生产的潜能。因此,提高农户组织化程度是促进农村经济发展、增加农民收入和市场主体地位的重要途径。对于农户合作的理

---

① 韩俊:《中国农民专业合作社调查》,上海远东出版社,2007。

论基础,当前文献多是从定性层面进行诠释,结果在实践中很难验证。本文运用博弈论相关理论构建模型,从定量层面诠释农户合作的理论基础。

一 农户合作博弈模型的建立①

农户是否选择合作受许多因素的影响,如农业政策、农产品市场、农户之间的关系等,要说明这些影响因素的复杂作用机理,应将农户对自己选择改变策略会引起其他农户的反应作为分析的起点。

两个农户的情形分析:

该博弈可叙述如下:有两个博弈方,用 $f_i(i=1,2)$ 表示,他们的策略空间是他们选择生产该产品的产量 $q_i(i=1,2)$。假设产量是连续的,即每个农户都有无限多种可选策略。两户农户提供该产品的总产量是 $Q = q_1 + q_2$。产品市场出清价格是总产量的减函数,设为:

$$P = P(Q) = a - bQ = a - b(q_1 + q_2)$$

如果假设第 i 个农户生产单位产品的成本是 c_i,则其生产产品的利润为:

$$\pi_i(q_1, q_2) = q_i P(q_1 + q_2) - c_i(q_i) \qquad i = 1, 2$$

从上式可知,农户 f_i 的利润不仅取决于自己单位边际成本 c_i 和产量 q_i,还取决于其他农户的产量。因此农户 f_i 在选择自己产量时,必须考虑其他农户的策略行为。

q_i^* 是纳什均衡产量,则有:

$$q_1^* \in \mathrm{argmax}\pi_1(q_1, q_2^*) = q_1 P(q_1 + q_2^*) - c_1(q_1)$$
$$q_2^* \in \mathrm{argmax}\pi_2(q_1^*, q_2) = q_2 P(q_1^* + q_2) - c_2(q_2)$$

根据纳什均衡的定义,每个农户的决策变量 q_i 应满足均衡条件,即:

$$\frac{\partial \pi_1}{\partial q_1} = P(q_1 + q_2) + q_1 \frac{\partial P(q_1 + q_2)}{\partial q_1} - \frac{\partial c_1(q_1)}{\partial q_1} = 0$$

$$\frac{\partial \pi_2}{\partial q_2} = P(q_1 + q_2) + q_2 \frac{\partial P(q_1 + q_2)}{\partial q_2} - \frac{\partial c_2(q_2)}{\partial q_2} = 0$$

得出农户的反应函数为:

---

① 张维迎:《博弈论与信息经济学》,上海三联书店,1994,第 203 页。

$$q_1^* = R_1(q_2)$$
$$q_2^* = R_2(q_1)$$

反应函数意味着每个农户的最优策略（产量）是另一个农户产量的函数，两个反应函数的交叉点就是纳什均衡。

$$q^* = (q_1^*, q_2^*)$$

为了得到更简单的结果，我们假定每个农户具有相同的不变单位成本，即：$c_1(q_1) = q_1 c$，$c_2(q_2) = q_2 c$，需求函数取线性函数，且斜率为1，$P = a - (q_1 + q_2)$，则最优化的一阶条件分别为：

$$\frac{\partial \pi_1}{\partial q_1} = a - (q_1 + q_2) - q_1 - c = 0$$

$$\frac{\partial \pi_2}{\partial q_2} = a - (q_1 + q_2) - q_2 - c = 0$$

反应函数为：

$$q_1^* = R_1(q_2) = \frac{1}{2}(a - q_2 - c)$$

$$q_2^* = R_2(q_1) = \frac{1}{2}(a - q_1 - c)$$

即农户1每增加1个单位产量，农户2将减少1/2单位的产量。

解反应函数，我们得出纳什均衡为：

$$q_1^* = q_2^* = \frac{1}{3}(a - c)$$

每个农户的纳什均衡利润分别为：

$$\pi_1(q_1^*, q_2^*) = \pi_2(q_1^*, q_2^*) = \frac{1}{9}(a - c)^2$$

下面推广到 n 个农户的情形：

该博弈可叙述如下：有 n 个博弈方，用 $f_i(i = 1, 2, \cdots, n)$ 表示，他们的策略空间是他们选择生产该产品的产量 $q_i(i = 1, 2, \cdots, n)$。假设产量是连续的，即每个农户都有无限多种可选策略。n 个农户提供该产品的总产量是 $Q = \sum_{i=1}^{n} q_i$。产品市场出清价格是总产量的减函数，设为：

$$P = P(Q) = a - bQ = a - b\sum_{i=1}^{n} q_i$$

如果假设第 i 个农户生产单位产品的成本是 c_i，则其生产产品的利润为：

$$\pi_i(q_1, q_2, \cdots, q_n) = q_i P(Q) - q_i c_i$$

同理，农户 f_i 的利润不仅取决于自己单位边际成本 c_i 和产量 q_i，还取决于其他农户的产量。因此农户 f_i 在选择自己产量时，必须考虑其他农户的策略行为。

$q_i^*(q_1^*, q_2^*, \cdots, q_n^*)$ 是纳什均衡，假定每个农户具有相同的不变单位成本，则对每个参与者 f_i 来说 q_i^* 应该满足：

$$q_i^* \in \mathrm{argmax}\pi_i(q_1^*, \cdots, q_i, \cdots, q_n^*) = q_i(a - bq_1^* - \cdots - bq_i - \cdots - bq_n^* - c)$$
$$i = 1, \cdots, n$$

根据纳什均衡的定义，农户 f_i 的决策变量 q_i 应满足均衡条件，即：

$$\frac{\partial \pi_i}{\partial q_i} = 0 \qquad i = 1, \cdots, n$$

得出农户的 n 个反应函数：

$$2bq_i = a - c - bq_1^* - \cdots - bq_{i-1}^* - bq_{i+1}^* - \cdots - bq_n^*$$

进一步整理得：

$$bq_i = a - c - (b\sum_{j \neq i}^{n} q_j^* + bq_i)$$

解 n 个线性方程的反应函数，得出纳什均衡，即农户 f_i 提供的使其自身利润最大化的产品产量：

$$q_i^* = \frac{a-c}{(n+1)b}$$

农户 f_i 的纳什均衡利润为：

$$\pi_i^* = \frac{(a-c)^2}{(n+1)^2 b}$$

以上是农户之间进行竞争（即农户之间选择不合作）所导致的结果。

如果农户之间选择合作，结果会怎样呢？

为了简化分析，假定整个市场中所有农户内化为一个"自然人"，产品的价格 P 和整个市场容量 Q 都没有变化，"自然人"为市场上产品的唯一提供者（也可理解为垄断者），他选择的产量是使自己利润最大化的产量 Q，计算得到 $Q = \dfrac{a-c}{2b}$，最大化利润为：

$$\pi(Q) = \frac{(a-c)^2}{4b}$$

然后将"自然人"还原为 n 个农户，按照合作组织的民主管理原则，每个农户的产量为"自然人"产量的 $\dfrac{1}{n}$，即：

$$q_i = \frac{Q}{n} = \frac{(a-c)}{2nb}$$

$$\pi_i = \frac{(a-c)^2}{4nb}$$

此时满足合作组织利润最大化。[①]

比较合作和竞争最大化时的产量（q_i, q_i^*）和利润（π_i, π_i^*），可以发现：$q_i < q_i^*, \pi_i > \pi_i^*$。

（1）如果所有的农户都合作，每个农户的利润为 $\pi_i = \dfrac{(a-c)^2}{4nb}$；

（2）农户 f_i 合作，其他农户不合作，农户 f_i 的利润为 $\pi_i = \dfrac{(3n-1)(a-c)^2}{4n^2(n+1)b}$，其他农户的利润为 $\pi_j = \dfrac{(3n-1)(a-c)^2}{2n(n+1)^2 b}$；

（3）农户 f_i 不合作，其他农户合作，农户 f_i 的利润为 $\pi_i = \dfrac{(n^2+1)(a-c)^2}{2n(n+1)^2 b}$，其他农户的利润为 $\pi_j = \dfrac{(n^2+1)(a-c)^2}{4n^2(n+1)b}$；

（4）如果所有的农户都不合作，每个农户的利润为 $\pi_i = \dfrac{(a-c)^2}{(n+1)^2 b}$。

[①] 王孝莹、张可成、胡继连：《农户生产合作博弈模型》，《运筹与管理》2006 年第 3 期，第10~11 页。

二　农户合作博弈模型的分析

（一）有限次重复博弈与不合作

重复博弈是指同样结构的博弈重复多次，其中的每次博弈称为"阶段博弈"。重复博弈有下列三个基本特征：①阶段博弈之间没有"物质上"的联系；②所有参与人都能观测到博弈过去的历史；③参与人的总支付是所有阶段博弈支付的贴现值之和或加权平均值。[①] 在每个阶段博弈，参与人可能同时行动，也可能不同时行动。在后一种情况下，每个阶段博弈本身就是一个动态博弈。因此，重复博弈可能是不完美信息博弈，也可能是完美信息博弈。影响重复博弈均衡结果的主要因素是博弈重复的次数和信息的完备性。重复次数的重要性来自参与人在短期利益和长远利益之间的权衡。当博弈只进行一次时，每个参与人只关心一次性的利益；但如果博弈重复多次，参与人可能会为了长远利益而牺牲眼前利益从而选择不同的均衡策略。

为了分析的方便，我们先讨论两个农户（农户1和农户2）的有限次重复博弈情形：

利用上一节计算的农户利润，取 $n = 2$，给出农户1和农户2博弈的支付矩阵（见表3-1）：

表3-1　两个农户一次性博弈

		农户2 不合作	农户2 合作
农户1	不合作	$\frac{(a-c)^2}{9b}, \frac{(a-c)^2}{9b}$	$\frac{5(a-c)^2}{36b}, \frac{5(a-c)^2}{48b}$
农户1	合作	$\frac{5(a-c)^2}{48b}, \frac{5(a-c)^2}{36b}$	$\frac{(a-c)^2}{8b}, \frac{(a-c)^2}{8b}$

通过分析可知，一次性博弈的唯一的纳什均衡为（不合作，不合作），农户1和农户2均采取不合作。

[①] 张维迎：《博弈论与信息经济学》，上海人民出版社，1996，第208页。

假设两个参与人要把这样一个同时行动博弈进行两次,且在第二次博弈开始之前可观测第一次进行的结果,并假设整个过程博弈的收益等于两阶段各自收益的简单相加(即不考虑贴现因素)(见表3-2)。

表 3-2 两个农户有限次重复博弈

		农户 2	
		不合作	合 作
农户 1	不合作	$\frac{2(a-c)^2}{9b}$, $\frac{2(a-c)^2}{9b}$	$\frac{(a-c)^2}{4b}$, $\frac{31(a-c)^2}{144b}$
	合 作	$\frac{31(a-c)^2}{144b}$, $\frac{(a-c)^2}{4b}$	$\frac{17(a-c)^2}{72b}$, $\frac{17(a-c)^2}{72b}$

表3-2所示的博弈矩阵有唯一的纳什均衡:(不合作,不合作)。从而,两阶段博弈唯一的子博弈精炼解就是第一阶段的(不合作,不合作)和随后第二阶段的(不合作,不合作)。在子博弈精炼解中,任一阶段都不能达成(合作,合作)的结果。这是在经济领域普遍存在的一种情形,即每个决策者选择某种策略的唯一依据是"个体行为理性"原则,都是从自身利益出发,希望获得最大利润,但事与愿违,每个农户都采取这样的策略,最终导致并不理想的纳什均衡。但是对农户1、农户2来说,如果他们都选择合作,显然他们的收益会更好。从上面分析我们可以看出,(合作,合作)是帕累托最优策略。

上述分析表明,只要博弈的重复次数是有限的,并且该博弈有唯一的纳什均衡,重复本身并不改变博弈的均衡结果。需要注意的是,单阶段博弈纳什均衡的唯一性是一个重要的条件。如果纳什均衡不是唯一的,上述结论就不一定成立。因此,当博弈的次数有限,且单阶段博弈存在唯一的纳什均衡,合作就很难达成。

(二)无限次重复博弈与合作

继续考虑农户1和农户2的博弈。假定博弈重复无穷次。可以证明,如果参与人有足够的耐心,(合作,合作)是一个子博弈精炼纳什均衡结果(见表3-3)。

表3-3　两个农户无限次重复博弈

		农户2	
		不合作	合　作
农户1	不合作	$\frac{(a-c)^2}{9b}$, $\frac{(a-c)^2}{9b}$	$\frac{5(a-c)^2}{36b}$, $\frac{5(a-c)^2}{48b}$
	合　作	$\frac{5(a-c)^2}{48b}$, $\frac{5(a-c)^2}{36b}$	$\frac{(a-c)^2}{8b}$, $\frac{(a-c)^2}{8b}$

我们用另外一种"策略"来分析，即"触发战略"（trigger strategies）。其博弈过程为：①开始选择抵赖；②选择抵赖直到有一方选择了坦白，然后永远选择坦白。根据这个策略，如果其中一个农户在某个阶段博弈中自己选择了不合作之后，他将永远选择不合作。

首先证明触发战略是一个纳什均衡。假定农户2选择上述触发战略，触发战略是不是农户1的最优策略呢？因为是无限次重复博弈，不能运用逆向归纳法求解。令 δ 为贴现因子①（假定两人的贴现因子相同）。如果农户1在博弈的某个阶段首先选择了不合作，他在该阶段得到 $\frac{5(a-c)^2}{36b}$ 的收益，而不是 $\frac{(a-c)^2}{8b}$ 的收益，因此他的当期净收益是 $\frac{(a-c)^2}{72b}$。但他的这个机会主义行为将触发农户2的"永远不合作"的惩罚，农户1随后每个阶段的收益都是 $\frac{(a-c)^2}{72b}$。因此，如果下列条件满足，给定农户2没有选择不合作，农户1将不会选择不合作：

$$\frac{5(a-c)^2}{36b} + \delta\frac{(a-c)^2}{72b} + \delta^2\frac{(a-c)^2}{72b} + S \leq \frac{(a-c)^2}{8b} + \delta\frac{(a-c)^2}{8b} + \delta^2\frac{(a-c)^2}{8b} + S$$

整理得：

$$\frac{9}{72b}\delta \geq \frac{1}{72b}$$

---

① 贴现因子在数值上可以理解为贴现率，就是1个份额经过一段时间后所等同的现在份额。这个贴现因子不同于金融学或者财务学的贴现率之处在于，它是由参与人的"耐心"程度所决定的。"耐心"实质上是参与人的心理和经济承受能力，不同的参与人在谈判中的心理承受能力可能各不相同，心理承受能力强的可能最终会获得更多的便宜；同样，如果有比其他参与人更强的经济承受能力，也会占得更多的便宜。

即：

$$\delta \geq \frac{1}{9}$$

就是说，如果 $\delta \geq \frac{1}{9}$，给定农户 2 坚持触发战略并且农户 2 没有首先选择不合作，农户 1 不会首先选择不合作。

现在假定农户 2 首先选择了不合作。那么，农户 1 是否有耐心坚持触发战略以惩罚农户 2 的不合作行为呢？设定农户 2 坚持触发战略，农户 2 如果不合作他将永远不合作。如果农户 1 坚持触发战略，他随后每阶段的收益都是 $\frac{(a-c)^2}{72b}$；但如果他选择其他战略，他随后每阶段的收益不会大于 $\frac{(a-c)^2}{72b}$。在任何阶段，如果选择不合作，他达到 $\frac{(a-c)^2}{72b}$；如果选择合作，他达到 $\frac{(a-c)^2}{8b}$。因此，不论 δ 为多少，农户 1 有积极性坚持触发战略。类似地，给定农户 1 坚持触发战略，即使农户 1 自己首先选择了不合作，坚持触发战略也是最优的。这样就证明了触发战略是一个纳什均衡。

接下来证明这个纳什均衡是子博弈精炼均衡，即在每一个子博弈上构成纳什均衡。因为博弈重复无限次，从任何一个阶段开始的子博弈与这个博弈的结构相同。在触发战略纳什均衡下，子博弈可以划分为两类：在类型 1 中，没有任何参与人曾经不合作；在类型 2 中，至少有一个参与人曾经不合作。我们已经证明，触发战略在类型 1 的子博弈中构成纳什均衡。在类型 2 的子博弈中，根据触发战略，参与人只是重复单阶段博弈的纳什均衡，它自然也是整个子博弈的纳什均衡。

由此我们证明，如果 $\delta \geq \frac{1}{9}$，即参与人有足够的耐心，触发战略是无限次农户博弈的一个子博弈精炼纳什均衡，帕累托最优（合作，合作）是每一个阶段的均衡结果，农户走出了一次性博弈时的困境。其条件是如果博弈重复无穷次且每个人有足够的耐心，任何短期的机会主义行为的收益都是微不足道的，参与人有积极性为自己建立一个乐于合作的声誉，同时也有积极性惩罚对方的机会主义行为。

(三) 引入奖惩机制的长期合作博弈（引进激励机制，实现帕累托最优）

从上述模型可以看出，这种合作生产的信念是农民合作的基础。这种信念能否长期存在下去，需要一种约束、牵制机制。对自身收益最大化的追求，使农户对不合作很感兴趣，因此，要想实现帕累托最优，必须有外部力量的介入，改变农户的收益。

考虑引入外部约束、激励机制，对不合作的农户采取某种惩罚，如表3-4所示。

表3-4 引入激励机制的两个农户博弈

		农户2	
		不合作	合 作
农户1	不合作	$\frac{(a-c)^2}{9b}$, $\frac{(a-c)^2}{9b}-k$	$\frac{5(a-c)^2}{36b}$, $\frac{5(a-c)^2}{48b}$
	合 作	$\frac{5(a-c)^2}{48b}$, $\frac{5(a-c)^2}{36b}$	$\frac{(a-c)^2}{8b}$, $\frac{(a-c)^2}{8b}$

当 k 充分大时，在表3-4中 $k > \frac{(a-c)^2}{72b}$。用下划线法可知，此时的博弈模型有唯一的纳什均衡（合作，合作），这也是帕累托最优策略。这种引入外力约束农民投机生产的方法是"团队激励机制"。"团队激励机制"主要是对合作行为进行奖励，对不合作行为进行惩罚。当然这种惩罚不仅仅限于经济手段，也可以采取其他手段。

由上述分析，我们考虑现实中有效约束农民投机生产的方式有两种：

一种是强制，通过政府行为，国家强加给农民某种组织形式。与独立的合作经营组织相比，这种以政府行政手段支持的庞大的合作组织对市场竞争的适应能力并不强，在传递市场信息方面的效率并不高，往往是信息传递环节失真。而且，组织成本和控制成本较高，常常流于形式。若将此种合作作为我国合作经济发展的主体或重点，必然会严重束缚甚至窒息我国合作经济事业的发展。

另一种是自愿，建立农民自愿参加的合作组织。只有农民自发地形成代表其长远的共同利益的组织，才能有效地约束个体农民投机生产。

从农民对合作的需求出发成立的农民合作组织将在经济社会中扮演十

分重要的角色。在国际上,美国、日本等发达国家之所以能够实现高效商品农业的迅速发展,一个十分重要的原因就是建立了一个高效、发达的农民合作组织,这是因为通过农民协会和农民合作社这类农民的联合自助性组织将农民组织起来共同进入市场,可以有效地克服农民个体的投机心理,并通过合作原则调节和合理地重新分配合作利益。

在我国,农民合作组织的作用逐渐凸现出来,受到了人们广泛的认识和重视。合作组织成员之间通过组织而联结,更加强调成员之间的相互信任和合作关系。有权威的农民合作组织可以有效地约束农民,例如,可以从资金、信息、服务等方面采取措施对偏离合作的农户采取处罚措施,使共同合作的信念长期进行下去。

三　结论

农户生产合作过程是一个博弈的过程,本节通过对农户生产合作博弈模型的分析表明,通过重复博弈可以建立可信性的基础,合作是可以实现的,这也为合作组织找到了合作的基础。在完全信息条件下,有限次重复博弈仍无法使农户摆脱合作失败的困境,无限次重复博弈在现实生活中是不可能真正实现的。只有引入激励机制,成立农户自愿参加的合作组织,改变合作的外部环境,对农户投机生产进行约束,才能使合作长久地进行下去。在建立农民合作组织中应注意以下事项,以免使合作组织流于形式:

一是注重对农民的宣传、培训,使农民认识到合作组织是促进和保护其自身利益的有效方式。农民合作组织有效弥补了农民分散经营的缺陷,而且农民合作组织的发展、壮大需要自下而上的共同推动,如果没有广大农民的积极参与和支持,农民合作组织就不可能成功。

二是农民加入、退出农民合作组织要坚持自愿的原则。建立农民合作组织应尊重农民的意愿和选择,农民加入、退出自由,不搞强迫命令,坚持民办、民管、民受益,坚持以服务为宗旨,不以营利为目的。

三是各个合作组织可根据自身的特点,制订具体的细则。合作组织根据各自地区农产品的特点、农民的需求,制订适合自己的章程。在各自组织章程的制订时,应充分考虑到违反合作规定时的处罚策略。

四是农民合作组织的负责人由全体合作组织成员选举产生,要确实能够代表农民的自身利益。对于农民合作组织内部的大小事情,政府部门都不得用行政的手段予以干涉。

第二节 合作社经济分析的演变：从新古典经济学转向新制度经济学的分析

本节以合作社为对象，诠释合作经济组织经济学分析的演变。伴随着经济学的发展，对合作社的经济分析大体经历了两个阶段：20 世纪 70 年代中期以前，主要是运用新古典经济学的理论与方法；70 年代中期以后，则转向应用新制度经济学的最新研究成果分析合作社的制度安排。

在利用新古典经济学分析方法研究合作社中，其基本假定是：①合作社是一种类型的厂商；②合作社是一种非营利的厂商；③合作社是社员自营型的厂商。

在这一基本前提条件下，建立了合作社经济分析的两大基本类型的模型。一个是以汉姆伯格（Helmberge）和胡（Hoo）（1962）为代表的分析农业合作社的模型，主要包括购买合作社和运销合作社模型。模型假定合作社以零盈余为目标，从而购买合作社以产品的平均收入等于平均成本（$AR = AC$）为模型的解；运销合作社则是产品的供给价格等于净平均收入产量（$S = NARP$）。

另一个是本杰明·沃德（B. Ward）曾经在 1958 年《美国经济评论》上发表过的一篇论文《伊利里亚的企业：市场工团主义》[①]，该论文被视为开创了用主流微观经济分析方法对工人自治企业进行研究的道路。西方学术界普遍认为，沃德模型的诞生，标志着合作经济理论作为应用经济学的一门独立学科，开始走向成熟学科之路。根据这篇论文的分析，关于工人自治制度的大多数理论著作都假设：工人自治企业的目标是将每个员工的收入最大化，而不是将其利润的总额最大化，根据收益递减规律，为了实现收入最大化，合作社倾向于使用更少的工人，生产出更少的产品，进行更少的投资，

---

① Ward B., 1958, "The firm in Illyria: market syndicalism", *American Economic Review*, Vol. 48. 该模型后来又被瓦纳克（Vanek）等进一步发展与完善，形成了一个较为系统的研究工人生产合作社企业制度的经济分析模型。Vanak 有关该理论的主要著作参见：1. *Self - Management: Economic Liberation of Man*. Penguin Education (1975)；2. *The Economics of Workers' Management: A Yugoslav Case Study*. London: Allen&Unwin (1972)；3. *The General Theory of Labour - managed Market Economics*, Ithaca, N. Y.: Cornell University Press (1970)。

对外部的变化比较迟钝，以至出现价格上升、产量下降的情况。沃德证明，工人自治企业会对某些外来的冲击作出反常的反应。例如，在完全竞争模型的假定前提下可以证明，如果企业追求使其每个员工的净收入最大化，其产品价格上升时产量会减少，产品价格下降时产量则会增加。这样，市场将不会履行其信息方面的功能，相对的价格变动会引起错误的资源配置。此后，有的学者把合作社的这种价格与产量的关系称为"沃德效应"或"有悖于常理供给反应"。不过沃德本人并没有认定南斯拉夫的工人自治企业真的要把人均收入最大化，他讨论的要把人均收入最大化的工人自治的企业，是他在模型中虚构的所谓的"伊利里亚的企业"（Horvat, 1987）。

该理论的基本假设前提是：①工人自治企业面对的是一个完全竞争的市场，产品的价格及资本的利率由市场决定，企业只生产一种商品；②工人自治企业雇用同一技术类型的工人，实行的是平均分配，工人的目标是平均收入最大化，在合作社内部，成员对企业的净资产没有索取权，合作社投资主要依赖于集体储蓄或利润留成；③工人自治企业中非劳动投入被视为资本，只有劳动与资本两种生产要素，企业的生产函数为 $Q = f(l, k)$；④短期内，资本要素是常量，劳动要素是变量，但是劳动力是同质的；⑤唯一的收入来源是按照价格 p 销售产品。

可将两种成本引入到方程中：按照工资率 w 计算的劳动力成本和使用资本支付的固定成本 R。利润为收入和成本的差额。同资本主义公司的股东相同，工人希望调整政策使下式最大：

$$s = w + \frac{\pi}{l}$$

上式分为两部分。其中，每个工人的平均利润由每个工人的平均收入和每个工人的平均成本的差额组成。最大值是每个工人的边际成本和边际收入相等。

$$\frac{\partial u}{\partial y} = \frac{\partial k}{\partial y}$$

伊利里亚条件表明，每个工人的收入最大，公司应选择每个工人的边际收入和每个工人的边际成本相等。[①] 公式为：

[①] 在此，要区分每个工人的平均边际收入（revenue per worker）所测度的是每个工人的平均边际收入，公式为：$\frac{\partial(py)/\partial y}{l} = \frac{p}{x}$。

$$\frac{\partial(\frac{py}{x})}{\partial y} = p \cdot \frac{x - yx'}{x^2}$$

均衡的情况见图 3-1。

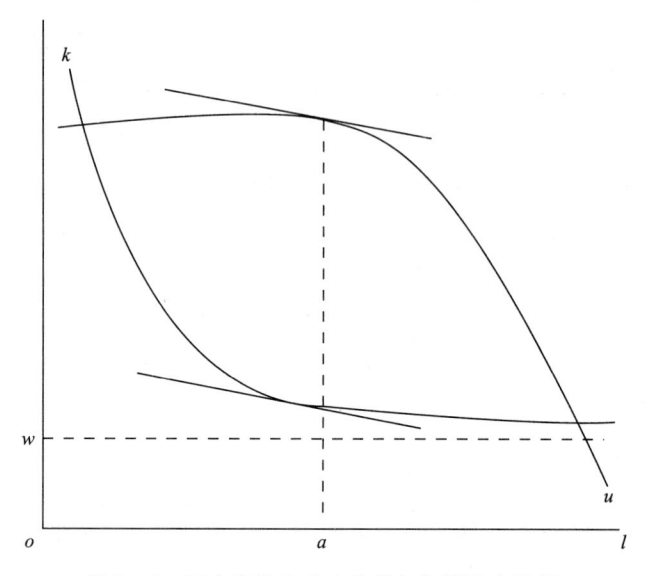

图 3-1 工人自治企业人均收入与劳动力数量

在平均产量最大值处,边际产量和平均产量是相等的,并且随着工人数量的增加边际产量是减少的。其中每个工人的平均成本为:

$$k = w + \frac{R}{x}$$

此曲线为正交、共轭、渐进的,两条曲线相隔最大处为每个工人的利润最大值点。

在图 3-2 中,假设公司是均衡产量,用 u_1 和 k_1 表示,相对应的雇用工人的数量为 a。由于需求的增加导致价格上涨,当前的均衡点在 a;将 u_1 向上移动到 u_2,但是当前的雇佣水平 u_2 比 k_1 陡。① 因为,在 a 点,每个工人平均收入的下降率比每个工人平均成本的下降率大,产出和雇用量将

---

① $\frac{\partial(py/l)}{\partial l} = (p/l)[y' - (y/l)]$,因此,如果 $p_2 > p_1$,有 $|\partial u_2/\partial t| > |\partial u_1/\partial t|$ 在 $l = a$ 处成立。

改变直到这两个比例在 b 处相等，即 a 点向左移动。

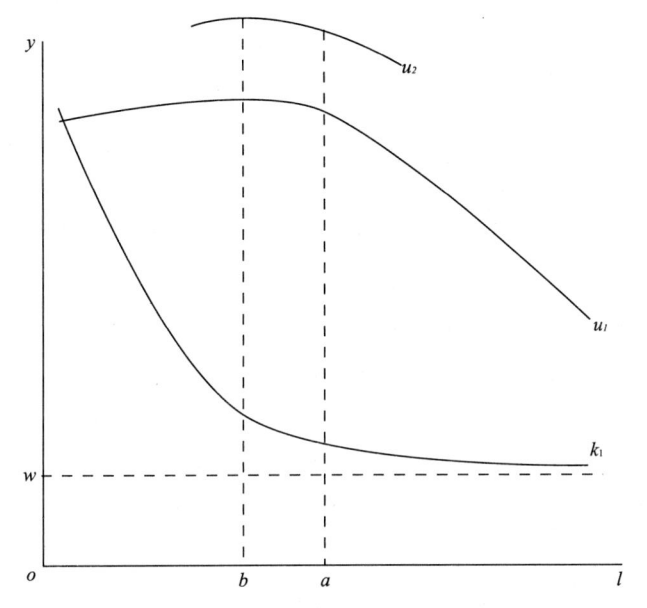

图 3-2　市场价格变化时 y 最大化的社员数量的变化

同理，当市场价格下降时，在平均收入最大时 a 向右移动。由此我们可以推出工人自治企业的供给曲线。当价格上涨时，将减少产量和社员数量；当价格下跌时，将增加产量和社员数量，即工人自治企业供给曲线向右下方倾斜（见图 3-3）。

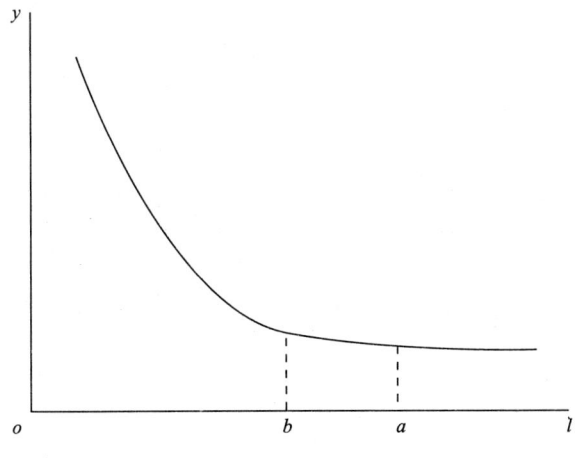

图 3-3　工人自治企业的供给曲线

合作经济的理论与实践模式

然而,南斯拉夫的经济学家、社会学家和管理专家们并不接受沃德式的分析所假设的前提,他们不同意将南斯拉夫工人自治企业的目标简单地概括为使员工的平均收入最大化,认为这不符合南斯拉夫工人自治企业的实际情况。[①]

从逻辑上说,沃德对"伊利里亚企业"的分析也不能令人信服。这种模型的假设前提及由这种前提得出的所谓"反常的反应",都很不符合实际。这是因为,该模型假定企业由于产品价格变动而改变其产量时,必定要相应地改变其员工的数量以适应改变产量的要求,这种分析等于暗中假设了一个前提条件,即企业的领导有自主地决定雇用和解雇其员工的职权。但是在自治的单位中恰恰不存在企业领导的这种职权,因为员工是工人管理的企业的主人,在自治的单位中员工才是"企业主"。说工人管理的企业会解雇其主人,这是不合乎逻辑的。南斯拉夫的实际情况是,其工人自治的企业长期职工过剩(Horvat,1987),这证明了工人自治的企业不愿意解雇其主人——员工。

实际上,对各种利益关系的其他研究证明的是相反的情况:工人自治单位中的员工人数是相对不变的,因为解雇员工几乎是不可能的,而新的雇佣仅仅在特殊的条件下才能实现。这些特殊条件的例子是,新受雇的员工要接受相对于核心职工的一个比较低的评定的分数;与老的核心员工有亲戚关系等。

后来在本杰明·沃德模型基础上,由瓦纳克(Vanek,1972,1975)进一步发展与完善,形成了关于研究生产合作社的著名模型,该模型被经济学家称作 Ward – Vanek 模型,该模型以工人收入最大化为生产合作社的目标,应用新古典经济学的分析方法和资本主义市场机制,对由工人管理的合作社进行分析,形成了一个较为系统的研究工人合作社企业制度的基本经济理论。但是,在正统的新古典经济学理论中,公司被认为是寻求雇佣资本的最大报酬,即利润最大化。在 Ward – Vanek 模型中的工人管理的公司或者合作社却是寻求每个工人收入最大化。因此,在资本主义经济的新古典模型中,市场机制确保单个公司效率最优,由工人管理的工厂是否也能满足效率最优,Vanke(1971,1975)得出不能的结论,原因在于不

[①] 左大培:《南斯拉夫:工人自治的"社会主义市场经济"》,《思潮碰撞》2007年第1期。

同的经营目标导致有不同的资金来源。他比较了资金完全通过集体储蓄和公共盈余的合作社与资金来源通过外部借款的资本主义企业之后，认为相比较而言，资本主义企业合作社将趋向于较低的投资、较少的雇用工人和较低的产量。①

无论是哪一种类型的合作社经济分析模型，它们的一个共同特点是只注重纯理论模型的比较，而不注重对合作社制度安排特征的内部分析，即忽视了合作社最关键的制度要素（杰森、麦克林，1979）。它实际上是反映了主流经济学在企业研究方面的基本特征：以经济主体的某些经济变量——而不是内部结构——为基本研究对象，以数量分析为基础的静态及动态分析——而不是结构的、历史的以及社会文化的分析——为基本研究方法。也即威廉姆森所形象比喻的，在主流经济学的研究中，企业本身始终是作为一个"黑匣子"来对待的（Williamson, 1985）。

1972年，阿尔钦（Alchian）和德姆塞茨（Demsetz）发表了其经典之作《生产、信息成本和经济组织》一文，将企业本身作为研究对象，重点考察了在以私有制为基础的市场经济条件下企业制度生成与演进的原因、企业内部的组织结构及运作机理、各种生产要素之间的关系，以及不同企业组织形式对参与市场行为的影响等问题。按照阿尔钦、德姆塞茨的理论，在团队生产中，如果对成员实行利润分享制，能够促进成员的自我控制，提供一种避免偷懒的激励机制，但是它适于小规模的团队生产。这可以作为解释生产合作社存在原因的一种观点。从委托-代理关系看，它是对企业所存在"道德风险"问题所做出的一种反应。因为在传统的资本家企业中，企业与工人的关系是通过某种市场合约建立起来的，工人面临败德问题。工人合作社所有者与生产经营者的统一性，避免了由于所有权与控制权相分离所产生的代理成本，以及工人的机会主义行为（Hansmann, 1990）。随着产权学派、新制度学派等非主流学派的兴起，及其在西方经济学中逐步占据日益重要的地位，现代企业理论研究得到迅速的发展。企业这个"黑匣子"开始被打开，合作社的经济分析也随之进入"制度分析"的新阶段。

---

① Chris Cornforth, Alan Thomas, Jenny Lewis and Roger, *Spear*: *Worker Cooperative*, 1988, pp. 40 – 41.

第三节 合作社的产权制度特征分析

较为流行的对合作社的产权制度分析是在与营利性的公司比较中进行的。与投资者所有的公司相比，合作社的产权制度安排具有自我的独特性。①

第一，合作社的所有者是社员，社员是合作社的使用者，即所有者和使用者身份是统一的（在生产合作社中是所有者与生产者统一）。合作社社员是具有相同业务的经济弱势群体或是利害关系一致的群体，他们加入合作社是自愿的、自由的。社员参加合作社，是想利用合作社所从事的业务，解决社员个人无法解决或解决不好的问题，或是想从合作社的经营中获得更好的服务。而普通公司的所有者是股东，股东是公司的投资者，股东投资公司是为了追求最大的投资回报率，即利润率，股东与公司的使用者或生产者是对立的利害关系。可见，合作社是人的结合，它的组织基础是以人为主体；而公司是资本的结合，组织基础是以资本为主体。组织的目标前者是服务社员，即为社员提供经济方面的服务；后者则是盈利，攫取剩余利润。

第二，合作社的控制权掌握在社员手中。合作社是民主的组织，实行一人一票制；民主管理原则充分体现了合作社内部人人平等的合作理念，合作社的主权属于全体社员，而不是操纵在少数人手中，社员积极参与合作社的决策和管理。在合作社的联合社，由于成员不是自然人，无法实行一人一票制，因而通常是根据基层合作社的社员规模或与联合社的交易额来进行投票的。而公司是实行一股一票制，按股投票，资本统治了人类的活动，劳动者成为资本的奴隶。因此，在合作社中，控制权已经由公司中的财产权利转化为劳动者个人的权利，这种权利是与社员资格紧密联系在一起的。劳动雇佣资本，而不是资本雇佣劳动，这是合作社与营利公司最根本的区别。

---

① 本节参考苑鹏的观点。详见苑鹏《现代合作社理论研究发展评述》，《农村经营管理》2005年第4期，第16~17页。

第三，合作社的收益权。一是合作社的盈余索取权是按照社员与合作社的交易额进行分配的，而公司是按照股东的出资比例进行盈余分配的。从根本上讲，合作社没有盈余，因为它不是营利企业。合作社的盈余不是利润，而是在为社员服务的过程中，向社员多收取了费用（价款）或少支付了款项，以便保证合作社运行的一个安全空间。因此，合作社盈余的分配应当按照其产生的来源、途径进行分配，即将在合作社经营过程中多收取社员的再按照收取的比例（交易额）分摊给社员（尹树生，1983；Zvi Galor，1997）。二是合作社的股金分红权。合作社盈余索取权的规定决定了合作社的股金没有可分配的盈余。它只能获得有限的利息。利息的比例是在合作社的法律或章程中预先规定的，与合作社的经营状况无关。这与公司制中按照出资者比例进行的股金分红制有着根本的不同。三是合作社净资产的权利。社员对合作社净资产的权利十分有限，一般的情况下，社员只能获得自己所交纳的股本金原值。[①] 在合作社解散时，合作社资产通常移交当地社区。

第四，合作社社员产权的不可转让性。合作社实行门户开放，社员随时可以加入也可以自愿退出，因而股金可以随时增加或减少，但是社员资格是不能交易的，即是不可转让的。而公司的资本总额是受限制的，不能随意变更，即股东不能退掉股票，但是股东可以通过市场交易来转让自己的股票，股票可以自由买卖。

第四节 合作社制度安排的缺陷[②]

一 权利与责任对称问题

按照现代企业理论，一个有效的企业制度安排应当是权利与责任的对

[①] 在一些合作社，如以色列公共汽车司机合作社，已经出现了按照社员股本的现价退给社员。
[②] 这一小节的分析是建立在上一节典型的合作社制度安排特征基础上的。事实上，许多新型合作社的制度安排早已突破了这些限制，通过实行较灵活的富有弹性的合作原则，来克服传统制度安排的缺陷，以求得更好的发展。

称。由于合作社是建立在劳动雇佣资本的基础上,从而决定了不论社员与合作社的交易额相差有多大,社员向合作社的投资额相差有多少,社员个人之间的权利、承担的风险都是相同的。从公平的角度看,这种制度安排实质上在一定程度上侵犯了社员"大户"的利益。由此可以推出,要使合作社制度安排具有有效性,合作社成员应当有较强的同质性。

二 水平扩展问题

它说明的是合作社投资行为方面存在的问题。从组织特征看,合作社具有如下特征:①社员在合作社中有投资优先权;②合作社能够发行债券;③社员对合作社各年的剩余索取权具有不可交易性。由于社员对所在合作社的原始投资没有折合成现金最终所有权要求,社员只有在合作社期间才有可能分享到合作社的现金剩余,而这些投资若放在储蓄银行中是有利息的,因此社员期望合作社投资报酬回收期期限是在他们所预期的就业年限内。在选择投资项目时,他们将采取缩短资金收益期的做法,这就减少了合作社可能使用的投资项目的数量。由于社员缺少对未来合作社利润的索取权,这就暗示着生产合作社的资本使用将少于资本家企业。社员具有强烈的动机去使合作社的近期利润最大(杰森、麦克林,1979)。

三 不可转让性问题

不可转让性问题指社员的资格在合作社中是不能转让的,即不能出售自己的社员身份。由于没有市场使社员的价值资本化、可交易化,它给企业运行带来两个重要的结果:一个是对管理进行监督的有效性大大降低,没有市场,使得对企业的管理评估无法反映在一种统一的、公开的衡量标准中;另一个是社员将产生严重的"投资组合"问题。工人权利的不可转让也意味着工人在使他们的"投资组合"多样化中面临着严重的限制,工人不可能通过不同的企业、不同类型的资产来使个人的投资多样化,它造成工人个人风险分布的无效率,结果导致一个非帕累托最优。米德(1972)简要地提出了这个问题,他指出,劳动雇佣资本存在着风险集中的问题,因为劳动合伙制使工人将"所有鸡蛋放在一个篮子中",个人所承担的风险很高,难以分散。他认为这也是企业制度发展中自然的倾向:

是用资本承担风险雇佣劳动，而不是用劳动承担风险去雇佣资本的原因所在。

四 控制问题

民主控制问题始终是合作社理论研究的一个热点。在这个问题上，汉斯曼（H. Hansmann，1990）作了深入而系统的分析。他指出，在以往对合作社的成本与收益的估计中，忽略了一个非常关键的问题：集体决策的成本。他以生产合作社为例，认为阻碍合作社发展的因素并不是资本成本的风险分享，而是在异质性的工人队伍中建立一个有效的集体治理结构的艰难。在工人队伍异质性程度较高时，企业的治理成本，包括决策过程的成本和无效决策的成本是相当高的。

具体而言，在制定决策中，首先，企业要向无管理经验的工人（社员）提供足够的信息，工人（社员）需要投入相当的时间和努力来掌握有关知识。如果工人（社员）在行使集体控制权时把自己视为所有者，不存在机会主义行为，它将使制定决策过程缓慢；如果工人（社员）采取某种策略，如偷懒、"搭便车"，则会影响决策质量，进一步的成本将会产生。其次，工人（社员）群体在利益、技能、素质能力等方面均存在着差异，对合作社的投资战略、营销战略等往往持有非常不同的看法，这种不同有时反映在为取得同一目标而采取的不同手段上，但最重要的是不同的社员个体对进行何种类型决策战略持不同观点。例如，那些即将离社的老社员由于不能分享到投资的未来收益而希望少投资多分配。这些差异越大，即合作社社员的异质性越高，意味着达成协议的成本也越高，不能达成协议的风险也越大。最后，在多数票原则下，中位数值的投票者将与那些平均数的投票者很不相同，结果往往是多数人的所得少于少数人失去的；因此，多数人剥削了少数人利益。

还有学者（Web，1920，转引自 R. Spear and H. Voets，1995）提出，社员参与管理减少了管理投入要素的生产能力，因为管理者的自主权与处置权转移给了社员，从而对管理者产生了负激励。他们得出的结论是，管理者替社员管理合作社的经营效果，经常要好于合作社社员自己管理企业。这一结论由一些学者（R. Spear and H. Voets，1995；P. Abell，1983）结合工人合作社形成率很低、没有成为市场经济下的主流企业制度的现实,从企业家角度作了论证。他们指出,如果一个企业家选择了合作社的形式,那就意味着他不能控制企业,权利要与其他成员分享;资本报酬有限,收回个人投资的权利以及转让个人投资的权利要受到限制,企业家所面临的经营风险也相应地加大;企业家的市场化的经营思想要变成合作社的公共物品。可见,合作社不仅要建立在成员自我利益基础上,它还要求成员具有利他主义精神,而在一个激励自我利益的社会中,合作社的生成率低也就不足为奇了。

然而,在那些赋予管理者更大决策权的合作社中,社员的所有权被逐步剥夺,社员不再参与合作社的决策,社员也不再认为合作社是自己的合作社,在管理者的控制下,合作社转向追求盈利水平高低,而不是满足社员的需要,合作社也最终蜕变为营利公司,即出现了合作社的变质。

五 资本形成问题

合作社的制度安排规定了合作社不能发行股票,不能利用资本市场的股东获得资本,因而合作社的投资来源渠道主要是社员股金和外部借贷。而合作社的社员群体是以经济弱势群体占主体的现实状况决定了吸纳新资金在大多数情况下主要将采取债务的方式,它增加了合作社的固定成本负担,也增加了合作社的风险,并使合作社在与其资本来源的主要依赖对象——商业银行的贷款谈判中处于特别困难的境地。一方面,银行往往把合作社置于机会主义之下,如他们认为合作社有可能把贷款投资到无效的行业中;另一方面,工人合作社由于缺乏实物资产作为抵押品,很难找到一种使银行相信他们没有机会主义的证据,从而限制了合作社的贷款能力,而且一旦合作社无力偿还贷款,银行将收回成员的个人抵押品,造成社员个人财产的丧失,使社员承担较大的投资风险(Mellor、Mary,1988;H. Hansmann,1990)。因此,在合作社较为发达的地方,都建有支持合作社系统发展的合作银行,从合作社自身来解决资金困境。

第五节 合作社的内部决策机制

前文所述的以汉姆伯格(Helmberge)和胡(Hoo)(1962)为代表的

分析农业合作社的模型和 Ward – Vanek 模型的合作社理论只注重了合作社与投资者所有企业的纯理论模型的比较，而不注重对企业结构实际结果的比较，没有特别指出工人合作社的制度安排特征，忽视了在比较中最关键的制度因素。正如威廉姆森所形象比喻的，在新古典经济学的研究中，企业本身始终是作为一个"黑匣子"来对待的。直到 20 世纪 70 年代，随着产权学派、新制度学派的兴起，及其在西方经济学中逐步占据日益重要的地位，企业这个"黑匣子"才开始被打开，企业本身作为研究对象进入学者视野，其研究重点是考察企业内部的组织结构及运作机理、各种生产要素之间的关系，以及不同企业组织形式对参与市场行为的影响等问题。在对合作社研究方面，也进入制度经济学分析的阶段，其中最主要的研究成果包括 Emelianoff 的委托 – 代理学说、Phillips 的比例原则学说以及 Staats 和 Sexton 对社员之间的博弈分析等。然而，在现有的研究中，合作社如何在异质性成员中分配成本及收益这一重要问题仍未得到应有的重视。

因此，本节从投资者企业财富最大化出发，分析合作社作为一个独立主体其目标决策与社员目标决策的差异，在此基础上揭示具有不同风险偏好、资产数量、投资方式和讨价还价能力的社员之间相互作用的过程及结果，以及由此产生的内部交易费用①对合作社组织效率的影响。

一　企业财富最大化与股东决策分析

（一）财务理论界对企业目标的概括

在财务管理学中，财务管理目标并不存在一致的看法。最具代表性的财务管理目标主要有几种提法：利润最大化、资产利润率最大化或每股利润最大化、企业价值最大化。而大多数学者都以实现市场价值与所有者财富最大化为企业财务管理的基本目标。

（二）实务界对企业目标的认识

西方财务学家对"《幸福》500 家"高级财务管理人员的一项系统调查结果表明，大多数实务工作者将财务管理目标按其重要程度排序为：第

---

① 内部交易费用是机会主义的对策行为所引起的交易费用。

一，总资产报酬率最大化；第二，达到每股收益的预期增长率；第三，公司当期总利润的最大化；第四，股票价格的最大化。可见，上述四项目标中，第一项、第三项目标其实就是利润最大化（第一项是利润最大化的变形，目的是为了不同公司之间的比较）；第二项、第四项目标也直接决定于利润最大化的实现程度。而在中国，大约有55%的企业将其作为财务管理的基本目标。这充分表明，利润最大化实际上是大多数实务工作者首选的财务管理目标。

（三）企业价值最大化更具优势

1. 利润最大化的不足

传统理论认为，利润最大化目标的不足主要表现在以下几个方面：

第一，利润最大化是一个绝对指标，没有考虑企业的投入和产出之间的关系。例如，同样获得1万元的利润，一个企业投入资本10万元，另一个企业投入资本20万元，若不考虑投入的资本额，单从利润的绝对数额来看，很难作出正确的判断与比较。

第二，利润最大化没有考虑利润发生的时间，没有考虑资金的时间价值。例如，今年获利1万元和明年获利1万元，若不考虑货币的时间价值，也很难准确地判断哪一个更符合企业的目标。

第三，利润最大化未能有效考虑风险问题，这可能使财务人员不顾风险的大小去追求最大利润。例如，同样投入10万元，本年获利都是1万元，但其中一个企业获利已全部转化为现金，另一个企业则全部表现为应收账款，若不考虑风险大小，同样不能准确地判断哪一个更符合企业目标。

第四，利润最大化往往会使企业财务决策行为具有短期行为的倾向，只顾片面追求利润的增加，而不考虑企业长远的发展。

2. 企业价值最大化的优点

企业价值最大化是一个抽象的目标，在资本市场有效性的假定下，它可以表达为股票价格最大化或企业市场价值最大化。一般认为，以企业价值最大化作为企业财务管理目标有如下优点：

第一，价值最大化目标考虑了取得现金性收益的时间因素，并用货币时间价值的原理进行科学的计量，反映了企业潜在或预期的获利能力，从而考虑了资金的时间价值和风险问题,有利于统筹安排长短规划、合理选择投资方案、有效筹措资金、合理制定鼓励政策等。

第二,价值最大化目标能克服企业在追求利润上的短期行为。因为不仅过去和目前的利润会影响企业的价值,而且预期未来现金性利润的多少对企业价值的影响更大。

第三,价值最大化目标科学地考虑了风险与报酬之间的联系,能有效地克服企业财务管理人员不顾风险的大小,只片面追求利润的错误倾向。

因此,在本章分析中,我们将企业的目标设定为企业价值最大化。据此,建立起相应的企业目标决策模型:

$$\text{Max} \sum_{t=1}^{N} \frac{I_t}{(1+r_c)^t} - I_0$$
$$\text{s.t.} : wl + rk + \bar{c} = C \tag{3-1}$$

式中:I_0 表示企业初始投资额;I_t 表示企业每年投资的现金净流量;$\bar{c}$ 表示企业的固定成本,N 为投资期。

$$I_t = (pq - wl - rk - \bar{c})(1-t) + D_t$$

式中:t 代表税率,D_t 代表企业第 t 年的折旧。

根据资本资产定价模型可以得到:

$$r_c = r_0 + (r_m - r_0)\beta$$

方程(3-1)描述了追求财富最大化的企业所有股东的选择。由于企业的经营成果按股东持股比例进行分配,股东有随时退出公司的权利,条件是按当时的股票价格卖出即可。因此,这一模型可以进一步延伸为单个股东的财富最大化目标决策模型:

$$\text{Max} \sum_{t=1}^{T} \frac{I_t s_i}{(1+r_c)^t} + \frac{NA_T s_i}{(1+r_c)^T} - s_i I_0 \qquad \forall s \tag{3-2}$$

其中:T 为卖出股票的时间;s_i 表示任意股东 i 的持股比例;NA 表示公司的净资产。

方程(3-2)表明,在风险分散的条件下,股东与公司之间、任意的单个股东之间的目标决策是一致的,都是追求财富最大化。也就是说,如果方程(3-1)对公司来说是成立的,那么方程(3-2)对公司所有的股东都是成立的,股东之间没有谈判和讨价还价过程,也没有相应的谈判费用(内部交易费用)。然而在合作经济组织中,由于"合作社是特殊的,它是双面的:一是社员共同体,另一是企业"[①],因此,上述结论不一定适用。

二 合作社与社员目标决策分析

世界各国的历史背景、社会、经济、政治、文化条件不同,合作社的内部制度也不同,由于外部环境的变化,合作社为了能够更好地发展,其基本原则也发生了一些变化,例如"新一代"合作社,但是世界上大多数的合作社依然较大程度地遵循罗虚代尔原则。合作社之所以区别于其他类型的企业组织形式,关键在于其独特的质的规定性:合作社作为一种独特的组织形式必须遵循股金认购、盈余主要按交易额(惠顾额)返还和民主管理的原则;而且,合作社(社员)既是合作社提供服务的使用者又是所有者,社员作为所有者的身份和合作社服务的使用者(惠顾者)身份二者的同一(惠顾在这里理解为社员利用合作社的服务,就是以各种方式对合作社作出的贡献)。所有者的身份和合作社服务的使用者(惠顾者)身份的同一性体现在交易额上。有的学者指出,"资本"是股份企业的核心,而"交易额"是合作社制度的核心(实际上是社员对合作社活动的参与程度,社员对合作社服务的使用程度)。交易额不仅是社员入社的必要条件,也是合作社赖于存续的基础。交易额越多,说明社员对合作社的需求越大,合作社越有其存在的价值;如无交易额,说明社员可通过自助或其他渠道完成自身的交易。因此,作为双重身份的社员,其单个决策目标是否与合作社作为一个独立经营主体的决策目标一致,成为我们分析合作社内部决策机制的逻辑起点。

(一)合作社目标决策模型

合作社作为一个企业,追求的是价值最大化,其模型如下:

$$\text{Max} \sum_{t=1}^{N} \frac{I_t}{(1+r_c)^t} - I_0$$

[①] George. W. J.; *Hendrikse & Cees " Pveemrna. on the of cooperatives: Taking Stock, Looking Ahead Restructuring Agriculture Cooperative"*, (Hendrikse Ed.) Eramus University Rotterdam, 2004.

$$\text{s.t.} \ wl + rk + \bar{c} = C \tag{3-3}$$

模型中的变量同方程（3-1）。

由于合作社不同于其他企业组织形式，具有独特的质的规定性，有必要对模型做必要假设：

①决策的相互独立性。一个成员的决策不受其他成员或其他投资机会的影响。

②开放的社员资格。存在正式社员资格和非正式社员资格，社员自愿加入和自愿退出。加入时需认购相应的股金，如在合作社成立满一年后加入，社员除按比例认购股金外，还需按公共积累的比例额外交纳资金；退社时股金无法出售，只能收回原始股金和相应的公共积累部分；合作社持续经营。

③分配机制的选择。总收益中包括非社员业务和社员惠顾额，在扣除一定比例的公共积累后，净收益按社员各自股金比例和惠顾额比例返还。

④社员对合作社投资的评估不影响社员的生产决策，即农民不论是否加入合作社都不影响其农业生产投资。

⑤按照资本资产定价模型得到的 r_c 不受单个社员的风险偏好程度的影响。

由于合作社独特的质的规定性，合作社的目标决策模型并不一定是全体社员的最终选择，合作社最终的方案选择是单个社员不同的目标决策模型下谈判、讨价还价的结果。下面，我们从单个社员的角度阐述这一点。

（二）单个社员目标决策模型

依据前面 5 个假设，任意单个社员的目标决策模型为：

$$\text{Max} \sum_{t=1}^{T} \frac{I_t(1-g)[k_t s_i + (1-k_t)h_{ti}]}{(1+r_i)^t} + \sum_{t=1}^{T} \frac{I_t g s_i}{(1+r_i)^t} - k_{0i}s_i I_0 - (1-k_{0i})h_{0i}I_0 \quad \forall i \tag{3-4}$$

其中：$I_t = (pq - rk - \bar{c})(1-t) + D_t$，符号意义同方程（3-1）；$g$ 代表每年的公共积累率（假定不变）；k_t 代表 t 年合作社净收益按股金进行分配的比例；s_i 代表任意单个社员 i 的股金比例（持有期间假定不变）；$1-k_t$ 代表 t 年合作社净收益按惠顾额进行分配的比例；h_{ti} 代表 t 年社员 i 的惠顾额占总惠顾额的比例；k_{0i} 代表初始年度社员 i 按股金比例应分摊的投资额；$1-k_{0i}$ 代表初始年度社员 i 按惠顾额比例应分摊的投资额。

在方程（3-1）和（3-2）中，我们使用了相同的贴现率 r_c，因为公司和单个股东的目标决策是一致的，且资本所有者拥有剩余索取权，公司和股东之间没有谈判费用；但是在方程（3-3）和（3-4）中，由于合作社独特的质的规定性，追求的是社员平均收入最大化，而由于合作社成员的异质性、剩余收益按股金比例和惠顾额比例返还，因此单个社员追求的是个人收入最大化。在这种背景下，单个社员和合作社目标决策出现分歧，最终体现为贴现率的不同。合作社作为一个独立的经营主体，决策时依然采用资产定价模型中的 r_c 为内部收益率，而追求个人收入最大化的社员，则采用 r_i 作为自己的内部收益率。由于合作社的内部收益率是按照资产定价模型计算的，问题的焦点在于如何确定社员的内部收益率？哪些因素影响社员的内部收益率？

投资者的投资组合决定了投资者的投资报酬率，因此，单个社员的投资报酬率 r_i 由其投资组合决定。由于农业生产本身的弱质性、农村资金的不足和农民投资渠道的匮乏，使得作为单个社员的农户的投资组合非常有限，主要包括农业生产性投资、加入合作社的投资以及购买无风险资产（指农民的银行存款和购买少量的国库券等金融资产）的投资。社员投资于合作社的投资为风险投资。

假设单个社员在 t 时期收入为 $D^t = \sum_{j=1}^{n} D_j^{\,t}$（$j$ 为社员资产组合投资的类别），单个社员的冯·诺伊曼-摩根斯坦偏好（Von Neumann-Morgenstern Preferences）和 t 时期效用的期望值为 $[\sum_{\tau=t}^{T} u^\tau(D^\tau)] \equiv E[\sum_{\tau=t}^{T} u^\tau(\sum_{j=1}^{n} D_j^\tau)]$，直接效用方程 $u^\tau(\cdot)$ 是单调递增并且严格凹的。在此等式中，单个社员在 t 时期第 j 类收入的影子价格为 p_j^t。[①] 因此，每增加或者减少 α 比例的收入对社员的边际效用影响甚微，其目标方程为：

$$\underset{\alpha}{\text{Max}} E[u^t(D^t - \alpha p_j^t) + \sum_{\tau=t+1}^{T} u^\tau(D^t + \alpha D_j^\tau)] \qquad (3-5)$$

[①] George M. Constantinides: *Theory of Valuation: Overview and Recent Developments*, p. 3.

当 α = 0 时，方程有最大值。对于 α，方程是严格凹的，其一阶导数为 0 时达到最优值。通过整理，得到下式：

$$p_j^t = E\left[\sum_{\tau=t+1}^{T} \frac{u_D^\tau(D^\tau)}{u_D^t(D^t)} \times D_j^\tau \right] \tag{3-6}$$

从 $t-1$ 时期到 t 时期，单个社员第 j 类投资的投资报酬率记为 r_j^t，定义 $r_j^t \equiv \frac{(p_j^t + D_j^t)}{p_j^{t-1}}$，由于

$$\begin{aligned} p_j^{t-1} &= E\left[\sum_{\tau=t}^{T} \frac{u_D^\tau(D^\tau)}{u_D^{t-1}(D^{t-1})} \times D_j^\tau \right] \\ &= E\left[\frac{u_D^t(D^t)}{u_D^{t-1}(D^{t-1})} \times \left\{ D_j^t + \sum_{\tau=t+1}^{T} \frac{u_D^\tau(D^\tau)}{u^t(D_D^t)} \times D_j^\tau \right\} \right] \\ &= E\left[\frac{u_D^t(D^t)}{u_D^{t-1}(D^{t-1})} \times (D_j^t + p_j^t) \right] \end{aligned} \tag{3-7}$$

方程两边同时除以 p_j^{t-1}，利用 r_j^t 的定义，可以得到：

$$E\left[\frac{u_D^t(D^t)}{u_D^{t-1}(D^{t-1})} \times r_j^t \right] = 1 \tag{3-8}$$

从 $t-1$ 时期到 t 时期，单个社员投资第 j 类资产的无风险投资报酬率记为 r_j^0，投资第 j 类资产的风险报酬率定义为 $R_j^t \equiv r_j^t - r_j^0$，满足：

$$E\left[\frac{u_D^t(D^t)}{u_D^{t-1}(D^{t-1})} \times R_j^t \right] = 0$$

进一步简化为：

$$E\left[u_D^t(D^t) \times R_j^t \right] = 0 \tag{3-9}$$

方程（3-8）和（3-9）是对方程（3-6）的重新表述。

对于 t 期期末，单个社员收到各类投资组合的收益，并且积累了同样的财富，如果用 W 代表财富，可以得到 $W^t = D^t = \sum_{j=1}^{n} D_j^t$，方程（3-9）变为：

$$E\left[u_W^t(W^t) \times R_j^t \right] = 0 \tag{3-10}$$

方程（3-10）把资产的风险收益率和财富的边际效用联系起来。

如果在 t 期期末，单个社员各类投资收益是多元正态分布，那么其 t 期

期末的收入和财富也是多元正态分布，则 t 期单个社员风险投资收益率的期望值为：

$$E[R_j^t] = -\frac{E[u_{ww}^t(W^t)]}{E[u_w^t(W^t)]} \times \text{cov}(R_j^t, W^t) \qquad (3-11)$$

从方程（3-11）可以看出，单个社员投资的风险报酬率的期望值与 t 期期末的风险收益和 t 期期末财富的协方差成比例，也可以说是与 t 期的风险收益和 t 期市场投资组合的风险收益的协方差成比例。其中，$-\dfrac{E[u_{ww}^t(W^t)]}{E[u_w^t(W^t)]}$ 是 J. W. 普拉特指标，测度社员对风险的厌恶程度。从而任意社员 i 在 t 期投资的投资收益率为无风险报酬率和风险报酬率之和，用公式表示为：①

$$r_i^t = r_i^0 + E_i[R_j^t] \qquad \forall i \qquad (3-12)$$

因此，社员投资于合作社资产的投资收益率是由个人风险厌恶程度以及期末风险收益与期末财富的协方差决定的，社员对合作社投资方案进行评价时使用的贴现率为方程（3-12）的 r_i^t。由于合作社中每个社员的资产数量、资产组合种类、风险厌恶程度的差别，造成了社员投资收益率的差别，从而对合作社的目标决策方程的评价也是不同的。

对于任意社员来说，方程（3-4）如果大于零，他将支持合作社的投资方案；如果小于零，他将反对合作社的投资方案；如果预期的投资报酬率过低，也可以选择退出合作社。由于任意社员的投资收益率不同，对于合作社的投资方案就有了不同的评价标准，对于甲社员支持的投资方案，乙社员可能反对。因此，合作社最终投资通过的投资方案是合作社所有有投票权社员共同博弈、谈判、讨价还价的结果，并不是所有的社员都接受该方案。

三 合作社目标决策方案结果分析

通过单个社员目标决策模型分析可知，由于每个社员的投资收益率的差异，导致对合作社方案的不同评价，最终通过的合作社的投资收益率即

---

① 运用方程（3-12）的前提是社员市场投资组合为平均值变异效率组合且其风险报酬是可以观察到的。

全体社员可接受的投资收益率应该为：

$$r_c = \sum_{i=1}^{m} \beta_i r_i \qquad (3-13)$$

其中，r_c 为能满足所有社员的投资收益率，即合作社方案的投资收益率；β_i 为第 i 个社员从合作社的收益中获取的比例；m 为合作社社员的数目。在实际使用该公式时，应满足：①任意社员的风险厌恶程度的信息是已知和公开的；②合作社能够准确地计量每个社员的惠顾额并严格按比例返还。如果合作社不遵循按惠顾额比例返还，对于风险厌恶程度较高的社员将得到较低的收益，甚至出现亏损。下面具体分析合作社目标决策结果。

为了分析问题的方便，我们使用"有表决权的投资收益率"这一概念，用符号"r^*"代表，表示在"一人一票制"的民主原则下，每个人的讨价还价能力相同，能够满足50%社员要求的投资收益率。

根据（3-13）式，我们可以计算出合作社投资报酬率并画出投资报酬率曲线。但是我们需要讨论合作社最终通过方案的投资报酬率与合作社社员比例的关系，因此，我们画出图 3-4。图中纵轴表示投资报酬率，横轴表示社员比例。这条投资报酬率曲线描述了对于任一收益率，投资收益率小于或等于这一收益率的社员人数比例，投资收益率曲线的形状取决于每个社员的风险厌恶程度、期末风险收益与期末财富的协方差。

图 3-4 绘制了两条投资报酬率曲线 r_l 和 r_h，其中 r_l 表示合作社中的社员风险厌恶程度较低，风险收益与财富的协方差较小；r_h 表示合作社中的社员风险厌恶程度较高，风险收益与财富的协方差较大；P 代表50%社员比例；A 点代表在社员风险厌恶程度较低的合作社中所对应的有表决权的投资收益率 r_l^*；B 点代表在社员风险厌恶程度较高的合作社中所对应的有表决权的投资收益率 r_h^*。关于合作社收益率和有表决权的收益率的关系，可以分为下面三种情形：

①如果 $r_0 \leq r_c < r_l^*$，由于投资收益率均低于有表决权的投资收益率，风险程度低的和风险程度高的合作社都将否决该方案。

②$r_l^* < r_c < r_h^*$，风险厌恶程度低的合作社支持该方案，风险厌恶程度高的合作社否决该方案。

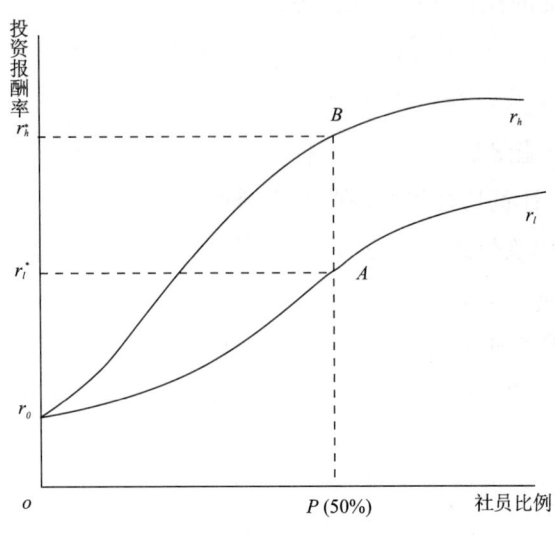

图 3-4 投资报酬率与合作社社员比例

③ $r_c > r_h^*$，风险程度低的和风险程度高的合作社都将支持该方案。

由上可知，当合作社的投资报酬率等于或大于有表决权的投资收益率时，合作社将通过该方案，否则否决该方案。问题分析到此似乎结束了，但本章分析的是合作社的效率，因此，需要深入挖掘情形2。对于风险厌恶程度较低的合作社，其风险收益与财富的协方差较小，相应的资产组合中无风险资产的比例较高。在这种情况下，如果出现情形2，即使方程（3-4）的值为负，合作社也会通过该方案；相反，对于风险厌恶程度较高的合作社，其风险收益与财富的协方差较大，相应的资产组合中无风险资产的比例较低，在这种情况下，如果出现情形2，即使方程（3-4）的值为正，合作社也会否决该方案。由于合作社的投资收益率与社员的投资收益率之间的差额表示社员财富的增加或减少，意味着高于合作社投资收益率的社员的财富将出现转移，因此合作社的投资决策方案不是帕累托最优决策方案。为维护社员福利最大化，实现合作社的效率，需要考虑下面两点：①社员之间的财富补偿是可行的；②部分社员财富的增加总和至少等于补偿过程中发生的交易费用和部分社员财富减少的总和。

此外，现实中社员讨价还价的能力并非人人均等，还取决于社员间谈判力量的对比。根据前文所述，合作社方案是否通过取决于合作社的投资收益率是否高于有表决权的投资报酬率。但在方案通过的情形下，拥有谈判优势的一方能够决定补偿的比例及金额，因此合作社分配方案是由社员之间的谈判力量的对比决定的。

下面分别对风险厌恶程度低的合作社和风险厌恶程度高的合作社的决策结果进行分析。这两种情形下，无表决权的社员（社员比例＜50%）是不同的利益群体。在风险厌恶程度低的合作社中，那些个人投资报酬率高、否决方案的社员成为无表决权社员；在风险厌恶程度高的合作社中，那些个人投资报酬率低、支持方案的社员则为无表决权社员。结果表明，决策的实际结果取决于不同利益群体间谈判力量的分布。

对于风险厌恶程度低的合作社（$r_c > r_l^*$）：

①额外的收益尚不足以补偿谈判过程中的交易费用和补偿的金额。如果无表决权社员的讨价还价能力较弱，合作社将通过该方案，个人投资报酬率较高的社员得不到应有的补偿；如果无表决权社员的讨价还价能力较强，合作社将否决该方案。

②额外的收益能够补偿谈判过程中的交易费用和补偿的金额。如果无表决权社员的讨价还价能力较弱，合作社将通过该方案，个人投资报酬率较高的社员得不到应有的补偿；如果无表决权社员的讨价还价能力较强，这些社员将要求在相应补偿的基础上通过该方案。

对于风险厌恶程度高的合作社（$r_c < r_h^*$）：

①额外的收益尚不足以补偿谈判过程中的交易费用和补偿的金额。如果无表决权社员的讨价还价能力较弱，合作社将否决该方案；如果无表决权社员的讨价还价能力较强，合作社将通过该方案，个人投资报酬率较高的社员得不到应有的补偿。

②额外的收益能够补偿谈判过程中的交易费用和补偿的金额。如果无表决权社员的讨价还价能力较弱，那些个人投资报酬率较高的社员会在要求相应补偿的基础上通过该方案；如果无表决权社员的讨价还价能力较强，合作社将通过该方案，个人投资报酬率较高的社员得不到应有的补偿。

通过对决策过程的分析，我们发现合作社决策过程中使用的投资收益率不是建立在对系统风险进行评估的基础上，而是取决于社员之间的风险偏好以及讨价还价的能力，该投资收益率由社员的资产数量、资产组合方式、社员的风险厌恶程度、社员期末风险资产与期末财富的协方差综合决定。

康芒斯（J. R. Commons）首先将交易作为经济分析的基本范畴，随后科斯（R. H. Coase）1937 年发表的《厂商的性质》标志着"交易费用"范畴的创立和交易费用理论的初步形成，1974 年加利福尼亚大学的威廉姆森（O. Williamson）教授在科斯理论的基础上扩展了交易费用的分析，诺斯（D. C. North）运用交易费用的理论详细解释了制度变迁、制度创新和经济增长。以上理论都试图表明，当外部市场的交易费用太高时，农户自发地形成一种组织便有了其经济上的必然性，也就是说降低外部交易费用是合作社产生的重要原因。但是通过对合作社内部决策机制的探讨，我们发现合作社的组织形式不能完全解决社员之间目标不一致的问题。进一步分析，合作社决策结果受社员风险偏好的影响，这种情况出现的原因在于社员风险偏好和讨价还价能力差异的存在，阻碍了合作社中具有不同利益的群体通过自由谈判和补偿原则达成一致的可能性。因此，内生交易费用增加了合作社内部协调成本，合作社管理人员将拿出部分资源用于解决社员的分歧。

分析的结果表明了阻碍合作社实现最优效率的条件。理论上认为，合作社通过单个资源在合作制度框架内的整合，使农民可以更好地应对由农业生产的生物特性，如气候的变异、产品质量的波动以及地域分散性所导致的风险，从而确保农产品的稳定供给。同时，若分散的农户各自设法进入市场，每个农户均需要支付可观的搜寻、加工、整理市场信息以及与交易方协商、谈判和敦促履约的费用，而在合作社的框架中，农户与合作社之间建立了清晰稳定的合作关系，将那些交易费用较高的市场分工活动卷入组织内部分工，由此实现市场内部化，不仅节约了交易费用（外部交易费用），而且提高了抵御市场风险的能力，有效地解决了"小农户、大市场"的矛盾。然而这种合作的实现是以决策效率的降低为代价的，从而导致内部交易费用的产生，而内部交易费用影响了合作社的投资收益率，这就使得在相同的条件下，合作社决策不同于投资者所有的企业的决策。

合作社的绩效取决于两种交易费用的相对大小，如果节省的外部费用超过内部交易费用，那么合作社将是一个有效率的组织，否则将是效率较低的组织，因此合作社的绩效取决于外部交易费用与内部交易费用的比较。

由上文可知，投资者所有企业的投资决策主要取决于预期的收益和投资风险，而作为具有独特质的规定性的合作社决策受以下因素影响：①社员的个人风险偏好；②社员的资产数量及资产投资组合方式；③合作社内部机制，不同的民主制度和谈判规则导致不同的结果；④社员之间谈判力量的对比，其力量对比分布将决定合作社的决策行为。

以上以合作社为具体对象，分析了内部决策机制。由于本书在宽泛的意义上使用农村合作经济组织这一用语，上述结论同样适用于其他类型的农村合作经济组织。

第四章　中国农村合作经济组织的历史变迁及评价

研究中国农村合作经济组织的历史变迁，有助于梳理我国合作社历史发展的脉络，总结合作社发展的经验和教训，对于促进当前中国新型农村合作经济组织建设具有重要意义。

第一节　民国时期农村合作社的发展及评价

一　早期中国合作思想的传播

早在19世纪中叶，以反对工商资本及高利贷剥削为特征的合作社运动就已经在西方一些国家产生。之后，合作社思想通过以下几种途径传入中国。

（一）由一些受西方文化影响的爱国知识分子传入

传播的途径主要有两个：一条途径是通过在欧美留学或考察，引进合作社思想与合作运动的方法。如有"中国合作之父"之称的薛仙舟，先后留学美国、德国和英国。欧美各国合作社的成功运作对薛仙舟的影响极大，经过考察研究，他坚信合作制度可以解救中国于危亡之中。所以，回国后他积极倡导合作运动，并发起成立了中国历史上第一个信用合作社——上海国民合作储蓄银行，并经陈果夫授意拟定《中国合作化方案》，成为中国合作事业的先驱。另一条途径是到日本学习考察，如徐沧水、戴季陶等，把日本的合作法制、合作政策及推行合作社的各种方法引进中国。

(二) 由民主革命的先驱者引入

民主革命的先驱者孙中山在发动革命的过程中,曾奔赴日本、欧美等国,考察这些国家的政治经济制度,结合中国国情,创立了三民主义。在三民主义中,他非常强调合作社的作用,将它作为解决民生问题的一项重要制度。孙中山认为,社会进化原则是互助,而互助是合作制度的基础。

(三) 由受到马克思主义影响的革命青年传入

"五四"运动以后,马克思主义开始在中国传播,以陈独秀、李大钊、毛泽东等为代表的革命者,从积极组织革命团体到创办革命刊物,在宣传马克思主义的同时也使马克思主义的合作思想得以传播。

合作社思想传播路径的不同,决定了在中国形成的合作思想也存在着差异。早期中国的合作思想可以归纳为以下几种:

一是改良主义的合作社思想,主要为一批知识分子所倡导。

二是三民主义的合作社思想,主要为国民党人所倡导。

三是马克思主义的合作社思想,主要为共产党人所倡导。

除上述三种主要合作社思想外,也产生了一些比较实用的合作社思想,如华洋义赈会的合作社思想、地方政府支持下的乡村建设派的合作社思想等。

二 中国华洋义赈会的合作事业及其评价

(一) 中国华洋义赈会合作事业的产生与发展

1920年,华北各省发生特大旱灾,中国政府及各界人士以及美国、加拿大等国外一些民间团体纷纷开展各种募捐救灾活动。中外人士先后在北京、天津、济南等地组织了7个民间赈灾团体。由于赈灾团体系华人和洋人合办,故称华洋义赈会。各义赈会共接收赈款、赈物2000多万元,对于缓解各地旱灾起了一定的作用。[①] 1921年,灾区农业喜获丰收,各省义赈会先后结束赈济,尚存赈款200多万元。为有效使用赈灾余款,由北京华

---

① 张镜予:《中国农村信用合作运动》,商务印书馆,1930,第37~38页。

洋义赈会发起成立"中国华洋义赈救灾总会",统一管理赈灾余款,各省原有的 7 个义赈会为总会的分会。

义赈会最先推行的是信用合作,并起草了中国农村第一个信用合作社章程。1923 年 6 月,在华北公理会传教士的帮助下,成立了中国农村最早的合作社——河北省香河县第一信用合作社。

华洋义赈会在指导组建合作社时并不直接参与合作社业务。义赈会只是进行宣传发动,如果有农民愿意成立合作社,总会就为其提供有关的宣传资料和章程。成立后的合作社如需要获得总会指导,则应请求其承认。总会派人调查后确认符合条件,则予以承认,并发给承认证书。总会以"承认社"为对象,派人下乡指导,如有借款请求,则给予低息贷款。截至 1932 年,经华洋义赈会指导成立的合作社有 915 个,其中已承认的为 379 个。[①] 1931 年,总会开始接受政府委派任务。由于江淮一带发生水灾,南京国民政府在上海成立了救济水灾委员会。由于委员会赈灾经验和人力不足,遂将农赈事宜委托给华洋义赈总会,并由总会负责人章元善任总干事。至此,总会的业务便由河北省扩展至江淮一带。之后,总会及其分会又先后在河北、湖南、湖北承接国民政府委派的农赈事业。1934 年,南京国民政府颁布《合作社法》,并在实业部设合作司。根据《合作社法》及其施行细则,各类合作社必须在所属县政府重新登记,并由合作司统一管理。这样,华洋义赈会在合作事业中的重要性明显降低。尽管如此,义赈会仍在上海、南京等地为合作社募捐,并在夏威夷成立募捐委员会。

华洋义赈会的合作事业始于河北,推广于江淮,后又在华北等地获得发展。抗战前,总会在全国 6 个省 191 个县共建立合作社 12560 个,互助社 3566 个。[②] 抗战爆发后,各地合作事业多陷停顿。1942 年,中国华洋义赈总会并入中国国际救济委员会。

(二) 对华洋义赈会的评价

华洋义赈会是中国最早倡导并开创农村合作事业的民间团体,它对于合作社在中国农村的移植和推广起到了重要作用。义赈会所创办的合作社

[①] 林和成:《中国农业金融》,中华书局,1936,第 372 页。
[②] 杨德寿:《中国供销合作社发展史》,中国财政经济出版社,1998,第 86 页。

以德国赖夫艾森农村信用合作社为样本。赖夫艾森式信用社的主要目的是设法解决小农的经济困境，其运营中的显著特点是无限责任制，即用合作社和社员的信誉担保，吸引贷款，对社员资格严格审查；公积金用于地方公益事业，不能在成员之间分割。华洋义赈会将赖夫艾森式农村信用社移植到中国农村，取得明显成效。社员可以获得低息贷款，从而减轻了高利贷的盘剥。总会还十分重视对农民进行合作思想及经营方面的教育，这对于提高农民及社员素质、培养合作人才都起了一定作用。总会所制定的章程、宣传教育方法及指导方法，以及一些合作社管理办法，如表格的制定、业务考核、存贷款方式等，都为官方和其他民间机构所采用。它所拥有的办社经验和合作社管理人才对其后在中国掀起的合作社运动发挥了重要作用。

尽管华洋义赈会开了中国农村合作事业的先河，但是，它所指导创办的合作社仍存在许多缺憾，可以概括为以下两个方面：

第一，合作社本应是一个独立经营、自负盈亏的企业，而华洋义赈会指导创办的合作社大多缺乏独立开展业务的能力。虽然义赈会强调合作社是农民自己的组织，有其独立性，总会与合作社之间并不存在领导与被领导的关系，但在实际运作中，许多合作社是依存于总会的。由于农民大多生活困苦，没有多少资金用于入股，一些富有之人则贪图放高利贷能获得更多收益而不将资金投入合作社，这就使得合作社的自有资金很少。因此，合作社的主要资金来源只能是义赈会的贷款，能从总会得到贷款也是农民组建合作社的主要目的。这样，许多合作社的业务便简化为从总会借款，向社员放款。除此之外，几乎没有也无力从事其他活动。

第二，华洋义赈会最初的设想是从合作入手，振兴国民经济。[1] 但是，在当时的社会和政治制度下，合作社对于农民生活的改善是很有限的，更不可能解决农村根本问题。仅就总会自身而言，由于资金有限，分摊到每个社员的贷款很少。这也就不难理解有如此之多未被承认的合作社，更有广大区域无力组建合作社，这难免影响总会合作事业的开展。[2]

---

[1] 章元善：《合作与经济建设》，商务印书馆，1938，第38页。
[2] 潘劲：《民国时期农村合作社的发展与评价》，《中国农村观察》2002年第2期，第37页。

三　地方政府支持下的乡村建设运动中的合作事业及其评价

（一）梁漱溟的合作社理论与实践

梁漱溟，广西桂林人。1922年出版《东西文化及其哲学》，为其乡村建设理论奠定了基础。1931年在山东邹平创办乡村建设研究院，先后出版《中国民族自救运动之最后觉悟》《乡村建设理论》等，提出了一套完整的乡村建设理论。梁漱溟认为，中国最大的问题是"文化失调"，而要重塑中国文化，就必须从乡村建设开始，建立"乡农学校"，与乡村政权结合在一起，"以乡学代区公所，以村学代乡公所"，校长由乡长兼任。乡村建设主要包括经济、政治和文化教育三个方面，而首要任务就是要进行农村经济建设，发展农业生产。发展农业生产有两条途径，即"技术的改进和经济的改进"，要完成"经济的改进"，就必须举办各项合作。[①] 他提出了具体办社原则：①应是"农民自动的"；②合作社"是多数平民的组织"，"勿使少数人的慈善心理与官场手腕一手包办"；③对于无产阶级的良好生产者多加注意；④以互助、自强、不谋利为目的。入社条件：规定不分性别、不拘文化程度，凡种棉者可为社员，社员入社退社"自动与自愿"。[②] 根据这一原则，1931年，他首先在山东邹平县进行实验，组建合作社。1936年年底，全县共建立合作社307个，拥有社员8828户，股金1.24万元。[③] 由于棉种最初推广地孙家镇古称梁邹，为邹平棉市中心，棉花运销合作总社又设于该地，故山东邹平棉花运销合作社亦称梁邹美棉运销合作社。

梁邹美棉运销合作社分为村合作社和合作社联合会两个层次。村合作社又名分社，有7人即可成立。凡在该区域内种植美棉的农户，行为踏实，按比例缴纳股金，便可申请加入合作社。社员种美棉20亩以下者至少入一股；20亩以上者，每10亩加认一股，每股2元。社员生产的棉花不得自由买卖，全部交由合作社运销。美棉种植技术及选种，均由村合作社加以指导。社员生产资金不足时，可由村社转请联合会预支部分美棉运销货

---

① 梁漱溟：《乡村建设理论》，邹平乡村书店，1937，第161页。
② 《棉花产销合作社之组织与管理》（内部资料），1948，第7~8页。
③ 杨德寿：《中国供销合作社发展史》，中国财政经济出版社，1998，第148页。

款。合作社联合会又名总社,是联合全县各村合作社的总机关。其主要业务是接收各村合作社棉花,并加以检验、整理、打包,最后运往济南一带销售。棉花产销价之差扣除各项营业费用后即为盈余金。盈余金中先以年利率6厘抽出总社股本利息,所余金额中20%作公积金,10%为公益教育金,5%酬劳职员,65%按运销额比例返还各分社。各分社再以年息6厘抽出分社股本利息,余额的20%作公积金,10%酬劳职员,70%按运销额返还社员。①

(二) 晏阳初的合作社理论与实践

晏阳初,四川巴中县人,曾在美国获得学士、硕士和博士学位。1924年成立"中华平民教育促进会"(简称平教会),并以河北定县为实验区,举家迁往农村。晏阳初认为,中国落后的基本原因是民众的"愚、贫、弱、私"(指农民缺乏知识、生活贫困、体弱多病、不善团结与合作) 所造成的。为此,有针对性地提出四种教育,即以文化教育治愚,以生计教育治贫,以卫生教育治弱,以公民教育治私,采取学校、家庭、社会三种教育相结合的教育方式。②

晏阳初的合作社思想是以教育为本,融经济与教育于一体,以教育使人民"知自救",以经济使人民"能自救",而合作制度便是教育兼经济的最好自救办法。1933年,河北省县政研究院成立,划定县为"县政建设实验区",晏阳初出任县政研究院院长,合作社主要由研究院承办。

定县的合作社包括两部分:一部分由华洋义赈会主办,另一部分由平教会主办。定县划为县政建设实验区后,华洋义赈会办的合作社全部移交给平教会。定县合作社以村为基层单位,以信用合作为主,兼营购买、运销、生产等项业务。村合作社主要业务有二:一是吸收存款,二是将所筹资金贷放给社员。资金不足时可向县联社借款,或由联社担保,向社外借贷。据1935年统计,定县共有农村合作社128个,拥有社员4768人,股

---

① 王慧民:《农村合作》,大华书局,1935,第203页。
② 晏阳初:《中国平民教育促进会定县工作大概》,《乡村建设实践》第1集,中华书局,1934,第171页。

金10516元。合作社中信用合作社所占比重最大（43个），其余为信用兼运销、购买等，同时还有生产合作社。有83个合作社加入定县农村合作社联合社。①

（三）对乡村建设运动中合作事业的评价

梁漱溟、晏阳初以乡村建设理论为基础，提出发展合作社的一整套计划和方案，丰富了中国农村合作社的理论和实践。他们所建立的许多合作社，如梁邹美棉运销合作社，基本上是按照国际合作社原则运作的，这对于中国农村合作社规范化发展有一定示范意义。在他们所及的试验区域，通过兴办合作社，在一定程度上解决了当地的一些问题，如社员能获得低息贷款，生产物能得以运销等。但是，由于乡村建设运动倡导者们没有对中国社会的性质和所要解决的问题进行准确的分析，这就决定了他们所选择的乡村建设之路最终要失败。晏阳初所发现的"愚、穷、弱、私"，实际上只是中国农村问题的表象；梁漱溟的中国社会结构的重建，也是以军阀的存在和帝国主义的侵略为前提。他们的理论与实践都没有触动中国社会的根本问题，即帝国主义的侵略和封建主义的剥削。正是在帝国主义侵略的隆隆炮声中，他们所进行的各种乡村建设试验纷纷因基地沦陷而告结束。

四　国民政府领导创办的合作社

（一）国民政府领导的合作社概况

1927年国民政府定都南京后，鉴于中国的农村经济危机和民族危机以及乡村建设运动的影响，国民政府开始用行政手段推行合作社。国民党党部也开始着手合作政策的制定和实施，并将合作运动作为国民党下属党部工作的"七项运动"之一。然而，国民党所领导的合作社作为一种运动，则始于20世纪30年代初期，其直接原因是赈灾和反共的政治需要。

1931年，长江、淮河流域发生严重水灾。南京国民政府在上海成立了救济水灾委员会，委托华洋义赈会负责农赈事宜。华洋义赈会在江西、安

---

① 杨德寿：《中国供销合作社发展史》，中国财政经济出版社，1998，第146页。

徽和湖南三省组织互助社和合作社分别为 1000 多个、2000 多个和 1930 多个。①"九一八"事变后，日本帝国主义侵占东北，并时常南下袭击临近地区。为救济这些受兵灾侵扰的农村，1933 年国民政府在北京设立了"华北农村救济委员会"（后改组为"华北合作事业委员会"），依照江淮各省的办法，在冀东以互助社和合作社形式实施农赈。国民政府在对苏区革命根据地展开围剿时，先后颁布赣、鄂、豫、皖"剿匪"区内农村合作社条例、模范章程等，并设立农村合作指导员训练所、农村合作委员会等。经过行政推动，四省合作社迅速得到发展，至 1934 年 9 月已达 2067 个。②1934 年 2 月，国民政府立法院正式通过《中华民国合作社法》，与同年 8 月实业部颁布的《合作社法实施细则》一并实施。1940 年 8 月，为配合抗日战争的需要，国民政府行政院颁布了《县各级合作社组织大纲》。至此，中国农村出现一种新型的合作社，即乡镇保合作社及其联合社。由于乡镇保合作社是靠行政力量推动的，因而发展速度很快，从 1942 年开始，每年以 2 万个左右的速度递增，抗战结束时已达 7 万多个。与此同时，一般类型的合作社也有显著增长，最高时曾达 14 万个。到 1945 年抗战结束时，合作社已达到 17 万多个。这是整个民国时期合作社发展的最高峰。在内战时期，尽管国民党采取许多措施推进合作社发展，如设置中央合作金库、成立中央合作指导委员会，但是从总体看，合作社发展基本上是停滞的，合作社数基本上维持在 16 万个左右。③到 1949 年初，中国大部分地区获得解放，国民政府领导组建的合作社部分自行解体，部分为解放区人民政府改组。至此，国民政府在大陆的合作运动基本结束。

全面考察国民政府领导的合作运动的发展历程，可以总结其特点如下：

第一，合作运动是在政府推动下发展起来的。这种推动主要表现在以下两个方面：首先，政府自上而下订立合作社法规。其次，自上而下设置合作行政管理机构并委派合作理论或实践专家任职。

第二，合作社业务发展很不平衡，信用合作占突出地位。国民政府领

---

① 寿勉成、郑厚博：《中国合作运动史》，正中书局，1937，第 103 页。
② 秦孝仪：《革命文献》第 85 辑，中国国民党中央党史会，1986，第 342 页。
③ 全国供销合作总社：《中国供销合作社史料选编》第 3 辑，中国财政经济出版社，1996，第 469 页。

合作经济的理论与实践模式

导创办的合作社涉及多种业务，但尤以信用合作社所占比重最大，信用合作社长期居中国农村合作社主导地位是有其经济和政治原因的。首先，中国农民在封建地主的剥削下十分困苦，加之天灾人祸不断，亟须资金救济。而通过组建信用合作社或类似组织将救济款下发到农户，是一种较实用的解困方式。其次，中国农村人口庞大，土地稀少，劳动生产率很低，土地产出物很少。同时，由于小农经济自给自足的特性，农业生产所需要的种子、肥料、饲料等都产自自家，很少向外购买，至于新式农具的购买和使用更谈不上。因此，供应合作社、设备利用合作社等在当时的中国都难觅发展土壤，信用社以外的合作社难以发展，信用社的地位和作用也就凸显出来。

（二）对国民政府领导的合作运动的评价

在评价国民政府领导的合作运动时应避免两种极端的倾向，即全盘肯定和全盘否定。从总体看，国民政府领导的合作运动既具有积极意义，有值得我们借鉴之处，同时也存在许多问题。

1. 国民政府领导的合作运动具有的积极意义

（1）合作社对于赈灾、调剂农村金融和流通、支援抗战起到了一定的作用。如前所述，国民政府大规模开展合作运动是从赈灾（包括自然灾害和战争灾害）开始的，合作社的组建在某种程度上减轻了天灾和兵灾所造成的损失，可以使一部分农民以较低的利息获得贷款，从而缓解高利贷的盘剥，通过组建运销合作社，可以使农产品顺利销出并获得相对高的价格。据1933年统计，河北棉花运销合作社每百斤棉花售价36.35元，高出本地售价3元多，棉农可多得10%左右的利润。[①] 抗战期间，合作社在协助政府给军队以便利、协助银行推行辅币、禁止伪币流通、将战区内重要物资运入安全区等方面都做出了贡献。

（2）合作社建设已成体系，并为在台湾获得成功准备了资源。1934年《中华民国合作社法》颁布，合作社开始进入规范化发展时期。同年在实业部设合作司，统管全国合作行政。在其前后，各地方合作行政机构也相继建立。各省、市、县也建立起合作金库，为合作社发展提供了资金保

---

① 卢广棉：《西河农民棉花运销合作的初步试验》，《合作讯》1933年第100期。

障。国民党溃守台湾后，通过移植大陆合作社资源，包括合作社法制、组织制度、行政管理、合作人才，尤其是在大陆办合作社的经验，使得台湾的合作社建设获得成功。目前台湾地区的《合作社法》就是在对1934年的《中华民国合作社法》进行修正基础上形成的，它对于规范和促进台湾合作社发展起了重要的作用。国民党在台湾领导的合作社运动，最初的合作人才基本上是在大陆合作运动中培养并成长起来的。因此可以说，国民政府在大陆领导的合作社运动为台湾合作运动的成功奠定了基础。

（3）从中央到地方，对合作教育给予应有的重视，为合作社建设提供了不同层次的人才。

2. 国民政府领导的合作运动的不足

（1）合作社覆盖面小，所起作用有限。尽管国民政府采取许多措施促进合作社的发展，合作社数和社员数也的确年年有所增长，但就全国而言，合作社覆盖面很小，主要表现在两个方面。其一，合作社社员占全国人口比重很小；其二合作社主要分布于江、浙、皖、鄂、赣、冀、鲁、川等省，其他地区则分布较为零散。合作社覆盖面小，决定其所起作用很有限。从全国规模看，合作社并未起到改善农村经济、促进生产发展的目的，仅以中国合作运动主要形式信用合作为例，组建信用社的主要目的是调剂农村资金，抑制高利贷重利盘剥，然而，信用社成绩并不尽如人意。首先，信用社为农民提供借款的比例很低，来自私人、钱庄、典当业等的借款比重很高。其次，合作社并未抑制高利贷的重利盘剥。

（2）合作社在组建与运作过程中存在一些问题。首先，合作社，尤其是信用合作社自有资金缺乏，难以自主经营。据1940年对浙、皖、赣、鄂、川等17个省的调查，共有合作社10.3万个，社员566万人，股金2098万元，每社平均有股金202元，每人平均缴纳股金仅为4元。在所调查的合作社中，87%为信用合作社，其余13%为生产、运销、消费合作社等。后者股金较多，在某种程度上也抬高了合作社的人均入股额。[①] 另据1940年对陕西300多个信用社的调查，每个合作社的社股数几乎与其社员数相当，而股金总额基本等于社员人数的2倍。[②] 也就是说，每人只入一

[①] 《合作事业月刊——全国合作会议专号》（上），1941年4月1日出版。
[②] 张德粹：《农业合作》，商务印书馆，1946，第110页。

股，每股金额 2 元已成为普遍现象。如此低额股金固然与中国农民贫困有关，但农民贫困程度未必如此整齐划一，况且参加合作社之人并非为中国农村最贫困者（最贫困者往往被摒弃在合作社之外）。由此可知，其入社目的只是为了取得借款资格，其入社股金也只是符合法律规定的最低限额而已。合作社自有资金如此之低，决定其运作主要依赖外来资金，诸如银行、社团组织的贷款。如果外来资金消失，合作社自身也就难以开展业务。其次，由于国民政府曾以"提倡合作社确有成效者"作为奖励官吏的标准，这就使得合作社的组织者以能获得贷款来诱使农民入社，而对合作社的运作无所用心。最后，合作社为有权势人所把持，贫苦农民或是由于贫困无钱入社，或被剥夺入社资格，或入社以后只能听命于权势人物的摆布，很难平等分享合作社所带来的利益。据1933年江苏农民银行的调查资料测算，74%借款在50元以下的社员只借到合作社总贷款的33%，而18%借款在50元至200元的人却借得合作社总贷款的56%；有5%以上的社员借不到款，而有的人却能借到三四百元。[①] 以国家银行提供的农贷资金为例，1938～1940年，地主、富农、商人所得到的农贷资金占该项资金总额的40%左右。[②]

第二节 大革命时期中国共产党领导下的互助合作组织及其评价

一 大革命时期中国共产党领导的互助合作组织

大革命时期（即第一次国内革命战争时期），中国共产党就支持、帮助农民组织消费合作、贩卖合作、信用合作，以使农民摆脱或抵御富人和高利贷的盘剥。1925年5月，广东省农民协会第一次代表大会通过《关于农村合作决议案》指出：合作运动就是改革目前农民生活状况的一种有效方法。应当组织以下三种合作：购买合作；贩卖合作；借贷合作。[③] 1926年12月，湖南省第一次农民协会代表大会通过《关于农村合作社问题决

[①] 骆耕漠：《信用合作事业与中国农村金融》，《中国农村》1935年第1卷，第2期。
[②] 《民国档案》1986年第4期，第84页。
[③] 史敬棠：《中国农业合作化运动史料》（上册），三联书店，1957，第75～76页。

议案》指出：合作社是互相扶助、互相救济，以排除互相的不利，而增进相互利益的组织。除了组织上述合作社外，还可组织生产合作社、农产品加工合作社及其他便利的合作社。①

上述各种合作社，在农民协会有基础、农民运动开展较好的地方，相继发展起来。如广东省广宁县，在1926年减租减息的基础上，就成立了几个合作社，其中杜岗的合作社成立时约有500人，很快发展到1500人。

二　大革命时期中国共产党领导的互助合作组织的评价

大革命时期中国共产党领导的互助合作组织有效地改善了农民生活状况，保证了农民的切身利益。但也存在不足，表现为：①初创经验不足；②时间不长，有的不到一年；③多数还未制订示范章程；④缺乏统计资料；⑤合作社是一种经济组织，随着大革命的失败而散掉。

第三节　新民主主义革命时期的互助合作组织及评价

一　中央苏区的互助合作组织

由于国民党的封锁和几次围剿，造成根据地物资奇缺，农民生产缺劳力、耕畜、农具，资金严重不足。正是在这种困难的条件下，在中国共产党和苏区政府的领导下成立了流通领域的各种合作社，同时在总结当地农民原有的临时劳动互助经验的基础上，组织了劳动互助社和耕牛合作社。

(一) 苏区流通领域的合作社

包括消费合作社、供销合作社、信用合作社。这些合作社在大革命时期，在广东、江西、湖南、湖北等省农民运动发展较快地区，都提倡组织一些消费合作社、贩卖合作社、农产品销售合作社和信用合作社。

(二) 苏区劳动互助社

最初称为劳动合作社，由于效果好，苏区政府决定在全区普遍推广，

---

① 史敬棠：《中国农业合作化运动史料》(上册)，三联书店，1957，第75～76页。

1933年改为劳动互助社。规定：使个人自愿入社，不得用强迫命令方法；以村为单位组织，最大的只能以乡为单位；以家庭为单位加入；社员按委员会分配帮助其他社员，也须按工计算工资；劳动互助社由苏区土地部指导，乡苏维埃推动。到1933年9月，兴国县发展到1206个劳动互助社，社员2万余人（见表4-1）。

表4-1　1934年兴国等四县劳动互助社发展情况

县　名	1934年2月 社　数	1934年2月 社员人数	1934年4月或9月 社　数	1934年4月或9月 社员人数
兴　国	318	15615	1206	20118[①]
瑞　金	—	4429	—	51715[②]
西　江	—	—	—	8987
长　汀	—	—	—	23774[③]

注：①《红色中华》1934年4月30日、7月19日；史敬棠：《中国农业合作化运动史料》（上册），三联书店，1957，第133、135页。

②《红色中华》1934年4月30日、7月19日；史敬棠：《中国农业合作化运动史料》（上册），三联书店，1957，第133、135页。

③《斗争》1934年9月23日；史敬棠：《中国农业合作化运动史料》（上册），三联书店，1957，第110页。

（三）耕牛合作社

为了解决耕牛、农具不足，苏区推动耕牛合作社的发展，指出要解决耕牛、农器缺乏的办法，就是组织耕牛合作社，发动群众入股，大家出钱添置耕牛、农器。

二　陕甘宁边区的互助合作组织

抗日战争时期，陕甘宁边区和敌后各抗日根据地，既发展了流通领域的合作社，又发展了农业生产的互助合作。可以分为两个时期：前一时期（1938~1942年）主要发展流通领域的合作社；后一时期（1943~1945年）在发展流通领域互助合作的同时，特别重视发展农业生产领域的互助合作。1942~1943年，毛泽东先后发表了《抗日战争时期的经济问题和财政问题》《组织起来》等文章，强调了农业劳动互助的重要意义，确立了发展劳动互助的方针,把劳动互助运动推向发展的新阶段。至1945年年底,晋察冀的晋察区组织起来的劳动力从1944年的20%增加到37.5%(见表4-2)。

表4-2 抗日战争时期陕甘宁边区及其他根据地农业互助合作情况

单位:人,%

地 区	1943年 组织起来的劳力	1943年 占劳力总数	1944年 组织起来的劳力	1944年 占劳力总数	1945年 组织起来的劳力	1945年 占劳力总数	1946年 组织起来的劳力	1946年 占劳力总数
陕甘宁边区	81128	24	—	—	—	30~45	—	60
晋　　绥			146550	37.4		37.4		
晋　察　冀			562700	9.8				30~50
(晋察区)			200000	16.8		37.5①		
晋冀鲁豫			70000	10.0				
山　　东				20.0		75.0②		97.0
(盐阜区)			117000	20.0				

注:①1945年为9个县106万人统计,1944年为16.8%,1945年为37.5%。
②数据转引自萧梦《论中国的农业合作化》,《中国农业合作史资料》1997年总第52期,第15~16页。

三 新民主主义革命时期的互助合作组织的评价

中央苏区通过建立劳动互助社,形成了涵盖农业生产、消费、供销和粮食等领域的体系,使劳动力得到了合理调整;陕甘宁边区主要是整顿和巩固了原有的互助组织,不同程度上提高了生产率,发展了农业生产;同时,个别地方也出现了以土地入股、实行按劳分配的较为高级的类似农业合作社的组织,成为后来农业生产合作社的雏形。在解放战争时期,由于实行了土地革命,解放区的农业合作运动得到迅速发展。这不仅在当时的生产运动中发挥了十分显著的作用,也为以后我国农业合作化提供了宝贵的经验。

第四节 社会主义革命时期的合作组织及评价

新中国成立以后,在全国范围内进行了土地改革运动。土地改革后,

合作经济的理论与实践模式

我们党根据马列主义关于农业合作化的理论，结合我国在解放区领导农民进行互助合作的经验，利用农民走互助合作道路的积极性，不失时机地发出号召，在农村组织开展了互助组、初级社、高级社等农业互助合作运动，土地经营制度也随着合作化运动的展开而逐步演变，最终走上了社会主义合作化的道路。

一 生产互助合作组织及其评价

为了克服农民在分散生产经营中风险大、受中间商盘剥等缺点，使其能够迅速走上丰衣足食的道路，中共中央在革命老根据地开展互助合作的基础上，于 1951 年 12 月将《关于农业生产互助合作的决议（草案）》下发到各级党委试行。经过三年国民经济的恢复之后，1953 年 2 月公布了《关于农业生产互助合作的决议》，引导农民走互助合作之路。在互助组中，土地等生产资料归农民个人所有，以农户家庭为经营单位，按照等价互利的原则，开展劳力、耕畜、农具等方面的互助协作。同年，提出了过渡时期的总路线，即要逐步实现国家工业化，逐步实现对农业、手工业和资本主义工商业的社会主义改造。互助组主要有两种类型：一种是临时互助组织，自愿结合，互助互利；另一种是常年互助组织，有简单的生产计划和管理制度，又有某些分工分业。因此，1949～1952 年农业生产互助组发展是比较快的。到 1952 年年底，互助组已达 802.6 万个，其中主要是 2～3 户或 3～5 户的临时互助组，常年互助组只占 10.1%，参加互助组的农户有 4542.3 万个，占农户总数的 39.95%（见表 4-3）。

表 4-3 恢复时期（1949～1952 年）农业生产互助组发展情况

单位：万户，%

年 份	组织起来农户占总农户比重	互助组数	参加互助组户数	互助组户数占总农户比重	常年互助组占总农户比重	初级社占总农户比重
1950	10.74	272.4	1131.3	10.70	2.3	—
1951	19.22	467.5	2100.0	19.22	3.8	—
1952	40.00	802.6	4542.3	39.95	10.1	0.05

资料来源：本表根据《国民经济恢复时期农业生产合作社资料汇编（1949～1952）》（上册），科学出版社，1957，第 24～27 页；李德彬等《新中国农村经济纪事》，北京大学出版社，1989，第 26～54 页等资料整理。

在我国农业合作化初期，由于坚持了马列主义关于农业合作化的理论原则，制定了一系列比较正确的方针政策，由于互助组不改变生产资料所有权关系且规模不大，建立在自愿结合的基础上，内部基本上坚持了平等交换和互利原则，能调剂人力畜力余缺和保证及时耕种，解决了农户生产中的一些困难，提高了劳动效率，增加了粮食等农产品的产量，因而受到普遍欢迎。互助合作的发展比较健康，农业生产的发展也比较快，使我国比较顺利地实现了农业合作化，把农民引上社会主义道路，从而为农业生产的进一步发展奠定了基础。

二 生产初级合作社、高级合作社及其评价

1953年12月，中共中央发布了《关于发展农业生产合作社的决议》，农业的社会主义改造由此全面展开。决议指出，初级社中，土地、牲畜、农具等主要生产资料仍归农民私人所有，只由初级社集体共同使用，折股分红。农户以土地入股，所有权与经营权分离，即所有权归农户，经营权归合作社，实行统一经营、集中劳动，统一评工记分，统一核算分配，入股土地参与分红。在分配政策上，既按劳分配，又按股分红，按劳按股比例不一。一般而言，副业按资分红比例比农业高。在决议的精神指导下，初级农业生产合作社全面发展起来。1954年，参加互助合作的农户已达60.3%，比1953年增长54.15%，其中初级社增长6.5倍，互助组增长50%。

1955年7月30日，召开了全国省委、市委和区党委书记会议，成为农业合作化运动的一个转折点。会议一方面对我国农业合作化的成功经验进行了总结；另一方面更主要的是批评农业合作化中的右倾保守思想，并认为这些人是站在资产阶级、富农的立场反对农业合作化运动。这次会议以后，立即在全国范围内掀起了一个农业合作化高潮。在高级社中，取消了生产资料私人所有制，土地等生产资料归集体所有，实行统一经营、统一劳动、统一安排工作、统一核算工分、取消土地等生产资料分红，农民生产积极性开始受到影响。从1955年夏季开始，高级农业生产合作社迅速发展，在一年多的时间内就基本完成了合作化。参加农业互助合作的农户由1955年的64.9%迅速上升到1956年的92.8%，其中参加农业生产合作社的农户由1955年的14.2%猛增到1956年的91.9%，高级社占63.2%，初级社占28.7%，互助组只有0.9%。1957年，参加互助合作的农户进一

步增长为97.5%，其中高级社已达到96.2%，初级社只有1.3%，从而在全国范围内实现了高级合作化，完成了原定20~25年应完成的任务。与此同时，农业总产值的增长速度则逐渐降低，1955年比1954年增长6%，1956年比1955年增长5%，1957年比1956年只增长3%（见表4-4）。

表4-4　1952~1957年全国农业生产合作社发展情况

单位：万个，%

年　份	1952	1953	1954	1955	1956	1957
合作社数	0.40	1.50	11.40	63.40	75.20	78.90
高级社	—	—	0.02	0.10	54.40	75.30
占合作社总数的比重	—	—	0.16	0.16	72.34	95.44
初级社	0.40	1.50	11.38	63.30	20.80	3.60
占合作社总数的比重	100.00	100.00	99.82	99.84	27.66	4.56
参加户数	5.90	27.50	229.70	1692.70	11782.20	12105.20
高级社	0.20	0.20	1.20	4.00	10742.10	11945.00
占户数总数的比重	3.39	0.73	0.52	0.24	91.17	98.68
初级社	5.70	27.30	228.50	1688.70	1040.10	160.20
占户数总数的比重	96.61	99.27	99.48	99.76	8.83	1.32

资料来源：马宇平等：《中国的昨天与今天》，解放军出版社，1989，第746页。

总体来讲，我国农业生产合作组织发展中的初级社是比较成功的，有力地促进了当时农业生产的发展。但在高级社中，由于要求过急，工作过粗，改变过快，形式也过于简单划一，违背了马列主义关于农业合作化的一些基本原则和客观规律，所有制关系开始发生重大转变，社员私有的土地等主要生产资料转为合作社集体所有，实行统一生产经营，大大侵害了农民的利益，造成了巨大损失。由于对若干社合并为大社时，提倡对公共财产和社内债务"不要采取算细账、找平补齐的办法，不要去斤斤计较小事"，急于向共产主义过渡，加上搞各种大办，导致以"一平二调"为主要内容的"共产风"的严重泛滥。在该阶段，可以借鉴的经验有：①因势利导，及时对农业进行社会主义改造；②循序渐进，逐步由低级向高级发展；③自愿互利，典型示范，国家支援；④依据生产流通互相促进、互相制约的原则，在发展农业生产合作社的同时，积极发展农村流通领域的合作社，即供销合作社与信用合作社；⑤在合作社的发展过程中，把搞好经营管理，保证农民增产增收作为中心任务。

三 人民公社及其评价

1958年8月，中共中央政治局在北戴河召开的扩大会议通过了《关于在农村建立人民公社问题的决议》。随后两三个月内，全国农村普遍实现了人民公社化。对于人民公社的演化过程，大体可分为五个阶段：①1958年的人民公社。其特点是"一大二公"，大搞平均主义和刮"共产风"，没有任何积极意义。②1959~1961年，调整了生产关系，实行"三级所有，队为基础"。调整后的核算单位接近高级社的水平，比"一大二公"是个进步，但还是平均主义，保留了公共食堂。③1962~1965年，确定以生产队为基本核算单位，恢复到初级社水平，接近生产力发展水平。其弊端是未把生产资料的集体所有制与集体生产区别开来，经营管理上的问题仍未解决。④1966~1976年，全国掀起"农业学大寨"运动，不断变更农业生产关系，制造阶段斗争。⑤粉碎"四人帮"之后，把生产关系调整到适合生产力发展的水平。在坚持生产资料集体所有制的前提下，实行社员家庭联产承包责任制，促进了农业生产的发展。①

人民公社没有重视社会组织和个人相互作用的结果，忽视了发挥政府功能必须以经济行为主体——人为基础。它的变迁主要依靠政府命令和法律落实，并非农民自愿的选择，农户没有"退出权"。它扭曲了集体经济的性质，将自愿互利的集体经济办成了带强制性的社区政治经济组织，剥夺了农民的财产，粗暴地取消了农户经济，使劳动者与生产资料相分离，高度集中，平均分配，没有任何激励机制，结果是用于维持强制性制度的运转成本和保障这种制度运作中当事人提供"义务"的履行成本已高于单个经济主体所获取的私人收益总和，使经济发展极为缓慢。因此，它的失败是必然的。但不可否认，人民公社凭借强大的行政力量建立的组织系统以及高度统一的产品经济派生的农产品统购统销制度合一的体制，在特定的时代和环境下是有效的。其主要教训有：①建立社会主义集体所有制农业体制，首先需要搞清楚什么是社会主义，什么不是社会主义。把对集体

---

① 中共河南省委党史资料征集委员会：《怎样研究社会主义时期党史》（内部资料），第329~333页。

农民的剥削当成社会主义公有化，把小资产阶级的平均主义当成社会主义的分配原则，是对社会主义的误解。②社会主义集体所有制农业体制应当是多种所有制并存。③应充分重视家庭的经济地位和作用。④社会主义生产资料公有制为基础，实行按劳分配是至关重要的。⑤政社合一，实行封闭性和自给性很强的政治、经济体制。

虽然从根本上说，合作化为农村公有制经济的发展创造了条件，但是高级社尤其是人民公社的集体农业经营模式是缺乏效率的。人民公社既不是一个恰当的公有制经济组织形式，更不是合作经济，在人民公社制度的框架下，合作经济的基本原则和制度规定已经荡然无存。因此，要在中国农村重建合作经济，就必须从根本上否定人民公社制度。

第五节　改革开放后家庭承包经营制的演化及其评价

1978年党的十一届三中全会决定在中国进行经济体制改革，中国改革的突破口在农村，而农村改革的突破口是废除人民公社体制，建立家庭承包经营制。家庭承包最初形式是包产到户。包产到户实际上不是十一届三中全会以后才有的，在中国农业发展历史中，早就有过这类将小规模的家庭经营与较大规模的土地联系起来的制度安排。在中国进入秦汉以后，采用了授田制①；唐代形成了土地租佃制度②；明代以后，土地制度更加成熟，出现了永佃制③。新中国成立后，在20世纪50年代中期、末期及60年代初曾三次出现过包产到户，但都遭到严厉的批评。十一届三中全会后的包产到户，遍及各地农村，形成了继合作化以来中国农村土地制度最深刻的变迁。包产到户第四次崛起的发源地在安徽，见下面案例。

---

① 土地归国家（皇室）和大地主所有，租给农民耕种，国家收取赋税，地主收取地租，土地所有权与使用权分离，所有者与使用者之间的利益关系通过契约来调整。
② 不论官田、私田都租给农户耕种，纳租方式一般采用定额租制，实行分成制的比较少。
③ 永佃制指的是"一田三主"。"三主"是指业主、大租主和佃户：业主是指原来的地主，拥有"田底权"；大租主为提高地力曾进行过资本投入，在所租土地上兴修水利，进行土地整治，提高土壤肥力，拥有"田面权"，即永佃权；一般佃户再从大租主手中转租土地，使他们能在租来的土地上建立自己的家庭农场。这样形成了土地经营的三个层次。

安徽凤阳小岗村农民的契约

1978年，安徽9个月没下过透雨，出现了历史上罕见的特大旱灾。秋种无法进行。针对这种情况，中共安徽省委决定向农民"借地度荒"，即由集体借给每个农民三分地种菜，对能够播种小麦的土地只要能够种上就不计征购，利用荒岗湖滩种植粮油作物，谁种谁收。凭着"借地"的缘由，"包产到户"找到了复活的机会。9月初，在滁县地委召开的一次四级干部会议上，有几位公社书记公开了当地几个村庄正在暗中串联实行"包产到组"的联产承包责任制的秘密。他们把这种做法称为抵御旱灾的"秘密武器"。实行"包产到户"的村庄中，最著名的是安徽省凤阳县的小岗村。

20户人家的小岗村生产队，先分成4个作业组，没有干好，又分成8个作业组，还是没干好。刚刚担任生产队副队长的严宏昌去向老农关庭珠请教。关说："1961年的'救命田'很中用，一干就增产。"严宏昌说："好，就那么干，干脆一竿子包到户！"在社员大会上，队长严俊昌说："咱们干脆承包到户，秋后打下粮食，交足国家的，留足集体的，剩下都是自己的，再不用记工分了。"参加会议的人一致叫好。到会的21位农民，在下面的字据上3人盖上私章，18人按了手印。

1978年12月　地点：村民严立华家

我们分田到户，每户户主签字盖章。如以后能干，每户保证完成全年的上交公粮，不再向国家伸手要钱要粮。如不成，我们干部坐牢杀头也甘心。大家社员保证把我们的小孩养活到18岁。

第二年，小岗生产队粮食产量即达到13万斤。这一事件后来就成为中国经济体制改革的标志性突破。1979年，中共安徽省委又将肥西县山南公社自发实行的包产到户正式定为试点。

资料来源：吴敬琏：《当代中国经济改革》，上海远东出版社，2008，第99页。

从全国来看，当时各地出现的农业生产责任制有包工、包产和包干三大类，和"包工到组""包产到户""包干到户"（又称"大包干"）三种最主要的形式。我们现在通常称为"包产到户"的，其实是当时称为"包干到户"或"大包干"这种形式。

一 提出和推广阶段（1978～1983年）

提出并逐步推广家庭联产承包责任制，改革农村经营模式。这一阶段的中国农村，经历了从农地经营的"公有公营"，发展到联产责任制；再从包产到组、包产到户，发展到包干到户，农民家庭对产量的承包发展成对地产经营的承包。1978年12月召开的十一届三中全会提出了《关于加快农业发展的若干问题的决定（草案）》，其基本精神就是人民公社内部要普遍实行生产责任制和定额计酬制。后来，各种联产责任制逐步演变为包产到户和包干到户，正是人民公社内部的这种生产责任制导致人民公社体制的解体，并产生了土地家庭联产承包经营。1979年9月，中共十一届四中全会正式通过的《中共中央关于加快农业发展的若干问题的决定》与原草案相比有两大改动：一是重申纠正分配中的平均主义；二是把"不许分田单干，不许包干到户"改为"不许分田单干，除某些副业生产的特殊需要和边远山区交通不便的单家独户外，也不要包产到户"。而1980年9月，中共中央印发《关于进一步加强和完善农业生产责任制几个问题的通知》，充分肯定了各种形式的生产责任制，并着重讨论了包产到户问题。1982年1月，中央批转了《全国农村工作会议纪要》，明确提出包产到户、包干到户等各种责任制形式，都是社会主义集体经济的责任制。1983年1月，中共中央在《当前农村经济政策的若干问题》中指出：当前农村工作的主要任务是稳定和完善农业生产责任制；林业、开发荒山等，都要抓紧建立联产承包责任制。到1983年实行联产承包责任制的基本核算单位已上升到99.5%，其中实行家庭联产承包责任制的占98.3%。

二 初步改革阶段（1984～1993年）

土地承包期延长到15年以上，标志是改革向流通领域延伸。前一阶段的重点是明确农村土地政策安排的大方向，即土地由原来集体所有、集体统一经营变为集体所有、农户承包经营，实现农地所有权和使用权分离。1984年1月，中央在《关于1984年农村工作的通知》中指出：土地承包期一般应为15年以上。生产周期长的或开发性的项目，如果树、林木、荒山、荒地等，承包期应当更长一些。社员在承包期内，因无力耕种或转营他业而要求不包或少包土地的，可以将土地交给集体统一安排，也可经集体同意，由社员自找对象协商转包。1991年11月，十三届八中全会通过的《中共中央关于进一步加强农业和农村工作的决定》指出：要把家庭联产承包为主的责任制和统分结合的双层经营体制，作为乡村集体经济组织的一项基本制度长期稳定下来。同时中国的农村改革由生产领域向流通领域延伸。1985年1月，中共中央、国务院下发了《关于进一步活跃农村经济的十项政策》，正式提出要改革农产品的统派统购制度，实行合同定购和市场收购。至此，除少数产品外，长达30年的农产品统派统购制度宣告取消。取消农产品统派统购制度这一改革，使广大农民在实行家庭联产承包责任制取得生产经营权后，又取得了产品交易的自主权，被誉为农村经济体制的第二步改革。1985年以后，国家按照"有调有放，调放结合"的原则，除少数农产品如棉花由国家定价，部分农产品如粮、油、猪等价格实行"双轨制"外，对绝大多数的购销价格实行了放开，由市场自行调节。1989年，在农产品的收购总额中市场定价已占近50%，国家指导价占20%左右，国家直接定价占30%，1997年分别占70%、20%、10%。

三 深化改革阶段（1993年至今）

大幅延长承包期，对土地进行可分性和完整性改革。第一轮承包结束后，中共中央提出了延长土地承包期的政策，而且针对第一轮土地承包过程中出现的一些问题采取了相应的政策措施，这就是第二轮土地承包的开始。

1993年7月，《中华人民共和国农业法》颁布实施，它奠定了家庭联产承包责任制的法律地位。同年11月，中央明确提出土地承包期延长至30年不变的政策，从而强化和稳定农户家庭对土地拥有权利的完整性，同时允许农地使用权依法有偿流转，实行土地适度规模经营。中共中央在1993年11月通过的《关于当前农业和农村经济发展的若干政策措施》中指出：以家庭联产承包为主的责任制和统分结合的双层经营体制，是中国农村经济的一项基本制度，要长期稳定并不断完善；为了稳定土地承包关系，鼓励农民增加投入，提高土地的生产效率，在原定的土地承包期到期后，再延长30年不变，允许土地使用权的依法有偿转让。

1995年3月，国务院批转农业部《关于稳定和完善土地承包关系意见》的通知，强调要维护承包合同的严肃性，严禁强行解除没有到期的承包合同，不能将已经属于集体经济组织的土地收归村有，机动地占耕地总面积的比例一般不超过5%，不能随意提高承包费。

1998年10月，十五届三中全会通过了《关于农业和农村工作若干问题的决定》，指出要坚定不移地贯彻土地承包期再延长30年的政策，同时抓紧制定确保农村土地承包关系稳定的法律法规，赋予农民长期而又有保障的土地使用权；对于违背政策缩短土地承包期、收回承包地、多留机动地、提高承包费等错误做法，必须纠正；少数确有条件的地方，可以发展多种形式的土地适度规模经营。这个文件的出台，意味着今后对土地承包关系的管理逐步进入法制轨道。

2008年10月，十七届三中全会通过的《中共中央关于推进农村改革发展若干重大问题的决定》中指出：以家庭承包经营为基础、统分结合的双层经营体制，是适应社会主义市场经济体制、符合农业生产特点的农村基本经营制度，是党的农村政策的基石，必须毫不动摇地坚持。赋予农民更加充分而有保障的土地承包经营权，现有土地承包关系要保持稳定并长久不变。推进农业经营体制机制创新，加快农业经营方式转变。为稳定和完善农村经营制度指明了方向。

20世纪70年代末80年代初，在中国推行的家庭承包经营制使中国农业发生了翻天覆地的变化。农村承包经营制的推行，极大地促进了农业的发展。根据林毅夫的测算，各项农村改革对1978～1984年的农村产出增长贡献率总和为48.64%，其中，承包经营制的贡献率为46.89%。[1] 最直接的经济效果就是大幅提高了农产品的产量。1978～1984年，我国农业生产发生了新中国成立以来从未有过的变化。1984年，全国粮食总产量达到创纪录的40731万吨，比1978年增长33.6%，年平均增长4.95%；棉花总产量达到625.8万吨，比1978年增长1.89倍。[2] 在80年代的基础上，90年代的中国农业生产取得了长足的发展（见表4-5）。

---

[1] 林毅夫：《制度、技术与中国农业的发展》，上海人民出版社、上海三联书店，1994，第95页。

[2] 朱荣：《当代中国的农业》，当代中国出版社，1992，第375页。

表4-5 农林牧渔业总产值

单位：亿元

年 份	农林牧渔业	其中			
		农 业	林 业	牧 业	渔 业
1978	1397	1118	48	209	22
1980	1923	1454	81	354	33
1985	3619	2506	189	798	126
1990	7662	4954	330	1967	411
1995	20341	11885	710	6045	1701
2000	24916	13874	937	7393	2713

资料来源：吴敬琏：《当代中国经济改革》，上海远东出版社，2008，第102页。

随着农业生产的增长，我国农村产业结构日趋合理，林、牧、副、渔业的比重有了较大的提高，农民收入有了大幅度的增长（见表4-6）。

表4-6 农村居民家庭平均每人年总收入和纯收入

单位：元

年 份	1978	1980	1985	1990	1995	2001
总收入	152	216	547	990	2338	3307
纯收入	134	191	398	686	1578	2366

资料来源：吴敬琏：《当代中国经济改革》，上海远东出版社，2008，第103页。

经过20多年的实践，以家庭承包为基础的统分结合的双层经营体制涌现了多种模式，然而为数较多的是以分为主的统分结合或有分无统的类型，其共同点是集体积累少，力量薄弱，因而在实践中农村双层经营体制一直存在着矛盾。一方面，家庭承包经营在大多数地区往往成了以户为单位的个体经济，这与农村生产社会化、专业化、商品化趋势不相适应。具体表现为：农户经营规模过小，经营方式过于分散，生产经营信息不灵通，土地难以合理集中，农业适度规模经营不易推行，农业集约化程度非常低。另一方面，集体统一经营和家庭分散经营两个层次发展失衡，存在只"分"无"统"的不良倾向，"统"层的功能弱化甚至缺失。多数地方的集体层次经营有名无实，明显落后于家庭分散经营。主要表现在：一是集体财产权归属不清；二是集体统一经营流于形式；三是集体经济没有实力，资产流失严重，无力为农户提供产前、产中、产后的配套服务。[①]

第六节 农村供销合作社的演变及评价

供销合作社是我国农村合作经济的一种特殊组织形式，主要任务是控制农村市场，开展农产品流通和农业生产资料的供应。近30年来，供销合作社改革可分为以下几个阶段。

一 意见分歧阶段（1979~1983年）

意见分歧的焦点在于是否继续对农民实施剥夺。1979年初，中央曾考虑把供销合作社的基层社改为人民公社的商业组织，为此，各省、直辖市、自治区进行了试点。在试点中，有一些县急于把基层供销社下放给人民公社，财务、设备也一起移交，造成了混乱和供销社职工的不满。这种下放是过去"左"倾错误的表现。1979年7月29日，国务院发出《关于农村基层供销社划归人民公社试点的通知》，仍然要求一个省在一个县内试验。到9月，十一届四中全会正式删除原文件中相关内容，这一行动才被制止。但是，关于供销社的意见分歧依然存在。总体意见有两种：一是赞成恢复集体所有制，另一种不赞成，理由是国家多年来对集体所有制的政策是限制的、不平等的，且不考虑农民的利益，继续剥夺农民。

二 承认供销合作社的集体所有制性质，但总社和各级分社仍并于商业部中（1983~1994年）

直到1983年中央1号文件明确指出：基层供销社应恢复合作商业性质，并在扩大经营范围和服务领域的同时，要求基层供销合作社逐步办成供销、加工、储藏、运输、技术等综合服务中心。原有的县供销社，应当成为基层供销社的联合经济组织。2月11日，国务院转批《国家体改委、商业部关于改革农村商品流通体制若干问题的试行规定》。由此，各地才

[①] 程恩富：《建设社会主义新农村要倡导集体经济和合作经济模式多样化》，《经济纵横》2006年第11期，第2~4页。

开始正式恢复供销合作社的合作商业性质。但由于1982年精简机构，供销合作社总社又与商业部合并。因此，这一时期的改革主要限于基层社。1985年1月1日《中共中央、国务院关于进一步活跃农村经济的十项政策》指出：供销合作社应该完全独立核算，自负盈亏，自主经营，由群众民主管理。1986年中央1号文件指出：必须加快改革步伐，把供销社彻底办成农民群众的合作商业。1987年1月22日，中央要求"供销社要按照合作社原则，尽快办成农民的商业组织"。在20世纪80年代，合作社进展表现在三个方面：第一，恢复了合作社的"三性"（组织群众性、管理民主性、经营灵活性）工作；第二，扩大了供销社的经营范围；第三，在经营方式上部分采取了股份分红的方式。

三 供销合作总社与商业部脱钩以后（1995年至今）

1995年2月27日，中央作出了《关于深化供销合作社改革的决定》，决定恢复全国供销合作总社。指出：供销合作社是农民的合作经济组织，要求供销合作社为农民提供各种经济、技术、信息服务，以基层社为重点，抓住"理顺组织体系、强化服务功能、完善经营机制、加强监督管理和给予保护支持"五大环节，要求做到三个坚持：坚持供销合作社集体所有制性质，坚持以为农业、农村、农民提供综合服务的办社宗旨，坚持自愿互利、民主、平等的合作制原则。目前，供销合作社已经形成了遍布全国的经济服务网络、完整的组织体系，截至2007年年底，供销合作系统农副产品购进总额达1320亿元；农资供应的主渠道作用进一步巩固，全年向农民销售的农业生产资料达1369亿元，同比增长22.5%。

不可否认，在改革开放前的社会环境下，供销社为社会经济的发展做出了巨大贡献。改革开放后，纵观供销社的20年改革，应该说其思路是比较清晰的，始终沿着由"官办"向"民办"的方向展开，同时兼顾了市场化取向。但其改革是迫于外部经济改革大环境的压力，从上而下进行的，而不是供销社内部自身的一种自发需要。其改革缺乏较充分的理论准备、思想基础和组织动员，首先触动的是既得利益者——供销社干部职工本身的利益，致使改革一开始就举步维艰。在供销社向"民办"方向改革中，一方面由于制定的政策理论色彩过浓，缺乏实际的可操作性；另一方面，供销社改革是以物化于为农服务宗旨去实现的，发展股金成为变相的集资,成为独立于农民之外的一种商业组织,希望在为农服务的过程中得到农民的接纳。这种思路的出发点是供销社自身,而不是农民,改革中并没有与农民建立在产权关系上的有效连接,没有与农民成为利益共同体。

第七节 农村合作信用社组织的演化及评价

我国农村信用合作和整个合作事业一样,其发展历程在很大程度上受到传统模式的影响。新中国成立后,从1950年我国第一家农村信用社的建立至今,其间经历了多次重大的改革和变化,从管理体制、经营模式等各方面都有了较大程度的发展和完善,对支持"三农"经济的发展起到了重要作用。改革开放以后,农村信用社进入了深入改革探索阶段,从2000年江西省的改革试点到2003年大规模改革工作的启动,农村信用社逐渐从受国家银行管制的基层金融机构向自主经营的市场经济法人主体发展。农村合作组织变迁以农村信用社变迁为主线,大体可分为以下几个阶段。

一 农村金融体系的初创(1949~1959年)

新中国成立后不久,中国人民银行总行召开了第一次全国农村金融工作会议,决定大力发展信用社,打击农村盛行的高利贷活动,促进农村经济发展和农村金融的稳定。到1958年年底,全国各地的合作金融组织达到两万多个。

该时期合作经济的理论来自两个并存的理论体系,一是20世纪三四十年代从西方国家引入的合作经济理论,并一直延续到50年代中期;二是从当时苏联引入的社会主义合作思想,并且逐步取代西方合作经济思想。

在实践上,按照西方市场经济条件确立的合作社的组织管理原则逐步被按计划原则确定的信用合作社和人民公社所代替,并最终完全取消信用合作社的基本属性,与人民公社"一大二公"原则相适应。

1951年中国人民银行下发的《农村信用合作社章程准则(草案)》和《农村信用互助小组公约(草案)》明确:信用合作组织形式可以多样化,信用社、信用部、信用小组、借贷介绍所、合会等都可以;信用社的性质是农民自己的资金互助组织,不以营利为主要目的,贷款应先贷给社员、组员；实行民主管理，社员（代表）大会为最高权力机构；盈利优先提取公积金、公益金和教育基金，社员股金以不分红为原则，以积累资金扩大业务，如分红，则不得超过 20% 或以不超过一年存款利息所得为限；银行以低息贷款扶持信用社发展。由此可以看出，农村信用社的经营目标、管理、分配原则基本上符合合作制原则。经过典型试办、逐步推广和运动方式，在坚持自愿、民办、民主管理、灵活利率的前提下，信用合作运动得到飞快发展。

到 1955 年，全国建立了 15.93 万个信用社，基本实现了一乡一社，提前两年实现原定的信用合作化目标。1955 年后，针对存在的问题，根据"业务开展、账目清楚、民主管理健全、执行国家金融政策、群众拥护"的标准，进行了巩固信用社工作。为了加强对合作金融的控制，我国于 1955 年 3 月成立中国农业银行，指导和辅助信用合作社的发展和壮大。

1956 年，全国农村信用社为 10.3 万个，入股农户近 1 亿户，吸收农民储蓄存款 4.32 亿元，发放贷款 10 亿元，其中生产贷款占 42.4%。农村信用社在帮助农民解决生产生活困难、恢复和发展农业生产、打击高利贷、支持农村合作化运动等方面都发挥了重要作用。但应该看到，该阶段信用社虽然坚持了民办，但由于其理论和组织形式基本移植欧洲社区合作的做法，缺乏与中国农村实际相结合的创新和总结，为以后信用社逐步走向"官办"埋下了伏笔。

二 农村金融体系的反复（1959～1980 年）

以 1959 年人民公社的"公有化"运动为起点，至 1980 年农村经济体制改革废除人民公社制度为止。在高度集中的计划经济的大背景下，金融机构的基本功能已基本丧失，合作经济组织也变成向计划经济过渡的工具。

由于受到我国当时的历史背景的影响，在"左"的思潮干扰下，1959～1980 年的 20 多年中，农村金融体系的建设偏离了预设的轨迹。农村信用合作社几次大起大落，丧失了为社员服务的合作金融性质，农村信用社曾两度先后下放给人民公社、生产大队和贫下中农进行管理，又最终收回归人民银行管理。而农业银行作为从事农业信贷的专业银行，也经历了"三次成立，三次撤销"的命运，也没有发挥应有的作用。就这样逐步从创社之初的合作金融组织演变成改革开放前的国家银行基层机构。

在"文化大革命"中，信用社规章制度被破坏，财务混乱，业务停顿，但1970年基本停止"贫下中农管理"的做法后，信用社业务又有所发展，存款从1970年的76亿元增加到1975年的135亿元。1977年，国务院在《关于整顿和加强银行工作的几项规定》中提出"信用社是集体金融组织，又是国家银行在农村的金融机构"，这对于加强银行对信用社的领导起了一定的作用，但也使信用社严重脱离了社员群众，最终演变成国家专业银行的附属基层机构。农村信用社管理体制的多次反复，使农村信用社严重脱离社员群众，基本上失去了合作金融及其集体经济组织的性质，成为"官办"金融机构。同时使信用社的发展受到较大损失，但仍得到一定的发展和延续。

三　合作金融理论和实践的创新阶段（1980~1996年）

1980~1996年，是农村信用社改革和发展时期，该阶段又可进一步分成两个阶段。

第一阶段：20世纪80年代初至80年代中后期的由计划经济向商品经济的过渡时期，普遍认为各种类型的信用合作社均属于公有制性质的集体经济组织。

1980年以来，以家庭联产承包责任制为目标的农村经济改革在全国展开，农村经济体制变革引起农村资金需求实现了由集中化向分散化的转变，农村信用社服务对象由社队集体转向分散农户、个体工商户、乡镇企业和各种经济联合组织。农村和农业产业结构调整引起农户的贷款结构发生变化，过去农民个人贷款主要用于治病和解决生活困难，随着土地关系调整及多种经营发展，农户满足经营性资金需求的贷款需求成为农户金融服务需求的主要内容。农户收入的稳步增长使其对农村金融服务需求的种类增加，由单一的存贷款需求转向结算、汇兑、租赁、信用卡等多元化金融服务需求。

在这一背景下，1980~1981年，国家采取了搞活农村信用社业务、扩大农村信用社业务经营自主权、理顺农业银行和农村信用社的往来利率关系等一系列改革措施，但始终围绕信用社作为银行基层机构的体制进行，改革没有取得实质性进展。1982~1984年，以恢复信用社"三性"为主要内容进行的改革，即通过"组织上的群众性、管理上的民主性、业务经营上的灵活性"，把农村信用社真正办成群众性的合作金融组织，充分发挥其调剂农村货币流通作用，适应农村经济发展需要。1984年，国务院105号文件批转中国农业银行《关于改革信用社管理体制的报告》，明确提出要把农村信用社真正办成群众性的合作金融组织，在农业银行领导、监督下，独立自主地开展存贷业务，成立了由其控制的县联社。采取了诸如吸收农民入股、取消入股数量限制、按盈余对股民分红、恢复社员代表大会制度及干部选举制、变农业银行对信用社的指令性计划为指导性计划、建立县联社领导基层社等措施。这一时期，920个县的信用社实行了浮动利率，提高了资金使用效益，1136个县成立了县联社，扩大了经营自主权，在体制和资金关系上增强了信用社的独立性。1985年以后，取消了农业银行对信用社的亏损补贴，明确了农业银行与信用社的业务关系，信用社开始独立经营、自负盈亏。

尽管当时尚未认识到经营形式应当具有市场经济的性质，但已开始注意到合作金融的"民办合作性"。1980年，中央财经领导小组认为信用社不能"下放"给人民公社，也不能"官办"，只能办成真正的合作金融组织。1984年8月，国务院批转中国农业银行关于改革信用社管理体制的报告，提出恢复"组织上的群众性、管理上的民主性、经营上的灵活性"的"三性"原则，要求信用社在中国农业银行领导下，按照合作金融的方向进行改革。该时期合作金融的理论研究集中在合作金融的性质是否是集体经济方面，在实践上的结果是信用社的管理体制没有发生实质性的变化。

第二阶段：社会主义市场理论提出以后至1996年。该时期已经明确中国实行社会主义市场经济体制，开始按市场原则思考合作金融组织的性质问题，在理论来源上，已经开始系统地运用西方市场经济国家的合作经济思想。但是由于传统的思维和原有制度的惯性，合作金融的研究与实践并没有较大的突破。尽管政府《关于金融体制改革的决定》（1993年）已明确改革合作金融管理体制，信用社内部运行机制也先后进行了一系列改革，各项业务都得到了较快的发展。但理论上的争论仍围绕在合作金融是否是集体经济性质方面，仍强调合作社的"公有制"性质。

这一时期虽然提出"把农村信用社真正办成群众性的合作金融组织"，强调恢复农村信用社"组织上的群众性、管理上的民主性、业务经营上的灵活性"，但是，农村信用社由农业银行全面接管，并没有改变农村信用作为国家银行附庸的地位，只是改变了主管的部门，农村信用社转而成为农业银行的基层附属机构。农户对于农村信用社根本谈不上有监督和管理权，由于上述"三性"无法落实，在经营上自然受国家偏好左右，并通过农业银行实施，于是贷款大量投向乡镇企业，农民失去对信用社经营活动的监督权。

这种名为合作金融组织其实是国家银行附属机构的管理体制暴露出诸多问题：一是混淆了两种不同所有制的金融组织界限；二是农业银行与农村信用社存在利益偏差；三是信用社被管得过死，丧失了经营自主权，难以发挥合作制组织优势；四是农村信用社与农业银行"一套人马、两块牌子"，信用社的"官办"特征明显，存在着行社共同吃财政"大锅饭"问题；五是农村信用社按行政区域设置机构网点，不接近农户，信息不对称难以避免。

社会主义市场经济理论提出前后，理论界关于合作金融的争论仍停留在其性质是否属于集体所有制经济上，过于强调农村信用社的公有制性质，实际结果是信用社的管理体制没有发生实质性的根本变化。

除了农村信用合作社外，农村合作基金会也是农村信用合作组织的一种。农村合作基金会最早出现在20世纪80年代初，从产生到关闭只经历了短短十几年的时间。发展初期，农村合作基金会设立的资金由两部分组成：一是实行家庭联产承包责任制之后，闲置的农村集体经济组织财产；二是农民入股资金。当时家庭联产承包责任制实行后，人民公社留下的集体财产管理体制混乱，迫切需要建立新的机制管理集体经济财产，农村合作基金会在这样的背景下快速发展。1992年，全国乡镇一级的农村合作基金会组织达1.74万个，村一级11.25万个，分别占乡镇总数的36.7%和村总数的15.4%。这一时期农村合作基金会的发展得到了政府部门的认可和肯定，1994年，农业部和中国人民银行《关于加强农村合作基金会管理的通知》规定，农村合作基金会是社区内的资金互助组织，宗旨是为入股会员服务，为农业、农民服务，不以营利为目的，基本任务是管好用好集体资金和会员股金，增加集体积累，促进农村经济发展。但是，随后农村合作基金会并没有按中央政府预设的轨道发展，出现了入股资金存款化、融通资金贷款化、经营方向非农化等异化问题，有些地方甚至出现挤兑风波，影响了金融系统的稳定。于是，1999年，国务院宣布全国统一取缔农村合作基金会，分类并入农村信用社或者清盘关闭。

四 着力建设"三位一体"的农村金融体系（1996~2003年）

1996~2003年，是农村信用社飞速发展阶段。以1996年8月《国务院关于农村金融体制改革的决定》为标志，确定农村金融体制改革的指导思想是"建立和完善以合作金融为基础，商业性金融、政策性金融分工协作的农村金融体系"。1996年9月开始进行农村信用社与中国农业银行脱离行政隶属关系工作，在1996年8月成立的国务院农村金融体制改革部际协调小组（1998年撤销）和中国人民银行的领导下，年底基本完成脱钩工作。农村信用社的业务管理和金融监管分别由县联社和中国人民银行承担，农村合作金融开始真正按照市场经济的原则进行制度安排。

这一阶段的主要措施有：①将中国农业发展银行划归为国务院直接领导的政策性金融机构，主要任务是以国家信用为基础，筹集农业政策性信贷资金，承担国家规定的农业政策性金融业务，代理财政性支农资金的拨付，为农业和农村经济发展服务；②中国农业银行将政策性业务全部划给农发行后转变为国有商业银行，按照现代商业银行经营机制运行；③农村信用社彻底从农行独立出来，逐步改制为由农民入股、社员民主管理、主要为社员服务的合作性金融组织。

国家的政策意图是，使农村信用社按照合作制原则发放小额农户贷款，中国农业银行发放商业性贷款，农业发展银行发放政策性贷款，从而形成商业金融、政策性金融、合作金融分工合作的农村金融组织体系。但实际情况是，我们似乎从未看到这"三驾马车"并驾齐驱的局面：农行在1996年与农信社脱钩后，逐渐上收农村基层分支机构，大幅退出农村信贷市场；农业发展银行职能一直局限于关系国家粮食安全、重大国计民生等的粮棉收购和储备的贷款业务，而随着棉花、粮食管理体制的改革，其业务严重萎缩，并没有真正起到支持农村市场的作用；广大农村仅剩下农村信用社还发挥着正规金融供给者的作用，但由于其历史包袱沉重，资本金严重不足，体制混乱，经营不善，对"三农"的扶持力度始终有限，其落后的服务方式及服务手段、狭窄的服务领域也难以适应农村发展要求。

五　解放农村金融供给主体，激活农村金融体系（2003年至今）

随着国有银行改革的深入，四大国有商业银行逐步从县域经济以下撤退，农村信用社日益成为农村金融市场的最主要甚至是唯一的金融机构。而另一方面，农村信用社前两次改革仍然未能解决自身建设及为"三农"服务方面存在着的产权不明晰、法人治理结构不完善、经营机构和内控制度不健全、管理体制不顺、管理职能和责任不明确、历史包袱沉重、资产质量差、经营困难、潜在风险大等一系列问题。同时随着城乡统筹建设在党的十六大被提上议事日程，深化农村金融改革的呼声也越来越高，解放农村金融供给主体、激活农村金融体系成为本轮改革的主题。2003年6月，《国务院关于印发〈深化农村信用社改革试点方案〉的通知》发布，我国农村金融的供应主体——农信社开始了其商业化转型之路。截至2011年8月，全国农村信用社资格股占比已降到30%以下，已组建农村商业银行155家、农村合作银行210家，农村银行机构资产总额占全国农村合作金融机构的41.4%。另外，还有1424家农村信用社已经达到或基本达到农村商业银行组建条件。

经过近50年的改革发展，农村信用合作社已成为我国金融体系的重要组成部分，在解决农民的资金需求方面发挥着重要作用。但我国信用社的发展走上了一条自我否定的道路，具体表现在：

第一，农村信用社每次制度变迁均是自上而下的政府强制性行为，而非自下而上的诱发性政府行为，更不是农村经济主体自主性行为。农信社从最初的合作组织到人民公社的一个部门，再到国有农业银行的基层机构，再与农业银行"脱钩"恢复合作性质，均采用了政府供给主导型强制性变迁的方式。这种方式虽然降低了制度变迁的时滞及摩擦成本，却未能在较大程度上体现农民群众的意愿和提高农村金融效率。政府作为权力中心和推动制度变迁的第一行动集团，在决定与推行农村金融制度变迁时，既有促进农村金融效益最大化的动机，更有巩固既定经济体制和自身利益的意愿。因此在"一大二公"原则指导下，将农信社并入人民公社再并入国有银行，就成为政府推动农村金融制度变迁的理想选择；在社会主义市场经济建设中，恢复农信社合作性质，也更有利于推动政府进行的农业银行商业化改革。在整个制度变迁过程中，农民及农信社只是制度的被动接受者。

第二，农村信用社的制度变迁与农村经济制度变迁的路径相悖。1979年以来，农村家庭联产承包责任制的实行和推广，促进了农村劳动生产率的快速提高。乡镇企业和农村个体企业的兴起和发展，将农村富余劳动力向第二、三产业转移，促进了农村经济结构的大调整。这与自上而下的农村金融制度变迁形成了巨大反差，农村金融制度的变迁则使农村金融组织的产权关系更加模糊不清。这两种制度变革路径的相悖，直接结果是民间借贷的产生与发展。变革后的农村经济形成了以农户、私人为基本生产经营单位的格局，对资金需求具有小额、分散、灵活、方便的特点，但农业银行和农信社由于属于"官办"，难免带有"衙门"作风，由此造成借贷信息不对称，农户、私企的合理贷款要求得不到满足，于是各种形式的民间借贷应运而生，在农村金融市场上起到了重要的作用。

第三，背离了合作制原则。表现为：利润导向明显，为"三农"服务不够，在经营行为上表现出"非农化"特征或"城市化"特征；民主管理流于形式，长期置于国家银行或基层政府的管理，社员的管理权无法实施；"权力和官办色彩"较浓，社员不能参与信用社的分享，社员股金只具有存款的性质；经营机制不健全，金融风险凸现，市场竞争力和抵御风险的能力极弱。

第八节 当前农村合作金融改革面临的机遇和挑战

一 2003年以来农村合作金融改革的历程

(一) 进一步深化农村信用社改革

2003年6月，国务院印发《深化农村信用社改革试点方案》，开始了全国8个省市信用社的改革试点。改革要求按照"明晰产权关系、强化约束机制、增强服务功能、国家适当支持、地方政府负责"的总体要求，加快农村信用社管理体制和产权制度改革，把农村信用社逐步办成由农民、农村工商户和各类经济组织入股，为农民、农业和农村经济发展服务的社区性地方金融机构，充分发挥农村信用社农村金融主力军和联系农民的金融纽带作用。当时，全国除海南省外，全部进入改革状态。

2004年1月，国务院颁布《关于促进农民增加收入若干政策的意见》，意见要求改革和创新农村金融体制，要从农村实际和农民需要出发，按照有利于增加农户和企业贷款，有利于改善农村金融服务的要求，加快改革和创新农村金融体制；明确县域内各金融机构为"三农"服务的义务；鼓励通过吸引社会资本和外资兴办多种所有制的金融组织。

2005年1月，国务院颁布《关于进一步加强农村工作提高农业综合生产能力若干政策的意见》，重新提出建立农村金融体系。指出要针对农村金融需求的特点，加快构建功能完善、分工合理、产权明晰、监管有力的农村金融体系；继续深化农村信用社改革；培育竞争性的农村金融市场；在有条件的地方，可以探索建立更加贴近农民和农村需要的小额信贷组织。2005年年底，经过反复论证和准备，开始在四川省进行民间资本信贷试点。一种完全由民间资本构成的"只贷不存"的金融组织获得承认，民间借贷开始有了一个合法的身份。

(二) 村镇银行应运而生

2006年12月21日，根据我国农村地区金融服务不足、竞争不充分的状况，银监会调整放宽了农村地区银行业金融机构准入政策，其中村镇银行是三类新型农村金融机构（分别是村镇银行、贷款公司和农村资金互助社）中唯一具有股份制性质的银行类金融机构，并且村镇银行试点工作进展顺利，取得了阶段性成果。随后又于2007年1月29日发布了《村镇银行管理暂行规定》等6项新型农村银行业金融机构的行政许可及监管细则，村镇银行应运而生。继2007年3月1日全国首家村镇银行——四川仪陇惠民村镇银行开业后，村镇银行便如雨后春笋般从无到有，迅猛发展起来。

需要明确的是，根据暂行规定，所谓"村镇银行"其本质属于"银行业金融机构"，因此它与其他银行类机构从本质上是没有区别的，它是独立的企业法人；以安全性、流动性、效益性为经营原则，自主经营，自担风险，自负盈亏，自我约束。应遵守国家法律、行政法规，执行国家金融方针和政策，依法接受银行业监督管理机构的监督管理。而"村镇"一词主要刻画了其设立区域、服务对象，即"在农村地区设立，主要为当地农民、农业和农村经济发展提供金融服务"。

村镇银行的快速发展，无疑给农村金融市场注入了新的活力，一定程度上弥补了农村金融市场部分业务需求的空缺，缓解了部分农村金融供给不足的压力。与此同时，也在一定程度上打破了农村合作金融机构在农村金融领域的垄断地位，形成了与农村合作金融机构相互竞争的局面，给当地的农村合作金融机构的业务带来了较大的冲击。首先，村镇银行依托政府，积极争取财政性资金存款，导致农村合作金融机构的部分存款流失；其次，村镇银行与农村合作金融机构市场定位相似，且其利用更为优惠的利率定价、快捷的贷款审批流程及灵活的经营机制等积极拓展农村的中小企业市场，给农村合作金融机构贷款业务带来了一定冲击，造成农村合作金融机构长期扶持的部分优质客户资源的流失；最后，村镇银行实行本土化策略，急需当地金融行业的人才，也在一定程度上导致农村合作金融机构人力资源的流失。

（三）正规合作金融：农村资金互助社

农村资金互助社是指经银行业监督管理机构批准，由乡镇、行政村农民和农村小企业自愿入股组成，为社员提供存款、贷款、结算等业务的社区互助性银行业金融业务。2006年12月20日，银监会发出《关于调整放宽农村地区银行业金融机构准入政策更好支持社会主义新农村建设的若干意见》，2007年1月22日，进一步出台了《农村资金互助社管理暂行规定》，乡镇、行政村农民和农村小企业自愿入股，经银行业监督管理机构批准，可以成立为社员提供存款、贷款、结算等业务的社区互助性银行业金融机构——农村资金互助社。2007年12月，银监会又出台了《关于农村资金互助社监督管理的意见》，从监管原则和目标、监管方式、监管措施和建立协调机制四个方面加强对农村资金互助社的监督管理，防范金融风险。截至2011年，全国35个省（区、市，西藏除外）、计划单列市共计划设立1294家新型农村金融机构，其中农村资金互助社仅有161家。目前正规资金互助社的发展现状相对于我国广大的农村地区以及众多的农村资金需求者来说仅仅是杯水车薪。这些正规农村资金互助社形成路径有三种：①在银监会框架下，独立新建的农村资金互助社；②在银监会框架下，在原有农民专业合作社基础上组建的农村资金互助社；③在银监会框架下，在原有农户自发组建的农村资金互助社基础上，根据《农村资金互助社管理暂行规定》，获得金融业务经营许可。

(四) 放宽农村金融机构准入政策

中国银监会发布《调整放宽农村地区银行业金融机构准入政策的若干意见》，按照商业可持续原则，适度调整和放宽农村地区银行业金融机构准入政策，拉开了中国银监会全面启动金融服务与竞争的充分性调查与建设工作的大幕，此举被誉为新一轮以增量为突破口的农村金融体制改革正式破冰的标志。

同时，国家从 2007 年开始开展新型农村金融机构试点工作，试图引入民间资金来参与农村金融体系的建设，以改变目前农村金融供给主体单一的局面。2007 年 1 月，全国金融工作会议召开。温家宝总理指出，要加快建立健全适应"三农"特点的多层次、广覆盖、可持续的农村金融体系。2007 年 1 月 29 日，银监会发布了《村镇银行组建审批工作指引》等六个文件，对如何组建村镇银行等新型农村银行业金融机构的工作程序进行了详细解释。2007 年 3 月，中国邮政储蓄银行正式成立，邮政储蓄只存不贷的历史宣告结束，定期存单小额质押贷款等服务农村的业务已在全国铺开。2007 年 3 月 1 日，中国第一批农村新型金融机构挂牌成立。

截至 2011 年年底，全国 242 家银行业金融机构共发起设立 786 家新型农村金融机构，其中村镇银行 726 家，贷款公司 10 家，农村资金互助社 50 家。新型农村金融机构累计吸引各类资本 369 亿元，各项贷款余额 1316 亿元，其中小企业贷款余额 620 亿元，农户贷款余额 432 亿元，两者合计占各项贷款余额的 80%。此外，银监会还大力提升农村金融的可获得性。截至 2011 年年底，全国金融机构空白乡镇从 2009 年 10 月的 2945 个减少到 1696 个，其中 2011 年减少 616 个；实现乡镇金融机构和乡镇基础金融服务双覆盖的省份从 2009 年 10 月的 9 个增加到 24 个。进入 21 世纪以来，国家对农村金融体系建设的重视程度日渐提高，采取了一系列有针对性的办法，也取得了显著成效。但不可否认的是，农村金融体系的完善绝不是一朝一夕可以完成的，还有许多的问题需要我们去克服。我们应该坚持改革的方针，继续加强农村合作金融机构建设；规范农村民间金融，推进新型农村金融机构的发展；建立健全农村金融风险控制机制；出台扶持农村金融的法律及政策,创建良好的农村金融生态环境,努力让我国农村金融的发展之路越走越好。

(五) 温州——新一轮金融改革的首个试点

浙江温州,是中国民营经济发源地,是我国民间融资和资本运营最响亮的代名词,也是我国首批14个沿海开放城市之一,改革开放以来,温州实现了经济的跨越式发展,为全国经济的发展树立了榜样。但是随着经济的不断发展,一些问题也不断暴露,特别是2008年大规模经济危机之后,温州经济发展出现巨大的阻碍,很多企业出现"资金链断裂"的情况,温州金融体系岌岌可危。温州模式作为我国最典型的一种经济发展模式,对全国其他地区的经济发展有很大的借鉴作用,温州金融体系的问题不仅是温州本地问题的反映,也是很多民营资本发达地区金融问题的反映。

2011年,以温州为代表的民营经济、中小企业出现"资金链断裂""破产跑路"等现象。一方面,民间资本投资难,在"炒楼""炒煤""炒蒜"等被遏制之后转向了民间高利贷;另一方面,中小企业被大银行拒之门外,"融资难"困扰着它们的生存,不得不通过地下钱庄高利息融资,恶劣的生存环境也进一步助长了社会资本"脱实向虚"的倾向。温州这种民间高利贷案件频发和中小企业陷入"融资难"问题,吸引了各方面的关注。政府选择温州作为金融改革试点,体现了高层和温州地方政府的思路交集:一是试点可为全国整体金融改革探路,二是可以借机处理民间金融风险,以便避免负面影响的扩散。

2011年10月4日,国务院总理温家宝率人民银行等国家部委主要负责人调研温州,提出"一个月内稳定经济金融形势"的要求,并强调要明确将小微企业作为重点扶持对象。其间,浙江省和温州市委市政府向温家宝总理提出了在温州设立"民间金融改革试验区"的想法,希望将民间金融机构纳入监管轨道,降低市场利率和风险,得到温家宝总理的认可。

2012年3月28日,温家宝总理主持国务院常务会议,决定设立温州市金融综合改革试验区。针对近年来温州的部分中小企业出现"资金链断裂"和"企业主出走"现象,对经济和社会稳定造成一定影响。政府开展金融综合改革,切实解决温州经济发展存在的突出问题,引导民间融资规范发展,提升金融服务实体经济的能力,不仅对温州经济的健康发展至关重要，而且对全国的金融改革和经济发展具有重要的探索意义。

随即颁布了《浙江省温州市金融综合改革试验区总体方案》，具体提出了12条意见。这12条意见紧扣全国金融工作会议精神，在事实上认可了民间金融活动的现实需求，并试图通过政府推动的金融创新，来缓解金融制度与经济转型的错配问题。

从总体上看，温州金融改革的试点体现出一些新的特点：

其一，放松管制，有利金融开放。放松管制，可以吸引社会资金流入金融服务业，培育新的增长点，同时也通过促进民间金融的阳光化来促进金融创新，为民间金融提供更大空间，降低金融风险。具体来说，就是放松对民间资金进入金融业的限制，吸引社会资金通过这些金融平台进入实体经济，同时也使这些金融机构本身成为具有增长前景并吸引社会资金流入的现代服务业。

其二，发展债券融资，打破行政垄断。温州试验可以开拓直接融资渠道，不仅可解决小企业融资难题，更可以打破现有政府管理发债的行政审批制度，为债券市场自由化提供铺垫。

其三，适当调整制度，优化金融环境。尊重市场的现实金融需求，尊重温州民间融资活动活跃的市场传统，在此基础上适当调整相关的金融监管制度，优化金融生态环境。例如，12条意见顺应民间资本投资多元化的现实需要，认可了民间资本对外投资的需求，并提出要开展个人境外直接投资试点，探索建立规范便捷的直接投资渠道。这些措施可以扩大金融对外开放，从而稳妥有序推进人民币资本项目可兑换进程。开放直接投资，不仅增加民间资本投资渠道，避免扎堆炒作，还可以利用温州人海外商业资源，以民间资本形式收购海外资产，这既有助于消化外汇储备，也可以民间方式体现国家海外投资大战略。

其四，强调服务实体经济，强调针对经济转型中的薄弱环节放松金融管制，以引导社会资金通过金融机构的渠道进入实体经济领域。具体来说，在引导社会资金的导向方面，意见强调要创新发展针对小微企业的专项金融产品与服务，依法合规开展非上市公司股份转让及技术、文化等产权交易，推动小微企业通过债券市场融资，推动小微企业信用体系建设等。这在客观上凸显了小微企业的金融服务需求在当前金融服务体系中难以得到满足，需要成为金融改革的重点之一。

二 中国合作金融改革发展面临的机遇和挑战

从 2003 年深化农村合作金融改革试点工作到现在已有 10 年的时间。在这 10 年间中国合作金融机构经历了前所未有的迅猛发展，发生了翻天覆地的变化。2008 年，全国农村合作金融机构的资产规模就较 2002 年末翻了一番，用 5 年的时间走完 50 年走过的道路。截至 2011 年年底，全国农村合作金融机构资产规模较 2003 年增长 3.8%；资本金增加 3536 亿元，增长 5.7 倍；所有者权益由负转正，彻底摆脱了资不抵债、技术性破产的不利局面。

（一）中国合作金融改革发展面临的机遇

"十二五"规划（2011~2015 年）为农村合作金融机构发展提供了良好的机遇。"十二五"规划综合分析了国际、国内经济、社会发展形势，在加快转变经济发展方式、推进农业现代化、加快社会主义新农村建设、促进区域协调发展、完善社会主义市场经济体制等诸多方面提出了规划建议，对于农村合作金融机构来说是难得的发展机遇。

1. 产业结构调整的机遇

规划明确提出在工业化、城镇化深入发展中同步推进农业现代化，是"十二五"时期的一项重大任务，必须坚持把解决好农业、农村、农民问题作为全党工作重中之重，统筹城乡发展，坚持工业反哺农业、城市支持农村和"多予、少取、放活"方针，加大强农惠农力度，夯实农业农村发展基础，提高农业现代化水平和农民生活水平，建设农民幸福生活的美好家园。国家财政资金的投入远不能满足"三农"建设资金的需求，作为服务"三农"的主力军，农村合作金融机构完全可以发挥金融的杠杆作用，既服务了"三农"，又能做好资金营运工作。

规划还明确提出发展现代产业体系，提高产业核心竞争力。坚持走中国特色新型工业化道路，必须适应市场需求变化，根据科技进步新趋势，发挥我国产业在全球经济中的比较优势，发展结构优化、技术先进、清洁安全、附加值高、吸纳就业能力强的现代产业体系。改造提升制造业、培育发展战略性新兴产业、加快发展服务业，这些都需要资金支持。

2. 城乡结构改善的机遇

规划明确提出坚持走中国特色城镇化道路，科学制定城镇化发展规划，促进城镇化健康发展。小城镇的建设需要大量的资金投入，紧紧依靠财政资金，远不能弥补资金缺口，资金缺口如何弥补，这就需要融资，作为多年支持农村经济发展的农村合作金融机构必当成为融资的主渠道。

3. 深化金融体制改革的机遇

一是构建逆周期的金融宏观审慎管理制度框架；二是加强金融监管协调，建立健全系统性金融风险防范预警体系和处置机制；三是建立存款保险制度；四是完善地方政府金融管理体制。这些措施都有利于信用社加强经营管理，防控风险。

（二）中国合作金融改革发展面临的挑战

1. 国内外宏观经济形势的挑战

我国正面临着复杂严峻的国内外宏观经济金融形势，对我国农村合作金融机构继续科学发展的态势形成了严峻的挑战。从外部经济形势来看，国际金融危机的影响还在继续，主要经济体增长动力不足，美国经济仍处于低迷状态，失业率居高不下；欧洲债务危机仍可能出现反复和蔓延；存在新兴经济增长速度放缓和通货膨胀水平较高的双重压力。从国内经济形势看，企业订单不足，生产成本上升，廉价劳动力优势减弱，经营困难加重；国际贸易需求减弱，单纯以低成本出口方式难以继续；国内市场需求减弱，消费不足，拉动经济发展的"三驾马车"均有放缓趋势，拉缓我国经济发展的速度。农村合作金融机构历史包袱沉重，在发展中化解风险是必然要求。这几年伴随经济高速增长，农村合作金融机构得到充分发展，但是从当前宏观经济形势来看，想要继续保持原有增长速度的发展是有一定难度的。2012年在浙江、安徽、内蒙古等地连续发生的民间高利贷"资金链断裂""企业主出走"事件，部分农村合作金融机构牵涉其中，对进行农村合作金融机构改革造成了困难。

2. 金融市场改革与发展的挑战

中国金融业进入了发展加速和开放扩大的新阶段，既面临着良好的成长机遇，也需要应对各种挑战。国际金融市场变革的新动向也对农村合作金融机构的传统经营模式形成新的挑战，主要有以下两方面。

一是利率市场化的挑战。利率市场化是我国金融改革的一项基础性工程,长远的目标是建立以市场供需关系为基础,以中央银行基准利率为核心,由市场资金供求决定各种利率水平的市场利率体系。加快利率市场化改革刻不容缓。社会主义市场经济体制的要义,是让市场在资源配置中发挥基础性作用,而利率作为资金价格则是资源配置的"指示器"和"调节器"。利率没有市场化,就谈不上金融资源配置的市场化和高效率,自然也就谈不上社会主义市场经济体制的完善。利率市场化也是银行商业化的一个重要条件。没有利率的完全市场化,就不会有真正的银行商业化。长期的存款利率管制损害了存款人的利益,使存款人的存款在负利率情况下连保值也做不到,同时造就了银行的高利差,使银行可以安享垄断利润而阻碍了贷款定价能力、利率风险防控能力的提高,不利于银行竞争力的培育。

2012年6月7日,中国人民银行决定,自2012年6月8日起下调金融机构人民币存贷款基准利率。金融机构一年期存款基准利率下调0.25个百分点,一年期贷款基准利率下调0.25个百分点;其他各档次存贷基准利率及个人住房公积金存贷款利率相应调整。自同日起:①将金融机构存款利率浮动区间的上限调整为基准利率的1.1倍;②将金融机构贷款利率浮动区间的下限调整为基准利率的0.8倍。此举意味着中国的利率市场化的号角正式吹响。在利率市场化深入推进、市场利率波动常态化条件下,如何建立现代利率风险管理机制,确保农村合作金融机构改革顺利进行是我国农村合作金融机构面临的新挑战。

二是竞争日趋激烈的挑战。近年来,利用大型银行撤离农村金融市场的"金融空档期",农村合作金融机构迎来了"战略机遇期",形成了竞争优势,升值被动形成了相对垄断的局面,随着我国近年来经济金融机构体制改革的不断深入,农业银行等大中型银行又加入进来,恢复农村金融网络,增加竞争。还有一部分民间资本的加入也增加了竞争的力度。可以推测:今后的农村合作金融机构将面对各类银行金融机构更为激烈的市场竞争,是维护好农村合作金融稳定发展的另一个巨大挑战。

第五章 中国新型农民合作经济组织

家庭联产承包责任制基础上"统分结合"双层经营制度的实行，使"三级所有、队为基础""一大二公"的人民公社体制迅速解体，农户掌握了生产经营的自主权，成为独立的商品生产经营者，从而重构了农村经济组织的微观细胞；购销体制的改革和市场机制的引入，使农户逐步摆脱按计划生产和销售的模式，改为面向市场，改变了农村经济的运行方式。但是，单个农户的眼界、对市场行情的判断力、知识与技术能力、经济实力都是十分有限的，很难抵御市场环境尤其是转型经济的市场环境中出现的各种不确定性与风险。因此，利用组织的力量来扩展个体理论的有限性就是一种合理的也是必然的选择，各种不同类型的新型农民合作经济组织就是这样的一种组织形式，它的基本功能就是在农民单干经济的基础上，利用互助合作的力量把单个农民的分散经营与社会化的大市场连接起来。本章主要对这类新生的合作组织进行考察。

第一节 当代中国新型农民合作经济组织兴起的动力机制

合作经济组织的产生有两个前提：一是商品经济的发展，二是独立经营者的广泛存在。我国新型农民合作经济组织是我国农业和农村经济从传统的计划经济体制向市场经济转化过程中兴起的。

一 家庭联产承包责任制的实行是新型农民合作经济组织兴起的基本前提

十一届三中全会以来，我国确立了家庭联产承包责任制。农民逐渐成为相对独立的经营主体，成为独立的商品经营者，农民拥有土地的经营权和土地的剩余价值索取权，提高了农民的生产积极性。随着市场经济的发展，家庭联产承包责任制基础上的单个农民资本匮乏、生产规模小，处于无组织状态，仅仅从事一些初级产品加工，为市场提高原材料，处于无竞争力和谈判实力的弱势地位。中国8亿多农民要真正与大市场接轨，提高竞争力和谈判地位，必须通过联合，建立整体进入市场的组织，才能增强抵御市场风险的能力，避免在激烈的市场竞争中处于劣势或被市场淘汰。

二 农户经营主体地位确立是新型农民合作经济组织兴起和快速发展的制度基础

合作经济是以社员的个人产权主体地位为基础的，因此，农民专业合作经济组织产生的前提是农民具有独立的经营主体地位。在人民公社时期，受计划经济体制的束缚，农户不具有独立经营的主体地位，农村合作经济缺乏发展的微观基础。改革开放后，家庭承包制的实施重塑了农业微观经营主体，农民具有独立的经营主体地位。而且，新型农民专业合作经济组织产生的直接基础是独立经营的农民专业户，新型农民专业合作组织主要是达到一定生产规模和商品量的专业农户的联合。在实际操作中，积极加入合作社的是具有一定经济规模，农产品生产的市场化、商品化程度较高的专业大户。他们在各自专业化生产的基础上走向联合，建立合作社，最终形成专业化的大农户与专业化的小农户的合作。由于专业大户的经营规模大，承受的市场风险大，他们更愿意联合起来，增强在市场上的谈判地位，有效地抵御市场风险，而且他们愿意承担合作经济组织创办初期的运作和组织成本。

三 农业市场化程度的加深是农民新型合作经济组织产生和发展的重要条件

合作经济是市场经济的产物，较高的农产品商品率和市场化程度是新型农民合作经济组织产生的重要条件。一般说来，在市场经济条件下，合作组织的主要作用是降低经济活动的风险和不确定性，降低交易成本，取得规模经济，打破市场垄断。改革开放前，农业结构单一，农产品的交换由计划控制，改革开放以来，越来越多的农业生产要素和农产品销售通过市场，由此产生了"小生产与大市场"的矛盾。据戴晓春的一项研究，1978年我国农业综合市场化指数为21.99%，1980年为32.49%，1990年达到60.83%（见表5-1）。①

表5-1　1975～2000年我国农业市场化指数

单位:%

年份	农业市场化指数	农产品价格市场化指数	农产品市场化指数	农业劳动力市场化指数	农业资金市场化指数	农业技术市场化指数
1978	22.0	5.6	39.9	14.6	33.3	10.4
1979	27.3	11.6	42.0	15.1	48.6	11.2
1980	32.5	17.7	43.8	15.1	64.5	12.1
1981	35.2	20.9	43.8	15.7	72.9	13.1
1982	35.5	21.7	43.6	16.0	72.6	14.1
1983	43.0	23.9	46.0	33.3	86.9	15.2
1984	44.8	32.0	44.8	36.6	83.2	16.4
1985	53.6	63.0	46.4	42.9	79.0	17.7
1986	55.5	64.7	49.6	46.9	78.1	19.1
1987	57.4	70.6	50.7	50.4	72.9	23.9
1988	60.0	76.0	51.1	53.2	74.6	26.6
1989	59.2	64.7	51.8	54.9	79.9	31.1
1990	60.8	74.8	48.4	53.9	80.7	31.1
1991	62.8	77.8	51.0	57.1	78.6	34.3
1992	63.4	81.8	51.5	64.2	67.4	37.8
1993	65.4	87.5	52.1	72.5	60.0	40.2
1994	67.2	91.0	52.6	74.3	62.6	38.9
1995	68.4	92.8	53.1	73.2	66.0	40.9
1996	69.9	94.7	53.6	73.6	69.0	42.9
1997	70.5	96.9	54.9	65.3	76.1	42.5
1998	65.3	97.4	53.2	65.7	50.8	43.1
1999	65.1	97.4	53.7	67.2	47.6	43.9
2000	68.9	99.0	58.9	69.9	54.9	44.5

资料来源：戴晓春：《我国农业市场化的特征分析》，《中国农村经济》2004年第4期，第60页。

---

① 戴晓春：《我国农业市场化的特征分析》，《中国农村经济》2004年第4期，第60页。

20世纪90年代中后期，连年的粮食盈余使得农产品"卖难"问题日益突出。如果这种"卖难"现象持续，农业生产的专业化、市场化进程就必然会倒退。因此，从根本上解决的措施是推进农业生产专业化、市场化，联合起来增加谈判筹码，减少农民的利益损失。这也说明家庭联产承包责任制虽然是农业生产过程中较为适宜的经济组织形式，但不是农产品流通过程和市场交易过程中适宜的经济组织形式。

四　市场的扩大是新型农民合作经济组织产生和发展的内在动力

（一）市场的扩大推动了劳动分工的发展

在自给自足的自然经济条件下，生产和消费是基本统一的，社会劳动产品的绝大部分都是为了满足自然经济单位内部的直接生活需要而生产的，各个自然经济单位处于分散、孤立的状态。斯密定理指出，劳动分工依赖于市场的大小。随着市场范围不断扩大，封闭、保守的自然经济慢慢地解体，商品经济逐渐发展起来，农产品商品率不断提高，这大大促进了分工与专业化。因为在商品经济条件下，为了满足更广泛的市场需求，就必须不断提高劳动生产率与市场竞争力，以生产出数量更多、质量更高的产品供应市场。而分工与专业化，能够大大提高工作效率。斯密给出了分工能够提高生产效率的三点原因：一是劳动者的技能因业专而日进；二是能够节约工作转换中的劳动时间；三是有利于新技术的发明与采用。

（二）劳动分工的进一步细化导致了合作的需求

一是随着农业生产专业化水平的进一步提高，农业生产者之间的分工也越来越细，一种农产品从生产者手中转移到消费者手中，要靠若干不同环节、不同阶段的互相配合与协调才能顺利完成。每个农户只需要按照社会分工的要求，从事某种单个作物或某个环节的生产即可，这样农业生产的总过程就由一个生产者独立完成，变为只能在社会连接中才能完成，由此形成了对合作与联合的客观要求。

二是在专业分工的基础上，劳动生产率不断提高，农产品商品化率不断上升，产品不再作为生产者的使用价值而生产，而是作为交换价值进行生产。产品要成为商品，必须经过交换，把它从凝聚其价值的生产者手中，转移到把它当作使用价值的消费者手中。而价值实现过程的"惊险一跳"，往往蕴涵着巨大的市场风险。为了追求规模效益和规避风险，农民产生了对合作的需求。

三是分工越细，市场的导向作用就越强，生产者只能服从于市场。于是，市场便成为农业再生产的实际组织者和协调者，而农产品生产者则成为市场的附属物。面对市场压力，家庭经营的小生产与社会化大市场间的矛盾便凸现出来。一家一户的农民参与市场的交易费用极高，对市场的影响力又相对较弱，经常遭受工商企业及其他市场主体的盘剥，在交易中常处于不利的地位，而农业生产者要想在激烈的市场竞争中求得生存和发展，就必须实现从被动适应市场到主动影响市场的转变。通过联合形成压力，影响市场，通过合作扩大规模，降低交易费用。因此，市场的扩大推动了劳动分工的发展，劳动分工的进一步细化导致合作的需求，这成为新型农民合作经济组织产生和发展的内在动力。

（三）新型农民合作经济组织的产生与发展是多种因素交互作用的结果

在市场范围足够扩大、分工高度细化的条件下，合作经济组织也可能并不会自发地产生。这是因为合作经济组织的产生与发展还受到下列因素的影响：

一是农业收入在家庭收入中所占的比重。一般说来，如果一个家庭的农业收入所占的比重越大，其寻求合作的可能性就越大；反之，则越小。

二是所处的市场境况。主要是指农产品生产者对市场影响、控制能力，农产品生产者在市场中越是处于劣势地位，他们要求参加合作经济组织的愿望就越强；反之，就会越弱。

三是合作经济组织的运行效率和功能的发挥。社员加入合作经济组织的目的是将外部收益内部化，如果这一目标难以实现，他们就会降低甚至丧失参与合作经济组织的积极性。

四是新型农民合作经济组织的产生和发展是农民弱势群体自救的迫切要求。《中共中央关于制定国民经济和社会发展第十一个五年规划的建议》中明确指出，要"鼓励和引导农民发展各类专业合作经济组织，提高农业的组织化程度"。从现实情况看，农业的基础性地位和弱质性的特征决定了其本身必须受到保护。由于市场环境的变化，一方面中国政府将根据相关农业协定取消对农产品的出口补贴和减少关税保护，国外优质农产品会对国内市场造成一定的冲击；另一方面，新的农业保护体系尚未形成。同时，政府在农民权益保护方面，也存在着公共物品供给不足和服务缺位的问题。在这种新的形势下，农民必须进一步建立和完善自身的组织形式，走联合与合作的发展道路，寻找代表自己利益的集团和契约结构，对公共品不足和市场失灵进行自我"补偿"和"救济"，以维护自身权益。因此，农民只有组织起来，在市场经济活动中，动员整体的力量，才有谈判权。

纵观世界各国的历史不难发现，农民组织化程度高的国家，农业发展也较为迅猛。如日本的农业协同组合，经过百年的发展，已经成为代表农业、农村以及农民利益的最大组织；美国的农民合作组织也由当初的单纯经济组织发展成为政治经济相结合的综合性组织，对经济发展以及政府制定农业生产法令都产生着重要的影响。1979年，联合国世界农村改革和发展大会通过的《农民宪章》号召："必须鼓励农民组织起来，通过其亲身的参与开展自救活动。"德国经济学家柯武刚（W. Kasper）、史漫飞（M. E. Streit）认为，组织使单个合作者能够将他们所拥有的生产要素结合起来，并在一个有序的、可预见的环境中共同运用这些资源；组织创造了一种环境，使个人能在其中与他人密切互动，并节约信息搜寻成本和协作成本。而在我国，传统的集体经济组织在一定程度上已经失去了为农户提供服务的功能，相当一部分已退化为政治性组织，一般只具备对社区内部事务进行管理的职能，大部分农民已成为"无组织"的人员。建立农民专业合作经济组织能够在一定程度上解决农民"无组织"的问题，具有十分重要的意义。

五 新型农民合作经济组织的产生和发展是农村产业结构调整的客观需要

党和国家历来重视农业、农村和农民问题，每年都专门召开农村经济工作会议，专门研究和讨论与农村经济发展相关的问题。我国"十五"计划纲要指出：加快农业和农村经济结构调整，是提高农业经济效益、增加农民收入的根本途径。在切实保护耕地、稳定粮食生产能力的同时，以优化品种、提高质量、增加经济效益为中心，积极调整种植业结构，加快发展畜牧业、林业、水产业。发挥各地农业的比较优势，合理调整农业生产的区域布局，发展特色农业，形成规模化、专业化的生产格局。这就要求各地根据资源优势，依托主导产品或产业，通过组织制度的创新，提高农民组织化程度，适应市场需求的变化，优化农产品的品种和品质结构，以增加农民收入。而从利益联结机制看，新型农民合作经济组织是实现农业结构调整的有效载体，它通过订单农业、农业产业化等形式，把农民与市场有效地衔接起来，将市场信息快速、有效地传递给农民，为产业结构按市场要求进行调整做出了一定的贡献。它对于合理开发和利用农业资源、提高农产品的比较利益、优化农村产业结构、提升农产品附加值起到了积极的作用。

六 新型农民合作经济组织的产生和发展是农业产业化经营的现实需求

农业产业化是从经营方式上把农业生产的产前、产中、产后诸多环节有机结合起来，实行一体化经营。这样，既能把千千万万的"小农户""小生产"和复杂纷繁的"大市场""大需求"联系起来，又能把城市和乡村、现代工业和落后农业联结起来，从而带动区域化布局、专业化生产、企业化管理、社会化服务、规模化经营等一系列变革，使农产品的生产、加工、运输、销售等环节相互衔接、相互促进、协调发展，实现农业再生产诸方面、产业链各环节之间的良性循环。但传统的农业产业化运营方式（如"公司+农户"等）存在着交易费用和违约风险偏高、利益分配机制不明确、产业链条稳定性差等弊端，这使得更稳定的创新形式的出现成为可能。新型农民合作经济组织通过内部非市场化机制的建立，减少了交易风险，提高了农民收入，成为农业产业化经营的重要载体。其功能主要表现在以下几个方面。

（一）组织功能

一是组织农户进行生产和销售，按照产业化的要求实行区域化布局和专业化生产；二是根据市场需求状况和农民意愿，在专业化生产的基础上，把分散的农户组织起来，形成"专业村""专业乡镇"，甚至更大的专业区域，进行分工协作，带领农民进入市场；三是直接组织部分农业劳动力有序地向第二、三产业转移，为实现农业规模经营创造条件；四是为产业化经营提供资金、人才、技术等多方面条件,保证产业化经营的顺利进行。

(二) 载体功能

新型农民合作经济组织作为市场竞争的主体,对外积极开展经营,谋求利益最大化,以增强生存和发展的能力;对内(即成员)不以营利为目的,为组织成员提供最优惠的服务。既从事农业生产资料购销活动,又从事农产品销售、加工、贮运业务,把产前、产中、产后的生产经营活动结合在一起,实现了对内有效地组织农业生产,保护农民利益,对外参与市场竞争,提高农业比较效益的目标,从而发挥了农业产业化的载体功能。

(三) 中介功能

农业产业化经营的实质是打破农业产前、产中、产后的分割,使农业变成一个完整的产业,实现农工商一体化、产供销"一条龙"。在产业化经营的实施过程中,龙头企业直接面对千万个分散经营的农户,很难实现有效连接,而分散的农户与企业打交道时,也常常由于势单力孤而处于不利的交易地位。因此,产业化经营需要一个中介组织把农户、企业、市场有效地联系起来。新型农民合作经济组织可以把分散的农户组织到一起,同时,用合同、契约规范龙头企业与农户之间的关系,较好地解决龙头企业与农户之间的矛盾和问题,填充农户与龙头企业之间的断层,从而减少市场交易的中间环节,降低农户家庭经营的市场化风险以及由此引起的高昂的交易费用,找到了一条组织千家万户发展农业产业化经营的有效途径。

(四) 扩展功能

新型农民合作经济组织在运作过程中,既可以向农业生产资料的生产、购销等产前部门延伸,也可以向农产品销售、加工等产后部门扩展,还可以为生产环节提供系列化服务。这对于缩小工农业产品价格剪刀差、提高农业的比较利益、增强农业深度和广度开发的后劲、改善农业的弱质地位、保证农业的稳定发展都具有十分重要的意义。

（五）服务功能

实施农业产业化经营，很重要的一个方面就是要为农户提供产前、产中、产后服务。这些服务单靠龙头企业是很难完成的，大量的服务工作则需要新型农民合作经济组织来承担。新型农民合作经济组织从建立开始就把为农户服务作为自身的宗旨，把服务渗透到从生产到流通的各个环节，解决了集体经济组织"统"不起来、国家经济技术部门包揽不了、农民单家独户办不了的事情，形成了"官""民"结合、优势互补、功能齐全的服务机制，成为农村社会化服务体系中不可替代的重要组成部分。

七 法律支持与政府推动是新型农民合作经济组织加速发展的政治诱因

农民是合作经济组织的主体，然而在我国，由于合作被严重扭曲，甚至"谈合色变"，又缺少正确合作知识的有效供给，致使农民合作意愿不强。因此，在农民合作意愿和合作知识供给不足的背景下，通过法律支持和政府推动，对合作组织的发展具有十分重要的意义。

新型农民合作经济组织的发展及其在社会经济生活中的地位，离不开法律的支撑与保障，它涉及合作组织的性质、法律地位、税赋关系、会员制度、分配原则等的确定。2003年3月1日实施的《中华人民共和国农业法》第十一条规定，"国家鼓励农民在家庭承包经营的基础上自愿组成各类专业合作经济组织"；第十四条规定："农民和农业生产经营组织可以按照法律、行政法规成立各种农产品行业协会，为成员提供生产、营销、信息、技术、培训等服务，发挥协调和自律作用，提出农产品贸易救济措施的申请，维护成员和行业的利益。"第四十四条规定："国家鼓励供销合作社、农村集体经济组织、农民专业合作经济组织、其他组织和个人发展多种形式的农业生产产前、产中、产后的社会化服务事业。县级以上人民政府及其各有关部门应当采取措施对农业社会化服务事业给予支持。"2004年实施的《中共中央、国务院关于促进农民增加收入若干政策的意见》提出："积极推进有关农民专业合作组织的立法工作。"从2004年起，中央和地方要安排专门资金，支持农民专业合作经济组织开展信息、技术、培训、质量标准与认证、市场营销等服务；有关金融机构支持农民专业合作经济组织建设标准化生产基地、兴办仓储设施和加工企业、购置农产品运输设备，财政可适当给予贴息。2007年，《中共中央、国务院关于积极发展现代农业，扎实推进社会主义新农村建设的若干意见》要求："大力发展农民专业合作组织，认真贯彻《农民专业合作社法》，支持农民专业合作社加快发展，各地要加快制订推动农民专业合作社发展的实施细则，有关部门要抓紧出台具体登记办法、财务会计制度和配套支持措施。要采取有利于农民专业合作组织发展的税收和金融政策，着力支持农民专业合作组织开展市场营销、信息服务、技术培训、农产品加工储藏和农资采购经营。"这些法律、法规和政策为新型农民合作经济组织的设立、运行和发展提供了重要的参照和依据，指导新型农民合作经济组织在法律尚不完善的情况下运行。

第二节 当代中国新型农民合作经济组织发展现状及存在的问题

一 中国新型农民合作经济组织的发展现状

20世纪90年代中后期以来，农民合作经济组织得到了迅速发展，合作领域进一步拓宽，越来越多的新型农民专业合作组织的经营活动联系在一起。

（一）合作经济组织的发展已初具规模、广泛分布，但区域分布和产业分布不平衡

据农业部统计，截至2008年年底，加入农民专业合作组织的成员总数已达到3870多万，是2002年的7.2倍，其中农户成员3480万户，占全国农户总数的13.8%，比2002年提高了11个百分点。但由于经济发展水平以及资源禀赋等因素的影响，我国东部、中部和西部农民专业合作经济组织的发展不平衡且参差不齐。从区域分布看，发达地区快于欠发达地区。从产业分布看，主要分布在种植业、养殖业、加工业、运输业和其他。就不同区域而言，由于农业生产结构的差异，会使分布的比

例有所不同。例如畜牧业发达的省份和地区，养殖业内部的农民合作经济组织相对占份额较大。种植业，又主要集中在蔬菜、瓜果等特色种植领域，小麦、玉米等大宗农作物领域分布较少。与全国的平均数相比，养殖业所占份额相对较高，种植业中园艺类生产所占比例高，虽各省由于农业内部结构的差异会导致种植业和畜牧业分布的合作经济组织比例有所差异。从东、中、西部看，组织数、会员数、平均会员数和入会比例的次序相同，都是中部最多，东部次之，西部最少（见表5-2、表5-3）。

表5-2 农民专业合作经济组织地区分布状况

地 区	组织数量（个）	成员数（万个）	每个组织的平均成员数（个）	成员数占总户数的比重（%）
东部（不含上海）	29837	376.50	126	4.84
中部（不含江西）	40249	567.77	141	6.47
西部（不含云南、广西、西藏）	22594	209.58	93	3.94
合　计	92680	1153.85	124	5.47

资料来源：全国人大农业与农村委员会课题组：《农民合作经济组织法立法专题研究报告》，2004。

表5-3 农业专业合作经济组织结构现状

单位：个，%

地 区	组织数量	种植业		养殖业（包括畜牧业、渔业）		其他（包括林业）	
		数量	比例	数量	比例	数量	比例
东　部	14110	6729	47.7	4491	31.8	2890	20.5
中　部	18615	6006	32.2	7493	40.3	5116	27.5
西　部	12366	6596	53.3	3336	27.0	2434	19.7
合计（平均）	45091	19331	42.87	15320	33.98	10440	23.15

资料来源：全国人大农业与农村委员会课题组：《农民合作经济组织法立法专题研究报告》，2004。

原因在于以下几方面。

1. 经济发展不平衡

东部地区系指北京、天津、河北、辽宁、上海、江苏、浙江、福建、山东、广东、海南、广西12个东部沿海省份。东部地区的第一产业生产总值是中部地区的1.4倍，是西部地区的2倍，由此可见差距之大（见表5-4）。

表5-4 2010年东、中、西部地区第一产业对比

地 区	农村劳动力（亿人）	第一产业产值（亿元）	人均产值（元）
东 部	2.15	17932.46	8340.68
中 部	1.86	14669.40	7886.77
西 部	1.32	7930.97	6008.31

资料来源：《中国统计年鉴（2011）》，中国统计出版社，2011；《中国农村统计年鉴（2011）》，中国统计出版社，2011。

东、中、西部地区不仅经济总量上不平衡，经济结构协调性也存在着很大的差距，而经济结构是否合理是一个国家或地区经济发达程度的标志之一，其主要特点是构成GDP的第一、二、三产业的比例是否合理。2010年，东部地区第二产业产值占总产值的29.53%，第三产业产值占总产值的25.87%，三个产业的产值以第二产业为主导，第一、三产业比例较为合理。与东部地区相比，中、西部地区三个产业结构的协调性就存在着很大的差距（见表5-5）。

表5-5 2010年东、中、西部地区三大产业比例比较

单位：亿元,%

地 区	第一产业 产值	第一产业 比重	第二产业 产值	第二产业 比重	第三产业 产值	第三产业 比重
东部地区	17932.46	4.10	129041.82	29.53	113083.50	25.87
中部地区	14669.40	3.36	61208.42	14.01	40939.72	9.37
西部地区	7930.97	1.81	29814.53	6.82	22421.14	5.13
全 国	40532.83	9.27	220064.77	50.36	176444.36	40.37

资料来源：《中国统计年鉴（2011）》，中国统计出版社，2011；《中国农村统计年鉴（2011）》，中国统计出版社，2011。

2. 资源禀赋不同

我国地大物博，相比之下各地的资源存在着较大的差别。经济资源方面，2010年，我国农村居民家庭人均总收入和农村居民人均总支

出为5919元、4603.73元,东部为8143元、5602.28元,中部为5510元、3886.06元,西部为4418元、2741.69元。可以看出,东、中、西部地区还存在着较大的差距,这就使得东部地区农民合作组织的发展较中、西部地区资金的保障更为有力。农业生产条件方面,东、中、西部地区由于其独特的地理环境条件导致其发展农业有着不同的资源优势,东部地区经济发达,农业生产条件优于中西部地区。另外东部地区水果、肉类、水产品、禽蛋、甘蔗和蔬菜与中、西部地区相比占有绝对优势(见表5-6)。

表5-6 2010年东、中、西部地区部分农产品生产情况

单位:万吨,千公顷

地区	水果产量	肉类产量	水产品产量	禽蛋产量	甘蔗产量	蔬菜播种面积
东部	10204.5	3261.4	4069.7	1358.3	8953.9	8541.4
中部	6485.3	2927.2	1088.8	1095.3	216.6	6075.5
西部	4711.5	1737.3	192.7	309.3	1908.4	4383.3

资料来源:《中国统计年鉴(2011)》,中国统计出版社,2011;《中国农村统计年鉴(2011)》,中国统计出版社,2011。

地处中部地区的湖北、湖南、江西、安徽和河南都是传统的农业大省,农业发展有着悠久的历史,目前已突破了传统的以种植业为主的单一结构,形成了种植业和林牧副渔业平分天下的新格局。无论是从农作物播种面积还是主要农产品的产量上看,中部地区较东、西部地区在农作物(粮食作物、油料)、猪、羊和奶类等生产上都有着较大的优势(见表5-7)。中部地区相对于东、西部地区,发展农民合作组织的条件、基础要强于东、西部地区,从中不难看出为什么中部地区的农民合作组织最多。我国西部地区土地面积528万平方公里,占全国土地总面积的57%,耕地面积占全国的27.7%,草地面积占全国的3/5,水资源年均总量占全国的47%,加上丰富的光照资源,西部地区已经成为我国棉花、烤烟、水果、花卉等产品的主要生产基地,资源相对优势明显。因此要发展西部农业不仅需要国家政策的支持,还要大力发展农民合作组织,只有这样才能实现西部地区农业的跨越式发展,迎合现阶段地区之间、国内以及国际的竞争。

表 5-7 2010 年中部占优的部分农产品生产情况

地区	农作物总播种面积（千公顷）	粮食作物 播种面积（千公顷）	粮食作物 总产量（万吨）	油料作物 播种面积（千公顷）	油料作物 总产量（万吨）	猪年末存栏数（万头）	羊年末存栏数（万只）	奶类产量（万吨）
东部	48418.4	31081.5	17047.7	3111.5	948.2	15963.2	5332.9	1121.7
中部	73117.5	53558.0	26734.2	7221.1	1626.6	17557.8	10756.9	2002.5
西部	39139.0	25236.7	10865.9	3557.3	655.3	12939.0	11998.2	623.9

资料来源：《中国统计年鉴（2011）》，中国统计出版社，2011；《中国农村统计年鉴（2011）》，中国统计出版社，2011。

(二) 兴办形式灵活多样

各地在兴办新型合作经济组织的过程中，大都根据自己的实际情况灵活多样地进行。其兴办形式虽多，但归纳起来有以下 4 种。

1. 自办型

即农民自己组织兴办的合作经济组织。这种兴办形式占整个新型合作经济组织的 27.19%。

2. 改造型

即由原来的企业改造而来。这种兴办形式占 31.17%。具体又有四种情况：一是将乡村企业改造成合作经济组织；二是将供销社与农民重新联合，恢复"三性"，组建成合作经济组织；三是将个体私营企业改造成为合作经济组织；四是由几个经营主体联合并改造成合作经济组织。

3. 领办型

即由农技、畜牧等涉农部门领办的合作经济组织。这种兴办形式占 29.15%。

4. 依托型

即以农产品加工、运销等龙头企业为依托，兴办合作经济组织，实现龙头企业、农户和合作经济组织的有机结合。这种兴办形式占 10.19%。

(三) 内部治理多数不健全

目前除部分合作经济组织的产权结构和内部组织机制比较健全外，相当多合作经济组织的组建和发展在制度上还存在问题，合作基础比较薄弱,产权不清,内部治理结构残缺不全,管理运作不规范,影响组织的发展壮大。其主要问题:一是在社员的管理上,缺乏基本的加入和退出手续,仅靠一本花名册作为成员的入社凭证和身份证明。二是在产权的划分上,乡、镇、行政村、自然村、专业合作经济组织之间的产权划分不清晰;占有权、使用权、收益权、处分权的归属不确定;政府与企业之间的产权关系不明确。三是在民主管理上,虽然大部分农民合作经济组织都拟定了章程,成立了理事会、监事会等组织机构,但仍有一部分组织,社务不够公开,运作和管理随意性较大。一些合作经济组织没有规范的章程,宗旨模糊,职责不清,加上机构设置不合理、管理制度不完善、民主氛围不够,致使内部缺乏活力。有的合作经济组织虽然有章程,但不是按章程办事,处于放任自流状态,比如一些挂名的农村专业技术协会。在一些地方,行政化倾向的农民专业技术协会不能坚持活动,流于形式,会内诸事民主少集中多,而且遇事往往听命于上级政府部门,活动也不受农民欢迎。四是在名称上,有的本是合作社性质,却挂协会的牌子;有的本是协会性质,却挂合作社牌子;有的本是公司企业性质,却也挂上了专业合作社或协会的牌子,戴上了农民专业合作经济组织的"红帽子"。五是在财务管理上,一些单位没有独立的财务,账目没有公开或根本就没有财务账目。六是在利益分配上,农民合作经济组织与成员的利益关系还不够紧密。七是在内部控制上,部分农民合作经济组织要么是大户控制,要么是公司控制,要么是其他各种外部力量控制,这些并不是"农民自己的组织"。农民的参与性就会大打折扣,对入股入社不太重视,很少参与管理,对其发展也不太关心,合作意识不强烈,也难形成一个利益共同体。

二 中国新型农民合作经济组织存在的问题

目前,我国新型农民合作经济组织在总体上仍处于深化和加速发展阶段[①],不仅发展水平低,功能不完善,而且在组织上存在明显缺陷,与国际上规范的合作社相比,还具有较大的差距。

---

① 韩俊将中国农民专业合作社的发展历程划分为三个阶段:1978~1994年为萌发阶段;20世纪90年代中期至90年代末为起步阶段;2000年至今为深化和加速发展阶段。见韩俊《中国农民专业合作社调查》,上海远东出版社,2007,第1~10页。

（一）对农户的覆盖面窄，发展规模小，带动作用不强

在全国范围内，新型农民合作经济组织规模较小，缺乏必要的规模效应，辐射作用不强，主要集中在沿海地区和有合作基础的省、区，一些省区的新型农民合作组织几乎是空白。据报道，浙江全省加入农民合作组织的农户约 25 万户，只占全省农户总数的 2.3%，带动农户 135 万户，只占全省农户总数的 12.4%。很多地方的合作只是大户之间的联系，还很难顾及中、小散户的利益。[①] 四川省是全国专业技术协会的摇篮，新型农民合作经济组织对农户的覆盖率也只有 4%。

（二）经济实力弱，成员利益联结不足

农民合作经济组织原本就缺乏相应的保障机制和制度规范，加之市场经济的冲击，很容易使成员之间由于利益诉求的差别而引发尖锐的利益冲突，使原本就很松散的、基础不稳定的合作组织解体，进而削弱农民合作经济组织的经济实力，影响其成员利益的实现。

（三）发展不规范

目前，我国农民新型专业组织绝大部分是以会员业务联合为基础的松散型合作，而以社员劳动联合和资本联合为基础的紧密型合作经济组织数量不多。据农业部统计，比较规范、规模较大、管理较好的新型农民合作经济组织全国仅有 14 万个左右，占各类新型农民合作经济组织的 10%。

（四）内部运行机制不健全，组织松散，农民热情不高

我国新型农民合作经济组织普遍存在着内部组织机构不完善，会员权利、义务不明确的问题。不仅在名称、登记、运营、管理、监督等方面的随意性较大，而且开展活动时，也带有较浓的行政色彩，致使广大农民对其丧失了信心，热情也不高。由于合作组织不能真正发挥服务、纽带、教

[①] 张晓山：《促进以农产品生产专业户为主体的合作社的发展——以浙江省农民专业合作社的发展为例》，《中国农村经济》2004 年第 11 期，第 8 页。

育、合作、保护的作用，因此，有些地方甚至出现了农民强烈要求退出的现象。

（五）服务功能和市场竞争力不强

新型农民合作组织一般规模较小，资金不足，服务项目单一，缺乏必要的社会联系，多数仅局限在周边的几十户经营同一农产品的农户，跨行业、跨地区的组织还较少，在市场竞争中面临生存考验。

（六）资金投入不到位，缺乏科学管理

近年来，三个"一号文件"把增加农民收入放在更加突出的地位，同时，也逐步加大了对农村的资金投入，以解决人民群众最关心、最直接、最现实的利益问题，对农民合作经济组织的投入比重也在逐年提高。2004年，在中央财政的支持下，农业部安排了2000万元专项资金，支持111个农民专业合作组织开展示范项目建设。但是，许多资金并未真正用到合作组织的健全和完善上，而是被基层政府变相转变为行政和事业性费用；即使用于合作经济组织的资金，也由于组织机构的混乱和管理缺位，致使资金使用缺乏效率。

第三节　中国新型农民合作经济组织发展对策

当前，农民专业合作社普遍处于发育成长的初级阶段，这与我国现实的农村生产力水平是紧密联系在一起的。上面提及的农民专业合作社面临的覆盖面小、发展规模小、内部治理机制不健全等方面的问题，必须通过加强自身建设予以解决。具体对策如下：

一　通过培训提高管理者和会员的能力

通过培训提高农户的合作意识与凝聚力，提高农民对合作经济组织的认同度，提高农民合作经济组织管理者在领导能力、组织销售、对外宣传等方面的综合能力。开展一系列的培训活动，提升农民的管理和营销能力，培养农民制订具体发展计划的能力，提升农民实施发展计划的合作意识，提高农民合作经济组织管理人员和会员的能力。农民合作经济组织与会员没有建立唇齿相依的关系，除了机制上的原因，另一个重要原因就是管理人员缺乏农民合作经济组织管理知识和规划发展思路，会员缺乏起码的对农民合作经济组织基本知识的了解，无法从农民合作经济组织那里获得自己所需要的技术、法律、财务等方面的知识。因此，应当以增加会员农民合作经济组织相关知识、提供专业技术服务为着眼点，开展如何组建农民合作组织、如何进行农民合作经济组织的内部管理、如何制订农民合作组织发展计划、如何帮助农民合作组织销售农产品和提高农民合作组织对外开展活动与交流的能力等一系列培训活动。通过这些综合培训，使农民合作经济组织作为一个组织能够充分代表会员利益，增强它们的谈判能力，形成其制订发展计划的思路，增强民主管理意识和协会的凝聚力，为农户普及相关知识，增强他们的合作意识。

二　开展多种形式的合作和联合，提高竞争能力

合作经济组织是劳动者追求经济效益、共同抵御市场风险而进行合作和联合的组织，但由于合作经济组织的资金和生产要素来源具有很强的区域性和封闭性，从而限制了合作经济组织的经营规模和提高效率的能力。因此，合作经济组织要提高社员的经济利益和抵御风险的能力，必须突破地域和资金限制，建立一套能够自我保护、开展有效竞争的组织体系，按照合作组织经营的行业或产业领域不同而建立纵向或横向的组织联盟，随着经济的发展，积极引导新型农民合作经济组织开展多种形式的合作和联合，实行开放经营，建立区域、行业间的合作组织，既是农村经济体制改革的方向，也是其加快自身发展的内在需要。

三　健全符合国情的农民合作经济组织的法律制度

《农民专业合作法》已于2006年10月出台，该法明确了农民专业合作社的市场主体地位，对国家鼓励和支持农民合作经济组织发展的政策和方式作出了规定，但这部法律的有关规定是原则性的，与现有法律也有不一致的地方。因此，要推动农民合作经济组织的发展，还需要进一步完善有关法律法规。目前，法律已经规定农民合作经济组织在工商部门登记，但尚无规范合作组织名称、注册资金、经济性质等方面的法规。应该组

织、协调国家有关部门，在农民合作经济组织示范章程、工商登记办法的制定以及扶持政策、财政支持政策、财务会计办法等方面，制定一些配套法规和管理办法。根据我国农民合作经济组织发展的实际状况，鼓励地方制定实施细则，因地制宜地推动其发展。

四 完善农民合作经济组织内部治理机制

现阶段各地对农民合作经济组织大多实行先发展后规范、边发展边规范的政策，使得一些组织制度不健全，因此应引导建立合理的组织结构，完善组织内部治理机制，实现农民自主决策、自我发展的运行模式。①确保成员的主体地位，赋予成员相应的权利是确保"民办、民管、民受益"的基础，同时也应当承担相应的责任。②规范农民合作经济组织的机构设置和运行方式。对于规模小的可设置成员大会，对于有一定规模的需要设置成员大会和成员代表大会。③确保民主决策管理机制。合作社的特征是"人与人的合作"，不是"资本与资本的合作"，社员在社员大会上享有平等的选举权是合作社内部管理的基本方式。正确处理好龙头企业、能人与合作组织之间的关系，鼓励他们实行联合和协作，推行"公司（能人）+合作组织+农户"的经营模式。④完善利益分配机制。处理好按劳分配与按资分配的关系。从性质上说，合作组织是一个以按劳分配为主的经济组织，可是随着新型合作组织的发展，逐渐出现在分配过程中要考虑资本因素，处理好交易量返还利润与按资股分红的关系，要处理好惠顾者与股东的关系，处理好分配与发展的关系。

五 明确政府在农民合作经济组织发展中的角色定位

目前，政府职能部门一直参与农民合作经济组织的产生和运作的各个环节，行政体系派生的干部依然在农民合作经济组织的管理决策层影响着农民合作经济组织的独立运作。转换政府职能，政府应该逐渐从农民合作经济组织创建和管理的过程中退出来，变主导型为服务型政府，主要的作用是从政策上进行引导，资金上扶持，整合多方力量为农民合作经济组织提供专业技术服务，对农民合作经济组织在成立、注册登记、履行手续等方面给予咨询和服务。

第四节　当前农民合作金融组织创新的新形式——村镇银行

一　村镇银行产生的背景

1983年9月，由孟加拉中央银行及政府有关机构出资的乡村银行正式成立。其模式是一种小额信贷，其目的在于解决"信贷市场失灵"——穷人或小企业主缺乏资产做抵押，也没有人能够为他们提供担保，同时银行也缺乏他们的个人信用记录，所以他们无法从正式银行部门那里获得贷款。于是银行为了保证本金的安全，就让贷款者组成一个团体，团体成员之间实行连带责任。在短短不到30年的时间，团体贷款便因其骄人的还款率及其对缓解贫困的作用吸引了众多经济学家、政府官员、政策制定者以及所有关心扶贫问题的组织和人士的注意。孟加拉国乡村银行的成功引起了各国政府的重视，现在，它已经被包括美国在内的50多个国家（例如泰国、菲律宾、玻利维亚、印度、印度尼西亚、坦桑尼亚、尼日利亚、韩国、中国、美国等）所模仿，并试图将该信贷模式移植到本国。

而在中国，当前为农民提供的金融服务严重不足，农村资金外流严重，农民"贷款难"普遍存在。孟加拉乡村银行的成功经验给予我们启示，在中国农村，农民的收入、消费支出情况优于孟加拉，但中国农村面临着相同的问题：农业生产率提高需要规模化经营和持续地追加投资，但作为投资主体的农民自有资金少，从正规银行很难贷款。十七届三中全会提出建立现代农村合作金融制度，在此背景下，作为一种新的专为农民和农业服务的银行——村镇银行应运而生。根据银监会的有关规定，村镇银行是指经中国银行业监督管理委员会依据有关法律、法规批准，由境内外金融机构、境内非金融机构企业法人、境内自然人出资，在农村地区设立的主要为当地农民、农业和农村经济发展提供金融服务的银行业金融机构。村镇银行的产生主要由我国农村金融市场的现状决定。2007年3月1日，我国首家村镇银行"四川仪陇惠民村镇银行"在四川省南充市仪陇县金城镇挂牌开业。这标志着一类崭新的金融机构在中国农村地区正式诞生，也标志着中国在着力解决农村金融供需矛盾方面迈出了可喜的一步。

二 村镇银行产生的原因

(一) 金融供给不足

我国农村金融供给渠道大体上分为政策性金融、商业性金融、合作金融和民间金融四个方面。从理论上说，他们都是为农业生产的主体——农户服务的。但由于受经济发展二元理论的影响，发展中国家的政策制定者往往把工业而不是农业看成经济迅速增长的工具，由于利润的导向，使得农村金融市场正规金融供给主体都主动边缘化。从 20 世纪 90 年代起，我国农村金融体系明显呈现这一状况：①农村合作金融机构逐年萎缩；②国有商业银行农村基层机构的整合力度加大，农村金融业务不断萎缩；③农业发展银行资金使用量萎缩。

(二) 新农村建设要求日趋多样化的金融需求

首先，随着农村经济产业结构不断升级调整以及农村生产经营方式的转变，目前农户的贷款需求已不再是购买维持简单再生产所需的化肥、农药、种子等农资。部分农民已从传统的农业生产中摆脱出来，成为专业户和生产大户，他们对资金的需求有着很强的季节性，且数额较大，超出一般农业生产的数倍。其次，农村企业普遍面临资金短缺问题。农村企业是立足于当地资源投资发展起来的，市场供给和需求变化的不确定性较大，因此农村企业生产经营活动的风险较大，农村正规金融机构对其发放贷款的风险较大。虽然农村企业一直是中国农业银行金融服务供给的主体，但是成长中的农村企业的资金短缺问题一直未能解决。最后，农村城镇化建设步伐不断加快，农村住房和城镇基础设施建设、农村智力教育和培训、医疗保健等事业项目也都需要多种资金来源。

(三) 农信社缺乏效率，竞争不足

农村信用社是为农业、农民和农村经济发展提供金融服务的社区性地方金融机构，在村镇银行诞生前，农信社是农村市场唯一的正规金融机构。随着我国金融机构的竞争越来越激烈，农信社也不可避免受到影响。长期以来，由于产权不清、管理混乱，农信社的经营状况不佳。此外农信社的金融产品少,越来越不能适应市场需求;农信社结算功能尚不完善,办理结算的方式和汇兑时间均不能满足需要;农信社的内部管理及开展业务的电子化程度较低,难以适应现代金融业务运行的需要。

三 村镇银行与农村合作基金会的比较

20世纪80年代,家庭承包经营制解决了农村土地制度与劳动力的配置问题,但如何使人民公社时期留下的集体财产有效利用?如何解决农业生产中资本要素"瓶颈"问题?农村合作基金会在此背景下产生了。其发展历经局部发展阶段(1984~1987年)、普遍发展阶段(1987~1995年)和清理整顿阶段[①](1996~1999年)三个阶段,最终由于产权关系不清、行政干预过多、内部人控制下的短期化经营行为、缺乏内外部监督机制及资金非农化倾向突出等问题,被政府取消。目前村镇银行正处于试点阶段,村镇银行应如何从农村合作基金会的兴衰过程吸取教训,对于其健康、持续发展意义重大。比较两者,其不同点表现在以下几个方面。

(一)组织性质不同

农村合作基金会是由乡村集体经济组织及其成员自办的非正规的资金融通组织,没有得到中央银行在法律意义上的经营许可。我国经历了多次金融体制改革,但我国的农村金融体制仍未到位,一个最主要的原因就是我国的金融业被政府高度垄断,合作金融没有合法地位。村镇银行是在银监局注册并直接受银监局监管的正规银行业,得到了中央银行的经营许可。它不是集体经济组织内部融资的工具,而是独立核算的一级金融法

---

① 1996年,《国务院关于农村金融体制改革的决定》提出了清理整顿的三项措施。1997年11月,国家决定全面整顿农村合作基金会。1999年1月,国务院3号文正式宣布全国统一取缔农村合作基金会,停止新设农村合作基金会,已有的农村合作基金会一律停止以任何名义吸收存款和办理贷款,并进行清产核资、清收借款、分期还本付息,冲销实际形成的呆账,对符合条件的并入农村信用社,对资不抵债又不能支付到期债务的予以清盘关闭。据统计,全国28588个农村合作基金会,并入信用社6447个,占22.6%,并入资产525亿元,占28.6%,并入负债521亿元,占29.4%,其中存款461亿元。由地方政府负责组织清盘关闭的农村合作基金会18141个,资产为1309亿元,负债为1249亿元,其中个人股金961亿元(戴相龙,2001),农村合作基金会由此退出历史舞台。

人。实行政银分开,地方政府不能直接干预村镇银行的经营管理,已成功地摆脱了集体经济组织的操控和地方政府的垄断。

(二) 组织制度不同

农村合作基金会是社区内的资金互助组织,其宗旨是为入股会员服务,为农业、农民服务。村镇银行是独立的企业法人,是在农村地区设立的,其宗旨主要为当地农民、农业和农村经济发展提供金融服务。

(三) 产权组合不同

农村合作基金会产权主要是公有性质集体产权和私有性质个人产权的组合,导致个人股东根本不关心基金会经营,而集体产权未落实到个人,"人人都有又人人都没有"的公有产权导致政府的任意侵权和内部人控制。而村镇银行多元化又有所集中的产权结构不容易出现内部人控制的问题。采用现代企业制度,加强对高级管理层履职行为的约束,防止因权力的失控而重蹈覆辙,新设立或重组的村镇银行可只设董事会,并由董事会行使对高级管理层的监督职能。董事会可不设或少设专门委员会,并可视需要设立相应的专门管理小组或岗位,规模微小的村镇银行,其董事长可兼任行长。

(四) 资金来源不同

农村合作基金会的资金来源主要包括所有者权益和负债两部分,所有者权益及股金主要是集体股金和个人股金,负债主要有代管金和吸收的"存款"。在实际运作中,把个人股金和吸收的存款统称为股金,吸收的股金支付相当于信用社利率水准的资金占有费外,还可以得到不高于资金占有费20%的红利收入。村镇银行的资金来源主要包括境内外金融机构、境内非金融机构企业法人、境内自然人出资组合,且发起人或出资人中应至少有1家银行业金融机构,最大银行业金融机构股东持股比例不得低于村镇银行股本总额的20%,单个自然人股东及关联方持股比例不得超过村镇银行股本总额的10%,单一非银行金融机构或单一非金融机构企业法人及其关联方持股比例不得超过村镇银行股本总额的10%。在县(市)设立的村镇银行,其注册资本不得低于300万元人民币;在乡(镇)设立的村镇银行，其注册资本不得低于100万元人民币。

(五) 资金运用不同

农村合作基金会只能在本乡镇范围内投放资金，坚持短期、小额为主的原则，优先解决农业生产流动资金不足的困难，如资金过剩（不足）还可向农村基金联合会拆出（入）资金，以调剂余额。然而，由于农业比较利益低、农户贷款手续繁、期限短和额度小以及高额的资金占有费和缺乏有效的担保等，导致农村合作基金会资金运用大量"非农化"。村镇银行可用资金应全部用于当地农村经济建设，其发放贷款应首先满足县域内农户、农业和农村经济发展的需要，确已满足当地农村资金需求的，其富余资金可投放当地其他产业、购买涉农债券或向其他金融机构融资。对贷款人采取授信额度制，发放贷款应坚持小额、分散的原则，提高贷款覆盖面，防止贷款过度集中。

(六) 资金回收不同

农村合作基金会的贷款以短期为主，逾期借款率不得超过贷款余额的5%，呆滞呆账借款率不得超过贷款余额的5%，由于农村合作基金会资金运用的非农化和行政干预，导致不良贷款大幅上升。村镇银行建立了审慎、规范的资产分类制度和资本补充、约束机制，准确划分资产质量，充分计提呆账准备，及时冲销坏账，确保资本充足率在任何时点不低于8%，资产损失准备充足率不低于100%。

四 村镇银行的制度设计及创新

农村中小金融机构改革和发展的方向就是建立现代金融企业制度，包括在产权上是股份制商业银行，在规模上是长期坚持县市一级法人地位，在经营方向上是立足县域、服务"三农"，而这些正是村镇银行制度的内核。根据《村镇银行暂行管理条例》，村镇银行本质属于银行业金融机构，是独立的企业法人；以安全性、流动性、效益性为经营原则，自主经营，自担风险，自负盈亏，自我约束。应遵守国家法律、行政法规，执行国家金融方针和政策，依法接受银行业监督管理机构的监督管理。而"村镇"一词主要刻画了其设立区域、服务对象，即"在农村地区设立，主要为当地农民、农业和农村经济发展提供金融服务"。村镇银行的产生和发展对农村中小金融机构的改革和发展具有示范和探路的作用，也在一定意义上代表着现有农村金融机构未来的方向。

第一是产权安排问题。村镇银行产权安排股权集中，股权可交易、可转让，较好地解决了农村金融机构产权的排他性、可交易性问题。根据《暂行条例》，其出资人可以是境内外金融机构、境内非金融机构企业法人、境内自然人（详细规定见村镇银行与农村合作基金会区别的第4点）。这样的股权设置要求保证了村镇银行由银行业金融机构控股，将有利于专业化的经营与管理，并且也克服了农村信用社产权的股权过于分散和资格股占比过高的两大弊端。

第二是公司治理问题。有什么样的产权安排就有什么样的公司治理。村镇银行从一开始就有一个灵活有效的公司治理结构，在《暂行规定》中对于董事会、行长、独立董事、各专业委员会等的设立没有严格的规定，这就为村镇银行治理结构的创新与多样化提供了空间。可以采用传统的董事会领导下的行长负责制，也可以采取更扁平化的管理模式，完全由其自身根据业务发展等来决定，不拘泥于三会一层这种治理架构的形式。同时，村镇银行要建立适合自身业务特点和规模的薪酬分配制度、正向激励约束机制，培育与当地农村经济发展相适应的企业文化。这一方面涉及村镇银行内部的团队建设，同时对于来自外部的村镇银行与农村地区的相融合提出了要求。

第三是运行机制问题。村镇银行业务内容与一般银行业机构类似，包括存、贷、汇等，业务范围不受限制，堪称"全能银行"。但是其中特别需要关注的是其贷款业务所面向的对象，《暂行规定》中强调，村镇银行在缴足存款准备金后，其可用资金应全部用于当地农村经济建设。村镇银行发放贷款应首先满足县域内农户、农业和农村经济发展的需要。确已满足当地农村资金需求的，其富余资金可投放当地其他产业、购买涉农债券或向其他金融机构融资。信贷方式也可灵活多样，坚持小额、分散原则，提高贷款覆盖面。对同一借款人的贷款余额不得超过资本净额的5%；对单一集团企业客户的授信余额不得超过资本净额的10%。同时，可根据业务发展建立授信工作机制，合理确定不同借款人的授信额度。在授信额度以内，村镇银行可以采取一次授信、分次使用、循环放贷的方式发放贷款。对村镇银行贷款业务的如上界定为其划定了市场空间与对象，同时也对其在业务上的创新提出了要求。显然，传统的银行业务形式难以适应小额、分散的农村金融需求，其需要在研究市场的基础上采取更灵活多样的业务方式。如已成立的融丰村镇银行将农民申请贷款的审批时间压缩在一周甚至更短，而且手续简便，根据农民提交的资料（土地情况、生产用途等）直接审批，一般额度在2万~3万元，不设上限，视农户土地实际经营状况而定。而为控制风险，融丰村镇银行要求5户联保；此外融丰还打算与农户下游的粮食收购企业、上游种子化肥提供单位合作，由后者提供担保，这两种担保均无须实物抵押。

第四是监管及风险控制问题。对现有农村中小金融机构的监管我们当前一直是一种"父爱主义"的监管，监管标准相对较低，监管措施也相对宽容。对村镇银行的外部监管从一开始就是低门槛、严监管，虽然目前相对于县域较高的金融风险，县域监管力量显得比较薄弱，但对村镇银行的监管从其成立伊始就建立了比较完备和有效的监管制度安排。主要体现在以下几个方面：一是方向监管。制度中规定，村镇银行的市场定位是立足县域、服务"三农"、服务社区，村镇银行在缴足存款准备金、留足备付金后，其可用资金应全部用于当地农村经济建设。为保证村镇银行不偏离经营方向，监管部门建立支农服务质量评价体系，将考核结果作为对其综合评价、行政许可和高管人员履职评价的重要内容，促进村镇银行更好地服务"三农"。二是资本监管。建立资本约束、资本提示、资本纠正和资本补充机制，确保资本充足率在任何时点不低于8%，资产损失准备充足率不低于100%。三是风险监管。对村镇银行实施审慎的风险监管，主要内容包括对村镇银行风险管理、内部控制集中、关联交易等方面实施持续、动态监管，有效防范信用风险、流动性风险和操作风险。四是治理监管。按照"股东参与、简化形式、运行科学、治理有效"的原则，督促村镇银行建立市场导向、职责明确、制衡有效的公司治理模式。五是准入监管。依法对机构设立、高管资格、业务经营和股权实施监管，把好准入关，确保村镇银行的准入质量。这些高标准的监管安排可以较好地保证村镇银行的可持续发展。

五　村镇银行对农村经济的影响及政策建议

（一）村镇银行对农村经济的影响

1. 规范了农村非正规金融市场

由于村镇银行准入门槛的降低，原本处于无政府状态的民间资本可以通过投资开办村镇银行被纳入规范的金融系统。这样，非正规金融市场的负面影响会得到明显的降低。一是规范了非正规金融市场的利率，减轻了非正规金融设置过高利率给债务人带来的沉重负担；二是在法律的有效保护下，一旦转换角色纳入正规金融系统，金融产权的保护不再依靠诸如黑社会等非法组织来提供；三是非正规金融市场范围狭小，不能在更大的范围分散和转移风险，村镇银行通过吸纳民间资本将风险降低到一个比较正常的水平。

2. 缓解农村金融供给不足的压力，留住农村的资金

在我国农村，金融体系存在着尖锐的矛盾。一方面，广大农户和农业生产急需大量的资金支持；另一方面，农村合法的正规金融机构供给严重不足。20世纪90年代以来，商业性金融的中国农业银行、中国建设银行等各大商业银行逐渐从低利润的农村撤离。同时，政策性金融的代表农业发展银行在业务上主要经营粮、棉、油等收购资金的管理，其他支持农村经济开发的多种专项贷款已经停止合作金融的"老大哥"——农村信用合作社的整体经营业绩由于体制、产权、管理等多方面原因不断下降。另外，邮政储蓄将大量农村资金输向城镇，其每年抽走的农村资金达到人民币4000亿元以上。农民不仅贷款得不到解决，而且很大一部分的农村存款被用于农村贷款以外的用途，造成农村资金的流失。

从图5-1可以看出，我国用于农业机构、乡镇企业的贷款量明显低于其他机构，而且在1986～2006年的21年，用于农业机构、乡镇企业的贷款量基本没有明显的增长，但用于其他机构的贷款量却增长迅速，短短21年就增长了近30倍。因此，服务于农村的村镇银行是非常必要的，在一定程度上能够缓解农村供给不足的现状。

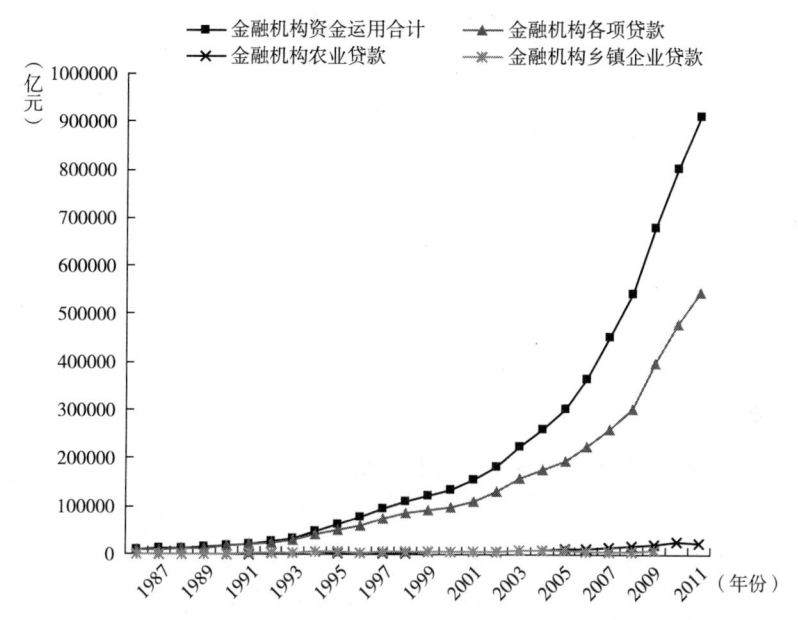

图 5-1 农业机构、乡镇企业 1986~2011 年金融机构贷款余额

资料来源：《中国统计年鉴》（1986~2011 年），中国统计出版社，2011；《中国金融年鉴》（1986~2006 年），中国金融年鉴出版社，2011。

3. 引入竞争，促进农村金融市场的多元化

一个有效的农村金融市场是多种机构并存、有序竞争的市场。尽管我国意识到建立多元化农业金融竞争市场的重要性，但由于实践中的种种困难，我国农村金融改革主要集中在农信社上。但改革后的农信社经营状况并未得到根本改变，效率低下、形式单一、服务不到位等多种问题依然存在，其根本原因在于农信社在农村金融中几乎处于垄断地位。因此，村镇银行的建立，无疑将打破沉寂的农村金融市场，在一定程度上形成村镇银行与农信社相互竞争的局面，农村金融市场有效化发展最终会使得广大农民的利益大大增加。

（二）村镇银行发展的政策建议

1. 地方政府加大扶持力度

村镇银行作为全新的金融机构模式，在处理复杂多变的农村金融问题时难免显得稚嫩，政府应该给予村镇银行优惠保护政策，但是，政府一定要减少其对拥有独立经营权的村镇银行的干预，组建村镇银行要杜绝政府参股以干预管理决策，要为村镇银行创造一个市场化、充分竞争的发展环境，避免村镇银行成为地方政府控制金融资源的工具，以保证村镇银行健康稳定发展。

2. 建立科学合理的村镇银行制度

建立严格的市场准入制度，要求开办村镇银行的企业或个人必须遵纪守法，监管部门也可以建立相应举报制度，防止违法行为的发生。明确的产权制度要求村镇银行的最大或唯一股东必须是银行业金融机构，并且村镇银行内部的各种权、责、利关系必须理清。建立健全的信息披露制度，公开村镇银行的经营情况。

3. 切实强化村镇银行的竞争力与执行力

村镇银行应转变以往陈旧落后的服务理念，以"热心服务"为前提，以"用心服务"为重点，改变农信社以往的服务态度，打造服务"三农"的"村镇品牌"。村镇银行从业人员的培训与教育应该走在最前面，"兼容并包"，做到既吸收城市商业银行优质服务的精髓，又发展村镇银行自身的特点。另外，村镇银行应切实加强自身的执行力建设，真正做到服务"三农"，建设"三农"。

第六章 中国合作经济模式与西方及其他模式比较研究

第一节 中西方合作经济模式

一 中国合作经济模式

我国实施农业产业化经营在很大程度上促进了中国传统农业向现代农业的转变，为农村改革和发展的第二次飞跃奠定了基础。尽管中国学术界对农业产业化的定义、内涵等问题还存在争议，但是，在农业产业化模式的类型上则基本取得了共识。本节讨论的合作经济模式，主要包括"公司+农户"模式、"公司+合作经济组织+农户"模式、"合作农场"模式。

（一）"公司+农户"模式

一段时期以来，"公司+农户"的模式被认为是带动农业发展的重要组织形式，实质上是以一个技术先进、资金雄厚的公司为龙头，以分散的农户生产为基础，农户生产某种农副产品，龙头企业专门从事农副产品的加工和销售，利用合同形式把农户生产与公司加工、销售联结起来，同时提供产前、产中、产后的服务。从更宽泛的意义上说，可以指在市场经济条件下，通过一定方式直接或间接地与农民取得联系，以实现双方各自的利益，从事农副产品加工和销售的合作经济模式。与其他模式相比较，该模式具有以下特征：

一是它迎合了市场的需求，在一定程度上缓解了农产品卖难的问题。

二是通过发挥公司在资金、技术、管理、销售等方面的优势，实现了

合作经济的理论与实践模式

公司与农户的连接，符合现代农业向一体化经营方向发展的趋势。

三是它产业组合中，实现了市场价格机制和非市场组织的有机结合，形式灵活，组织成本低。

四是可有效降低市场经济条件下单个农户从事农业生产的市场风险，有较大的适应性。

五是通过公司向农业引入资金和现代技术要素，可以促进农业的升级。

六是与传统的国有企业相比，更符合市场经济的要求。

"公司+农户"模式虽然在一定程度上可以解决农产品销售困难的问题，但实践中也存在局限性：

一是公司和农户同是市场主体，公司和农户的市场地位是不平等的。

二是公司的性质是追求市场利润最大化，农户市场是公司追求利润的重要组成部分，农户很难分享到社会化的平均利润。

三是它组织农民成本高，市场竞争由于成本过高而处于劣势，直至被淘汰。

四是缺少利益关联度，合同很难执行，农产品涨价农民惜售，农产品降价，公司不收或因收购成本高而失去竞争能力。

五是公司确定农户的农产品价格一般是与农民传统农产品价格比较，"以不低于"来确定合同价格，只解决了农户卖难问题，没有解决农民增收问题。

根本原因在于：企业和农民是各自独立的利益主体，企业难以自觉地让农民分享其利润，绝大多数与农民只是一种"买断"关系，一旦出现市场波动，就会导致双方利益受损。在农产品附加值的分配上，农民除了可以获得部分加工劳务收入外，其他收益几乎全部被公司独占。因此，在"公司+农户"的产业化模式中，农民仍然处于一种弱势地位，农民的权益难以有效保障。[①]

鉴于此，我国在积极鼓励发展农村合作经济组织的基础上，可以推广"公司+合作经济组织+农户"模式。

---

① 程恩富：《建设社会主义新农村要提倡集体经济和合作经济模式多样化》，《经济纵横》2006年第11期，第10~11页。

(二)"公司+合作经济组织+农户"模式

"公司+合作经济组织+农户"模式是以各种合作经济组织（包括各类农村专业合作组织、供销社、技术协会、销售协会以及农民合作社）为纽带,组织产前、产中、产后全方位服务,使众多分散的小规模生产经营者联合起来形成统一的较大规模的经营群体,实现规模效益。这种模式是对"公司+农户"模式的改进,在发达和欠发达地区都较为普遍。在此模式下,农民合作经济组织既可以把分散的农民组织起来,与"龙头"企业对接,又可以自办农产品加工销售企业。一方面可以依靠龙头企业的品牌优势、信息优势和销售渠道,提高农民合作组织进入市场的能力;另一方面合作社与农民社员之间的关系是一种不以营利为目的,为了共同的利益形成的合作与联合的关系。"公司+合作经济组织+农户"模式具有以下特征：

一是纵向一体化组织。在该模式下,由于农民合作经济组织的加入,龙头企业对农户的控制变得相对薄弱。农民合作经济组织在此时扮演着市场的角色,企业与农民合作经济组织、农民合作经济组织与农户之间的代理成本主要替代了企业与农户之间的市场交易成本。

二是双重的委托-代理关系。该模式替代市场交易,主要是通过农民合作经济组织的双重委托-代理关系来完成的。农民合作经济组织的双重委托-代理关系在于同时成为企业和农户共同的代理人。首先,龙头企业主要委托农民合作经济组织来规范农户行为,使其按照企业的意愿确定生产品种、生产规模和生产标准等。其次,农民也正是委托农民合作经济组织来与龙头企业谈判和协商的,并尽可能多地争取和维护自身的利益。因此,农民合作经济组织在该模式中扮演了非常重要的协调角色。

"公司+合作经济组织+农户"模式也有其局限性：

一是不稳定的博弈关系。在理想化的"公司+合作经济组织+农户"模式中,农民合作经济组织是作为农民利益的代言人而存在的。但是在经济现实中,农民合作经济组织作为具有相对独立利益的理性人,而且又掌握了有关龙头企业和农户的较充分的信息,它们很可能在此过程中发生"寻租"行为。这使得它们同时与企业和农户进行复杂的博弈,并且可能采取"见机行事"的博弈策略,农民合作经济组织使得企业与农户之间的博弈关系纷繁复杂而且极不稳定。

二是产权的模糊性。在该模式下,农民合作经济组织可能发生越位行为,有时会代替农户做出一些决定,特别是当农民合作经济组织是政府主导型或者由传统组织改造而成时,这种倾向更为明显。有的农民合作经济组织可能在农业产业化经营中进行了公共积累,而这部分资本或资金却没有明晰到农户个人头上,同时,农民合作经济组织本身不是独立法人,也没有稳定、明确的分配方案。这些因素都使得中介组织产权关系不清晰,农民合作经济组织可能侵占部分产权公域。

(三)"合作农场"模式

合作农场是集体经济与合作经济混合而成的一种农民经济新形态,也有利于农村改革和发展的第二次飞跃。它往往采用土地股权合作制方式,这种形式是以家庭承包经营责任制为基础的;鼓励农民所承包的耕地、山地、山林、水面等土地资源进行作价入股,明确其集体所有的性质;农户在土地股价合作制中拥有的土地资源股份不能买卖、转让或抵押,户籍迁出社区时则由集体收回股份。①

近年来,上海松江地区采取了一种"合作农场"模式,遵循"两权分离、价值显化、市场运作、利益共享"的原则,主要特点在于农户把自己的土地经营权或使用权上交给集体(集体的规模通常为多个村的联合或以一个乡镇为单位),允许农民通过转包、转让、互换、入股等方式,出让承包权,实质上是在我国土地集体所有制前提的条件下,对土地承包经营权的再出让,让全区近20万亩耕地"活"起来,逐步向合作农场集中。因此,"合作农场"模式既不同于国外和我国台湾地区的合作农场,也不是传统的集体经济模式,同时,它也不同于一般的合作组织,是合作经济下一种创新和新的尝试。在适合这种模式的地区,"合作农场"具有特殊的优势和强大的生命力,应该鼓励其发展。在上海的宝山、闵行等区县已推广合作农场新模式,取得了规模经济效益。②

---

① 程恩富:《建设社会主义新农村要提倡集体经济和合作经济模式多样化》,《经济纵横》2006年第11期,第11页。
② 徐惠平:《社会主义新农村集体经济和合作经济模式——海派经济论坛第21次研讨会述要》,《海派经济学》2006年第13期,第183页。

二 西方合作经济模式演进及发展状况

1844年，世界上第一个合作社在英国的罗虚代尔小镇上诞生。160多年来，合作社随着市场经济体制的完善而不断创新。总结160多年的发展历程，我们可以发现，世界各国农民合作经济组织的发展模式，依据其产生和发展的途径或促动力量，可以被归纳为两种：市场推动模式和政府推动模式。

所谓市场推动模式，就是农民在共同的市场需求下，为了提高市场竞争力和组织化程度，获取合理的市场交易利益，自我联合起来组成自己的服务组织的一种发展模式。这种发展模式的特点是坚持"民办、民营、民管和民受益"原则，不以承担政府赋予的任务为主要职能，政府不干预合作社的业务经营和内部管理，政府与合作社的关系是法律上的平等关系，政府的作用在于通过法律法规为合作社提供一个宽松而有序的发展空间，使合作组织在市场机制的作用下不断得到成长和壮大。欧美国家的农业合作社的成长模式基本属于市场推动模式，比较典型的有美国、法国、德国、丹麦等国家。

政府推动模式是指政府为贯彻农业发展战略、落实农业政策而号召农民联合起来，并具体指导和帮助农民组成具合作性质的农村经济组织的一种发展模式。这种类型的合作社，其组织体系、经济功能等都是在政府的直接推动下实现的。可以说，政府的推动在合作社的产生和发展过程中起到了决定性的作用。因此，这类合作社往往带有官办的色彩。亚洲许多国家和地区的合作社成长模式都属于政府推动模式，如日本、印度、泰国、韩国、越南等都属此种模式。政府推动模式具有以下特点：一方面合作社是在政府积极推动下产生的，其发展和壮大均离不开政府的支持和援助；另一方面合作社要肩负政府委托的农业政策职能，将国家的农业发展战略落实到每个农户，不可避免地政府对合作社的干预也往往较多。政府推动模式中最为典型的是日本农协。

（一）美国农民合作经济

1. 美国的农业合作社

美国的农业合作组织是在1922年美国国会通过被誉为"合作社大宪

章"的《帕尔·沃尔斯太德法》之后，才开始在美国广泛流行的。美国的农业合作社可以分为法人合作社和非法人合作社，法人合作社又可分为股份合作社和非股份合作社，但不论哪一种形式的合作社都不以营利为目的。美国合作社有以下原则：开放和自愿入社原则；服务社员原则；民主管理原则；股本收益限制原则。并且，美国合作社主要不是由小农形式的农民组成的，而是由大大小小的农场主组成的，这些农场主还雇用大量全日制和半日制的农业工人。所以，美国农业合作社的管理也就是对农场的管理。有关农场主雇用全日制农业工人的数据，见表6-1。

表6-1 美国农场主雇用全日制农业工人的人数

单位：千人

年 份	1981	1986	1991	1994	1995	1997	1999	2000	2002
棉花	6	5	2	2	2	2	2	2	2
牛奶	39	37	31	31	30	28	25	23	24
水果与蔬菜	20	18	26	21	25	22	23	25	19
谷物与油菜籽	32	26	27	25	25	23	21	20	19
牲畜与家禽	14	5	12	26	29	26	33	35	34
稻米	2	2	1	2	3	3	3	3	2
糖类	5	5	4	3	3	3	4	5	5
其他产品	2	4	5	6	8	9	9	9	7
农业供销	80	62	56	51	45	48	49	51	51
服务	1	3	5	7	6	6	4	4	4
合 计	201	167	169	174	176	170	173	177	167

资料来源：美国农业部报告，2004。

目前，美国每6个农场主中就有5个参加了各种形式的合作社，有的农场主甚至同时参加几个合作社。美国的合作社具有如此大的吸引力，与其提供的完善服务是分不开的。农民合作社提供的服务主要有：销售和加工服务；供应服务；信贷服务；农村电力合作社和农村电话合作社；服务合作社。

近20年来，一种被称为"新一代合作社"的新型合作社在美国兴起，新一代合作社是以加工增值或投资-利润为取向的，而不是传统合作社的服务取向。

第六章　中国合作经济模式与西方及其他模式比较研究

案例 6-1：新一代合作社

20世纪80年代，在国际市场上，由于来自欧洲国家（例如法国、丹麦等）和亚太地区一些国家（例如澳大利亚和中国等）农产品的竞争，北美农产品出口下降。加上人民生活水平的提高，食物支出在生活消费中的比重有所下降，农产品的国内需求也有所减少，因而出现相对过剩，价格下跌。位于美国北部的北达科他州是美国50个州中人均收入最少的一个，该州经济又以农业为主，农产品价格下跌直接影响了农民收入。从事农产品加工以提高附加价值增加收入，就成了一种必然的选择。1992年1月，北达科他州农民成立了以小麦加工提高其产品附加值的面食食品加工公司；1994年，明尼苏达州建起了北部精菜合作社。新一代合作社产生了，并在美国其他一些州以及加拿大南部的一些地区迅速发展起来。

资料来源：傅晨：《中国农村合作经济：组织形式与制度变迁》，中国农业出版社，2003，第67页。

同国际合作社联盟1995年原则所规定的特征相比，新一代合作社的新特征非常明显。其特征主要有：

（1）社员支付较高的首期投资。由于实行附加值战略需要对生产和销售进行大量投资，因此，社员必须支付大额股金。在美国，这种支付额一般在5000美元到15000美元之间。这些钱必须预先支付，以便促使社员关心自己的合作社和保障可靠的资本基数。股金与单位产品相联系，一个社员必须购买与其交货量相对应的股金。为避免合作社被某个或某些社员独占，有些新一代合作社对社员购买股金的数量进行了限制。每一股的金额根据原材料加工数量与总投资之间的定额来计算。股金资本占总资本的40%~50%，其余则从地方银行借入。

（2）社员享有同投资额相当的交货权。社员依其投资的多少，取得相应的交货权，这种交货权既是一种权利，也是一种义务。社员必须按这一数额交纳足够的初级农产品。如果交货不足，社员须根据给合作社带来的损失大小予以补偿。当市场价格低于合作社收购价格时，合作社仍以议定价收购社员的产品，此时社员明显受益；但当市场价格高于合作社收购价格时，社员仍然要向合作社交够自己的份额，而不能转卖给其他营销商。

这就将社员和合作社紧紧联系在一起，损益共担。

（3）交货权权益（包括增值收益和贬值损失）可以转让。股金（交货合同）在得到理事会批准以后可以交易，因此，就存在着一个股金市场，它们的价值依据与合作社绩效有关的预期而变动。作为合作社提高产品价格能力的结果，股金价值在若干年内可以上升50%或更多，这同传统合作社股金不能转让或者只能转让给本社社员明显不同。

（4）成员资格具有封闭性。传统合作社采取开放的原则，社员入社自愿，退社自由。一个合作社成立后，社外其他人员随时都可以申请加入。新一代合作社由于成立时社员投入的资金相当多，承担的风险很大。为避免社员自身利益受损，它不可能像传统合作社那样采取开放的形式。不仅如此，有些新一代合作社在成立之初还要对申请入社者进行挑选，符合条件的才准入社。这些条件主要包括申请者的经济条件、生产能力以及个人信誉度。这样，一个新一代合作社成立后，成员就相当稳定，社员不能随意退出，合作社也不轻易接纳新社员，除非有特殊情况。

（5）整个股本金具有稳定性。在传统合作社中，由于社员退社自由，股本金很不稳定，而新一代合作社具有封闭性，社员数量相当稳定。又由于股份的可交易性，因此，合作社的全部股本金具有永久性。正基于此，它可以获得银行的优惠贷款。由于股本金的稳定性和股份的可交易性，合作社中未分配的基金在交易中可以被股份价格资本化，随着市场行情和合作社经营状况的好坏而涨落，从而合作社未分配盈余部分占全社资产净值的比重大小已经不再重要。何况新一代合作社中留作公积金的份额本来就不多，这样，社员基本上可以按照入股的比例获得合作社中所有应得的利润。

（6）主要发展加工业，以提高产品的附加值，增加社员收入。传统合作社经营和服务的范围非常广泛，因而种类繁多。不仅有工业、农业合作社，而且有商业合作社、保险和金融合作社，融入各行各业；不仅有生产合作社，而且有供应合作社、销售合作社和消费合作社，涉及产前、产中、产后和居民消费的整个过程。新一代合作社由于产生的时间不长，发起人的初衷也只是为提高农产品的附加值，提高农民的收入，从而改变农业生产收益不断降低的不利境况，因而经营范围相对单一。

（7）建立方式科学，发展潜力大。新一代合作社的发起和成立经过专家的充分分析和论证，具有较强的科学性，因而所建立的合作社成功的可能性较大，潜力也较强。北达科他州和其他临近几个州随后建立的新一代合作社基本都取得了成功，因而影响越来越大，开始为加拿大所效仿。

（8）利润及时以现金形式返还给社员，社内不做或少做留成。传统合作社的利润相当大一部分转化为合作社的公积金（基本上不再属于社员所有），其余依社员对合作社贡献的大小划拨到社员个人账户。但划拨到个人账户上的这部分通常不能以现金形式领取，而是折成股份继续投资于合作社。新一代合作社的利润每年年终按各社员认股比例以现金形式分给社员，合作社不留或很少留公积金。合作社若要发展新项目，需要注入新资金，则再向社员发行股份或向外借贷。

由以上分析可知，新一代合作社是一种独特的商业性组织，其教育、培训、服务社区的功能大大降低，而营利趋势增强。目前，在美国北部，新一代合作社已经存在于人们社会经济生活的各个领域，包括信用和金融服务、住房、保健、保险、小孩托管等方面，在农业中尤为流行。但比起传统的合作社，它的范围还相对较小，主要集中于加工业和服务业领域。

实践证明，新一代合作社是相当成功的。其成功的秘诀在很大程度上就包含在前面所述的特征中，这些特征使它较好地将合作社原有的优点和市场经济条件下现代企业的特点有机结合起来，形成了合理的产权结构和良好的集体合作氛围，从而产生了科学、有效的投资机制、决策和管理机制以及分配机制，不仅充分利用了合作社内部的资源（包括人力资源、物质资源和精神资源），而且有效地利用了外部资源，例如发展专家、公司经理、专业技术人员等。

2. 美国的农民专业协会

美国的农业协会种类繁多，如美国"新奇士"橙种植协会、马铃薯协会、加州杏仁协会、棉花协会、森林协会、肉类出口协会等都是有世界影响力的。其特点：①农业协会属于专业性质，以某一种或某一类农产品为经营范围；②农业协会主要提供产后销售服务，同时也提供产前、产中服务；③农业协会的资金来源主要靠果农赞助；④政府对协会采取不干预态度，但是从法律方面给予扶持。如美国政府每年将巨额的农业补贴输送给这种民间协会，既巧妙地避开了政府干预市场的不正当竞争的嫌疑，又避免了将补贴交给政府机构运作的无效性。

案例6-2：美国新奇士（Sunkist）橘农销售合作社

Sunkist合作社是全美十个最大的销售合作社之一，主营柑橘销售，有100多年的发展历史。

1893年以前，加利福尼亚的柑橘是由代理商收购和销售的，由此带来的问题是橘农处于被动地位，只能听任当地销售商摆布。这些商人压低柑橘价格，甚至以寄售的方式将市场风险完全转化到橘农身上。结果是代理商拿走了大部分利润，橘农承担了所有的风险，常常面临亏损。为了抵御市场风险，南加利福尼亚的橘农联合起来建立了几个小的橘农销售协会。1893年4月4日，大约100名杰出的橘农在洛杉矶聚会，并于当年8月29日成立Southern California Fruit Exchange（南加利福尼亚水果销售合作社）。合作社成立后，第一件事情就是对柑橘制定分级标准，控制产品质量，为南加利福尼亚60户柑橘生产者提供运销服务。在第一个收获季节，共为橘农卖出600万箱柑橘，每箱价格比橘农通过销售商的价格高75美分。后来，随着合作社规模的扩大，成员发展到5000户，每年运输1500万箱柑橘，占加利福尼亚柑橘总产量的45%。1905年，更名为加利福尼亚果农销售合作社。1908年，合作社确定商标为Sunkist。每年在水果交易中有600万箱柑橘和100万箱柠檬贴上"Sunkist Orange"正规标签。1914~1916年，合作社进入加工领域，生产橘子酱、檬子汁等产品。1952年，合作社又更名为Sunkist Grower（新奇士橘农合作社）。"二战"后，Sunkist开始开拓海外市场，1966~1967年每年出口柑橘达1240万箱。目前，Sunkist合作社成员有6500户，他们是来自加利福尼亚和亚利桑那州的柑橘生产商。同时，Sunkist借助品牌优势，在53个国家拥有45个执照，年销售11亿美元的Sunkist牌的柑橘、橙汁等产品，Sunkist品牌已具有超过70亿美元的价值。

Sunkist是依靠自身力量由小到大、由国内到国外不断发展壮大的。尽管Sunkist今天已经成为一家国际一流的柑橘供应商，但它是一个合作社，一个非营利性的市场合作组织。该组织由柑橘生产者拥有，聘用专门的职业经理，内部组织结构由社员大会、董事会、执行层、员工四个层次组成，市场业务实行职业化和专业化经营。

资料来源：吴敬琏：《当代中国经济改革》，上海远东出版社，2008，第114页。

（二）法国的合作组织

法国是欧洲最大的农业国，也是世界农业大国之一。法国的农业合作组织是在法国农民同自然灾害作斗争、反对中间商盘剥以及反抗经济危机的过程中自发地建立起来的，并受到政府的支持与保护。

1947年，农业合作组织得到了立法保护。法国的《合作社法》规定，可以在农业、商业、工业、银行等各个领域建立合作社。法国农民协会的基本职能是为区域内农民提供各种服务，维护农民利益，政府向农业协会派驻观察员，观察员负有及时将农民的意见反馈给政府的职责，但农业协会不得组织农民游行示威等，从而使农业协会具有半官方色彩。

20世纪60年代以后，法国农业合作组织有了长足发展，主要表现在三个方面：一是规模不断扩充，数量相应减少，许多农业合作社改组为加工、贸易、服务三位一体的农合组织；二是进一步向专业化方向发展；三是成立各级农合组织联合会。目前，法国在国家一级有15个农合组织联盟，在大区一级有300个农合组织联合会，在省、市一级有3700个较大规模的农合组织。

（三）德国的合作组织

与法国的农业协会覆盖全国100个省不一样，德国的农业协会在联邦16个州中并不是都有。下萨克森州农业协会作为农民自我服务的组织，按该州农业协会的规定，农场只要达到2公顷以上的规模就可以申请加入农业协会，该州有4.7万个农场加入了农业协会，会员组成中，约2/3是农场主，1/3是农业工人。农业协会最高的权力机构是由172位各类农场代表组成的会员大会，并由会员大会产生董事会。

（四）荷兰的合作组织

荷兰农业绝大多数实行农场化经营，而农场又基本上是家庭式经营。

这样，各农户间结合起来组成一定的联合体就成为客观必然。这个联合体就是农业生产者在荷兰农民行业委员会和商业委员会组成的合作社。在荷兰的农民收入中，有60%以上是通过合作社取得的。综观荷兰农业合作社，具有两个特点：①荷兰农业合作社是单一目的的合作社，合作社的建立总是针对某一特定的市场，作为化解市场风险的手段和方法。由此，荷兰的农业合作社是高度专业化的单一目的的合作社。②荷兰农业合作社实质上是每个家庭间的合作。这种合作框架客观上使荷兰农业合作社形成了一种外向型经济合作组织的运行体制。

（五）日本的合作组织

日本"二战"后农业相当落后，面临着严重的食品短缺状况。为了摆脱这种状况，1900年颁布了《产业组合法》，通过扶持农业协同组合（以下简称"农协"）开展广泛的农业合作。日本农民合作组织是在农业商品化程度不高的历史背景下，从外部引进的另一种合作组织发展模式。其主要特点是：①政府的倡导与扶持。日本的农民合作社大部分不是农民自行组织起来的，而是在政府倡导、扶持下组织起来的。②组织上的严密性。日本农协制度采取三级系统的组织体系，即分为中央农协、县级农协和基层农协。而且，每一级组织都与本级组织相适应，关系密切。③农民普遍参与。日本每个村都有农协的基层组织，几乎把每个村庄的农户组织起来，使农户与农协紧密联系在一起。④服务范围不断拓展。日本农业的产前、产中、产后以及农民的各项服务都由农协承担，农协从事的服务涉及从农业技术指导、农民培训到农产品加工、运输、销售、农村金融、保险等方面。⑤民主管理。农协是农民自己的组织，有着"民办、民管、民受益"的特点。

自20世纪80年代以来，日本农协不断进行组织创新，出现了一些新的特点：①规模不断扩大。为增强竞争力，扩大经营规模，减少交易成本，农协组织向大型化方向发展。②改革农协的组织体系。将"基层－县－中央"的三级组织体系并为"基层－中央"的二级组织体系，也可合并基层农协，扩大组织规模。③引入企业经营机制。在不违背合作社基本原则的前提下，引入企业化经营机制，如实行常务理事会负责制，聘任社会上的企业家担任常务理事,具体负责农协的日常业务经营。[①]

第二节 西方合作经济模式比较

合作社在西方国家之间存在着政府介入程度、服务内容与范围等方面的不同,但仍有着共同的特征与趋势。

一 西方农民合作经济发展的共同特征与趋势

(一) 政府立法,创设环境

各国在推进合作社模式时,都在法制及扶持、配套建设方面先行一步。早在1889年德国就颁布了第一部合作社法,瑞典于1895年颁布《合作社协会法》,美国在1865~1870年间约6个州分别通过了有关合作社的早期立法,1922年联邦议会通过了《卡帕-沃尔斯坦德法》,明确了合作社的法律地位,1926年国会又通过了《合作社销售法》,日本于1947年以欧洲合作社为规范制定了《农业协同组织法》。合作社法是完善和发展合作经济的前提和保证,合作社法以法律形式确定了合作经济组织的地位、作用,给合作社以公平的市场主体地位,保证合作社权益不受侵害。

(二) 合作社原则的变通

罗虚代尔公平先锋社在建社初期就制定了一套切实可行的办社原则,可以说是最早的合作社原则。由于罗虚代尔公平先锋社的成功,推进了合作社运动在国际范围内的蓬勃发展,在1895年国际合作社联盟提出了著名的"罗虚代尔原则",这个原则以后成为各国合作社原则的"范本"。1995年国际合作社联盟第31届大会对合作社做了重新定义,并提出了七条原则,这个定义和原则得到国际劳工组织2002年6月20日大会通过和认可。国际合作社联盟提出的新定义和原则基本反映了各国合作社发展的现实和

---

① 转引山本修、吉田忠、小池恒男《协同组合的企业管理》,家光协会,2000,第25~35页。

真实情况，也反映出合作社的原则是在变通中不断谋求发展的，这点从西方合作社的现实中可以得到证实。

1. 合作社性质

对合作社的性质界定，瑞典研究合作社问题的著名专家尼尔森很有见解，他认为："合作社不是农民的集体组织，每个农民都是独立的企业家，他们只是为了自己的利益而集合到一起来共同奋斗。"合作社的最终特征就是农民对企业的控制，如果合作社吸收私人投资，那么私人投资的比例不能超过社员股份。

2. 社员资格

各国在"入社自愿、退社自由"方面没有多大变化，变化主要体现在开放方面。如日本农协，按照《农业协同组织法》，实行进退会自愿、自由，凡是想利用农场事业，愿意参加农协的任何人，可自愿向农协入股参加，会员退出农协，只要在事业年度前两个月提出申请，便可退出，并退还全部股金。这样，合作社成员除了农民外，还有许多非农民准会员。美国合作社遵循"使用者拥有原理——出资者即利用合作社亦即拥有者"原则。欧盟各国也同样对合作社成员采取开放态度。

3. 民主权利

尽管在美日欧许多国家的合作社仍然遵循"一人一票"的原则，但是经典合作社理论的一人一票原则越来越受到挑战，一人多票在荷兰及法国、德国已十分普遍，一人一票的公平原则由强调发展和承认差别的原则所取代，这可能成为未来的发展趋势。

4. 经济参与和分配

目前美日欧各国普遍采取经济参与方式来实施分配，经济参与有两种方式，一是与合作社的惠顾额，二是对合作社的入股（各国对入股的份额都做限制，以防止大股东对合作社的控制和垄断）。在分配方面采取劳动分配和资金分红相结合的方式，一是按照农户与合作社的惠顾额，二是按照投入的股份进行分红。如美国的所谓"新一代合作社"，这种合作社的特征显示，它与普通股份制企业更为接近，但存在三个重要差别：第一，它不仅仅是投资者所有的企业，而且同时是企业客户即农业产品生产者所有的企业，投资者与客户的身份同一；第二，合作社成员的持股额，与农产品的交售数量相互挂钩；第三，普通股份制企业中往往有一个或几个股东处于控股地位，而新一代合作社不允许少数人控股局面的形成，为此合作社通常会对社员个人的最高份额和最低份额有一个限制。

(三) 合作社规模的扩大与数量的减少

纵观各国合作社的发展历程，一个共同的趋势是合作社数量减少而单个规模在不断扩大。美国在1970~1991年，合作社总数由7790个减少到4494个，平均社员数由815.8人增加到903.2人，平均营业额由245万美元增加到1705万美元。日本农协由于中间环节多，引起管理费用增加，全国三级农协职员数达34万人，因此1997年10月日本农协会议通过决议，提出了合并及改组计划。经过合并，农协数量从1992年的3073个减少到2000年的1411个。而改组的主要方向是减少中间环节，改三级组织为两级组织体系。2000年4月，全国47个县共济（保险）联社已与全国共济（保险）联社整合为一体，如奈良县合并成一个农协，即基层农协已与县农协全部整合。

由于欧盟的农业政策更强调提高生产效率和降低成本，加之外部竞争的日趋激烈，合作社为了生存，也导致合作社的大量兼并。以瑞典为例，整个20世纪60年代，农民合作社，仅奶业、肉类销售、供销合作社三大系统，平均每年就发生兼并事件20起左右。结果是，供销社的基层协会数从1940年的800个下降到1984年的77个，奶业合作社的基层数从1940年的70个下降到1984年的24个。

(四) 合作社发展的多元化趋势

农民合作经济组织在发达国家有近200年的历史，传统上以农产品加工、销售领域的合作组织为主，但随着市场化程度的不断提高，农民合作经济组织多元化发展，已不局限于农产品加工、销售领域，形式各异的合作经济组织遍布农村各地，几乎涉及农民生活的各个领域和农业生产的各个环节。美国农业合作组织以供销合作社、服务合作社和产业合作社为主，包括供货合作社、营销合作社、联邦土地银行协会、生产信贷协会、合作银行、乡村信贷联合会、乡村电力合作社、乡村电话合作社、农民火灾保险合作社、奶牛改良合作社、共同灌溉公司、放牧合作社、多种经营合作社等。此外，还存在很多具有合作性质的专业协会、专业技术协会。

日本农业合作组织是"农协",其经营的业务包括农村生产和生活资料的供应、农产品收购、农业信贷、指导和组织农户生产和农村社会生活等多方面。在法国除传统的农业合作社外,还有专业合作社、农民协会和农业工会。荷兰农民的联合与合作组织也形式多样,包括农民联合会、农业工人联合会和其他组织等,其中最主要的是农民联合会。

(五) 合作社的商业经营色彩越来越浓

综观各国合作组织的现实表现,很难再找到经典合作的痕迹。经典合作理论强调合作社经营"不以营利为目的",但在现实中由于市场的变化和竞争的加剧,各国合作社对传统合作理论加以变通,使得合作社越来越像个企业,对"不以营利为目的"也有新的理解。现在普遍强调合作社"对内服务,对外盈利",就像"双轨制"。比如日本农协在业务经营上,与会员不是一买一卖、讨价还价的关系,而是合作关系。农协为会员推销农副产品、供应农业生产资料,基本上是采取代理形式,农协只收取手续费,手续费的比例是由会员代表大会讨论决定的。同时,农协不经营有损于农民利益的业务。农协利用自己的技术推广网络,无偿向农民推广农业科学技术等。但是农协面对外部市场,对待非会员,则完全采取市场经济运作方式,讨价还价以营利为目的。据统计,日本70%以上的基层农协对会员经营的业务是赔本的,而是用经营保险、信用业务的盈余来补贴这方面的支出。美国的农业合作社从一开始就带有明显的商业性色彩,合作社与农场主的关系是商品交换关系。欧洲各国的合作社商业经营色彩介于日本和美国之间。但各国的共同发展趋势是商业经营色彩越来越浓,商业经营不仅体现在与农户的关系方面,而且体现在经营战略、经营运作等方面,如日本农协实行常务理事会负责制,聘任企业家担任常务理事,负责农协日常经营。

二 西方农民合作经济组织发展的差异

(一) 政府介入合作社的深度不同

美欧国家政府服务于农业合作组织,农业合作组织可向政府提意见且很有作为。与美欧国家农业合作组织相比,日本农协不管在组织还是在事业上，最大的特点是具有半官半民的性质，农协组织几乎把每个村庄的农户都组织起来。日本农协在农业中居于举足轻重的地位，其政治影响力巨大，经济辐射力遍及农村各个角落。

(二) 合作社服务的内容和范围有差异

美国的合作社基本是服务性质，不存在生产合作社，这点与日、欧不同。日本农协开展综合经营，联合服务，尽量做到"农民需要什么就经营什么，需要什么服务就提供什么服务"，基层农协无力进行的，就同县级、全国农协组织联合起来搞。目前日本农协不仅开展农产品的分类加工、委托贩卖、储藏运输以及生产、生活资料的供应，还从事信用、保险、生产生活指导、文化娱乐等活动，可以说对农民的生老病死提供无所不包的服务，按他们的话讲，"农协的职能是要为农民提供从摇篮到墓地的一切帮助"。

第三节　中西方合作经济模式比较

一　与美、法、德等国家市场推动型农民合作经济组织的比较分析

市场推动型农民合作经济组织是生产关系变革适应生产力发展的产物，政府不干预合作社的内部管理，政府的作用在于通过法律法规为合作社提供一个宏观发展空间，创造适宜的市场环境。中国农民合作经济组织与美、法、德等市场推动型农民合作经济组织都是农业经营管理组织化的模式，二者既有相同点，又各具特色。

(一) 二者的共同点

1. 中国与美、法、德的农业都是以家庭经营为主，走合作道路是它们的必然选择

在农村生产力水平提高和商品经济发展的条件下，家庭经营就显示出其内在缺陷：农户分散经营很难实现自己的民主权利和保护自身的利益。在规范的市场经济条件下，市场主体都是有组织的企业，一般都有雄厚的资本，

有一定的生产经营规模，有雇佣劳动者，因而在市场竞争中处于比较有利的地位。而农户作为小生产者，由于资本匮乏、生产规模相对小，往往处于弱者的地位。合作经济组织本质上是一种弱者的联合，农户只有组织起来、联合起来，才能改变被剥削的处境，在市场竞争中占有一席之地。

2. 中国的新型农民合作经济组织与美、德的农民合作社都具有鲜明的经济特征，政治色彩不浓

美、德的农场主与合作社的日常关系主要以物资供应、商品销售为基础，以单纯的业务往来为主要内容，合作社并不履行社会职能。中国的新型农民合作经济组织是由农民自发成立的，为农民提供购买、运输、技术等服务，很少有政府参与，政治色彩很弱。

3. 政府均对合作社的发展给予支持

美国政府早在1922年就通过了《卡帕-沃尔斯坦德法》，把农民合作社从《谢尔曼反托拉斯法》中豁免出来，对合作社给予税收优惠，甚至部分合作社享有免税待遇，还通过帮助建立农业信贷合作体系向合作社提供信贷支持。法国的《合作社法》规定，可以在农业、商业、工业、银行等各个领域建立合作社。德国政府也从法律税收方面对合作社予以扶持。中国在1993年指定农业部为全国农村合作经济的指导和管理部门，规定对于农民专业协会、专业合作社所取得的收入"暂免征收所得税"，2006年10月通过《中华人民共和国农民专业合作社法》，以保护农民专业合作社及其成员的合法权益。

（二）二者的不同点

1. 劳动条件和效率不同

美、法、德的农业以家庭农场为主，经营规模较大，机械化水平高，劳动生产率高。目前，在农业生产中，几乎所有的劳动都可以由机械来操作，特别是那些劳动强度较大的工种。在农场管理方面，大部分实现了电子计算机化。由于农业机械化与管理计算机化的迅速发展，大大节省了劳动力，提高了农业劳动生产率。而中国的农业经营是以农户为主，经营规模狭小、分散，机械化水平很低，许多劳动都是人工操作，劳动生产率低。中国与美、法、德建立农民合作经济组织的基础是不同的。

2. 农民合作经济组织性质不同

根据列宁的观点，判断合作社的性质，主要是看它们所依存的社会占统治地位的生产关系。在美、法、德，农民合作经济组织建立在私有制基础之上，无论是合作组织，还是社员都是在私有制经济的支配下进行活动，追求利润是它们最大的目标和动力。因此，在资本主义制度下，虽然合作经济组织按一定的民主原则管理，拥有一定数量的共有财产，具有集体企业的特点，但本质上仍属于资本主义体系的一个组成部分，属于资本主义性质。在中国，农民合作经济建立在生产资料公有制基础之上，其发展受到社会主义基本经济规律的制约和影响，广大的农民是合作组织的主体和领导力量，农民合作经济体系是社会主义经济体系的有机组成部分，因而是社会主义性质的。

3. 合作内容不同

美、法、德合作项目广泛、多样化，而中国的合作项目单一。造成这种状况的原因也是多方面的：首先，是因为商品经济的发展程度不同。西方国家的农业生产商品化程度很高。农业的专业化、社会化，使农业不再是孤立的部门，要依靠许多部门为其提供服务和供应各种生产资料，同时，也需要多个部门帮助加工、运输、销售其产品。也就是说，农业生产已从自给自足的状态变成了相互依赖、相互联系的经济部门。合作组织在这种情况下，也根据农民的多种需要建立了相应的多项目的合作服务。与此不同，在中国，农业生产的商品率不高，农业生产的专业化、社会化也不发达，农业与外界的联系较少。其次，在资本主义国家中，农民与资本家存在着根本利益的冲突。私人资本家或垄断组织从其利益出发，常常控制一些部门，并利用价格和供应手段等剥削农民，使他们依附于自己。因此，农场主想方设法利用合作形式满足自己的各种要求，凡是私人资本和垄断组织所涉及的与农业有关的一切领域，农场主都来进行合作经营，以从各个方面防止和限制私人资本家插手。这样一来，就使合作的内容多样化、复杂化。但是，在社会主义国家中，广大人民的根本利益是一致的，农民与国有企业和其他集体企业存在着共同的利益，许多为农业服务的部门都由国家来兴办，而不需要农民去办，只有一些国有企业和集体企业顾不到的少数领域才由农民自己去办理，这就决定了他们的合作范围狭窄，合作项目单一。

4. 组织系统不同

美、法、德的农民合作经济组织均是分级管理。美国的农民合作社分为地方合作社、地区联社和全国联社；法国在国家一级成立农合组织联盟，在大区一级成立农合组织联合会，在省、市一级成立农合组织；德国的合作社按照联邦、州、地方三级组织起来，地方一级的合作社必须按照区域协会的要求，在州一级联合起来，州一级的合作社协会又必须接受联邦一级的合作社协会的领导。而中国的新型农民合作经济组织缺乏系统组织的建设，除了政府主导的供销社、信用社以外，我国尚没有全国一级的农民合作经济组织，区域性的合作经济组织也非常缺乏。

5. 合作社原则方面有所不同

美、法、德为适应合作经济发展的需要，在国际通行的合作社原则基础上，根据国情制订了自己的合作社原则。国际通行的合作社原则是在"罗虚代尔原则"的基础上，经国际合作社联盟几次修改而成的。目前，美、法、德的农民合作经济组织已非常发达，由于经济形势、运营环境、生产力水平的提高等客观情况的变化，国际通行的合作社原则已经约束了其农村合作经济的发展，例如，风险承担机制不合理、一人一票的管理制度导致合作社决策不灵活、抓不住市场机会等。所以，美、法、德均根据本国国情适当调整了合作社原则。例如德国规定在特殊情况下，社员可以有3票的多票权。而中国的农村合作经济仍处于初级发展阶段，仍有必要坚持国际通行的合作社原则，保证农民合作社的正常发展。

6. 发展水平不同

美、法、德的农民合作经济组织的发展水平与其生产力水平相适应，比较发达，具有庞大的规模和组织体系以及十分健全的功能，尤其是流通领域和服务领域的合作组织。而中国的农民合作经济组织发展水平很低，农民合作意识淡薄，参加合作社人数少，合作社规模小，组织体系与功能都很不健全。

7. 地位不同

美、法、德的农民合作经济组织经历了百余年的发展，目前已在国民经济中占有相当重要的地位，对农业、农村经济以及国民经济的发展具有非常重要的作用。通过合作社销售的农产品占该农产品销售总额的百分比，牛奶为79%，谷物为52%，蔬菜为55%。美国有2/5的农用物资和

4/5 的农产品都是通过合作社供应和销售的。而且,合作社在这方面的作用不断扩大。在中国,由于新型农民合作经济组织处于初级发展阶段,合作社由规模狭小的农户组织和参与,资金规模小,业务量也局限于社员小规模生产和生活的需要,因此大多数农民合作社的资产和营业额都是很小的,对农业、农村经济发展的作用十分有限。

二 与日本等政府推动型农民合作经济组织的比较分析

政府推动模式是在政府直接支持下进行的,政府扮演了至关重要的角色。亚洲许多国家和地区的合作社成长模式都属于政府推动模式,如日本、韩国、印度、泰国和我国的台湾省。我国农民合作经济组织与日本等政府推动型农民合作经济组织相比,也有同有异。

(一) 二者的共同点

1. 经营基础相同

日本战前农户众多,经营规模零细,战后"农地改革"更造就了大批自耕农。后来伴随着经济高速增长与农业现代化的发展,虽有大批农村劳动力转向农村外就业,但多采取了兼业的形式,农户总数并未因此而大幅度减少,现在日本基本上仍是个体经营的小农经济。我国台湾省的农业经营也以个体农户为主体。中国农村在实行家庭联产承包责任制后,分散的小规模家庭经营也成为农业经营的主要形式。可见,二者的特点都是规模较小、分散经营。因此,从生产到流通的各个环节,联合与协作是必不可少的,农业小规模家庭经营的特点成为二者合作经济组织形成的客观基础。

2. 建立和发展的基点相同

日本的农协在 1947 年成立之初,就得到政府的扶植和培育。在农协初期陷入困境的情况下,政府通过整顿、调整立法等措施,并在财政上给予大量补贴,使农协在政府的监督、保护下得到健康发展。1961 年颁布法律规定基层农协与市、町、村一级的政府机关联合成立农政协议会,从而确立了农协在农村经济中的领导地位。农协在财政和税收等方面得到政府的优惠,如对农协中央会的事业费和一些项目给予补贴,规定农协不适用《禁止垄断法》《信托法》等法规的某些条款,对农协长期实行低税制,对一部分盈余金不课税等。韩国农民合作社是在政府大力倡导下，采用自上而下的组建方式，先建立农民合作社中央会，后建立基层农民合作社。印度的合作社是在英殖民地政府的一手操纵下，通过颁布《信贷合作社法》使信贷合作社建立和发展起来的，之后又颁布《合作社法》，发展了供销、生产、技术、服务等合作社。1947年印度独立之后，实施了一系列加快合作社健康发展的计划和方案，并把合作经济发展纳入国家五年计划之中。我国台湾省于1950年6月3日公布《合作社法》对合作社的业务范围、法律定义等做了规定，并于20世纪70年代后重视和推行合作农场，旨在利用合作农场推进农业现代化建设。中国的新型农民合作经济组织则由农民首创，后经政府加以肯定和推广，政府对农民合作经济组织的建立和发展壮大也起到了重要作用。

3. 呈现综合发展趋势

日本的农协开展综合经营联合服务，不仅进行农产品加工、委托贩卖、储藏、运输以及生产资料和生活用品的供应，还从事信用、保险、生产和生活指导、文化娱乐等活动。韩国的农民合作社是按一定行政区域建立其基层合作社，并为社员提供生产和生活各方面的综合性服务。印度尽管存在信贷合作社、供销合作社等专业合作社，但也有综合服务合作社，它一般以村为单位组建，服务范围十分广泛，从生产到生活，可以说无所不包。我国台湾省的区域合作社、社区合作社、合作农场均为综合性合作社。中国的农民经济组织适应农业现代化的需要，也逐步向综合化方向发展，特别是国务院提出建立和完善农业社会化服务体系以后，这种趋向更为明显。

（二）二者的不同点

1. 组织系统不同

日本农协已是十分成熟、完备的组织，由全国到都道府县及至市町村的三级组织体系，由上而下构成统揽全国的庞大网络。韩国是两级组织型，即基层合作社－合作社中央会的两级组织体制，这有利于合作社中央会直接听取基层组织的意见，促进工作。我国台湾省"内政部"为合作社的主管机关，台湾"合作事业管理处"和"县政府"为合作社的管理机关。而中国的新型农民合作经济组织缺乏系统组织的建设，除了政府主导的供销社、信用社以外，我国尚未形成全国一级的农民合作经济组织，区域性的合作经济组织也寥若晨星。

2. 服务领域不同

日本、韩国的农民合作社实行综合服务，从生产到生活，几乎无所不包；印度综合服务合作社的服务范围也十分广泛；我国台湾省的农业合作社办理农产品的生产、运销和农用物资的供给、利用等业务。从生产服务领域上看，目前中国的农民合作经济组织已开始发挥其应有的作用，特别是在机耕、排灌、植保、运输等领域较为活跃。但从总体来看，服务领域还很狭窄，发展极不平衡，存在"四多四少"现象，即产中服务多，产前、产后服务少；粮食生产服务多，经济作物生产服务少；农业服务项目多，林、牧、渔服务项目少；简单的农艺服务多，复杂的农艺服务少。

3. 法律依据不同

日本农协是根据1947年11月颁布的《农业协同组合法》建立起来的，这部法律使其组织机构、业务范围、经营方式一开始就比较规范，有力地促进了其发展。韩国农民合作社组织体制有较完备的法律保障体系，其主体法律是《韩国农业协同组合法》，该法自1961年7月29日颁布施行，后经多次修改逐步完善。我国台湾省也颁布了《合作社法》。中国在2006年10月通过《中华人民共和国农民专业合作社法》，对农民合作社的法律地位、合作社的组建、政府支持等作出规定，为合作社的快速发展扫清了障碍。

4. 对合作教育重视不同

在日本，全国和县一级农协都分别设立了教育培训中心，定期对农协理事会和监事会成员以及各类管理人员进行脱产轮训，农协通过营农指导、定期出版书籍、发行报刊等形式对农民进行宣传教育。韩国农协特别重视合作教育，农协中央会设有共同组合专门大学，肩负农协会员、职员和农村青年的教育，将合作理念作为基本科目。印度政府1976年设立了"合作社人员培训全国理事会"，后来又成立了两所专门培训合作社高级管理人员的机构，一个是"全国合作社管理培训学院"，另一个是印度储备银行所属的"合作银行管理培训学院"，全国还设有16个地区培训中心，专门培训合作经济的中级人员，另有69个培训一般人员的中心机构。我国台湾省合作教育发达，有中兴、淡江和逢甲三家大学设有合作经济系。而中国对合作社知识的宣传、教育不够重视，也没有专门机构培训合作社管理人员。

第四节　中国合作经济与其他经济模式比较

合作经济同集体经济等相关经济形式有联系又有区别，为了更加清晰地判断合作经济的性质，有必要揭示它与各相关经济形式的关系。

一　合作经济与集体经济

（一）集体经济

集体经济，即集体所有制经济。"集体所有制"最早由马克思提出。1874年他在总结"巴黎公社"失败的重要教训时指出，无产阶级取得政权后，将以政府的身份采取措施，"一开始就应当促进土地私有制向集体所有制的过渡，让农民自己通过经济的道路来实现这种过渡；但不能采取得罪农民的措施，例如宣布废除继承权或废除农民所有权"①。从马克思这段话中可以看到，集体所有制是区别于私有制的一种公有制形式，不能以废除农民个人所有权，而是要通过经济的道路来实现农民土地私有制到集体所有制的过渡。随后恩格斯、列宁也对此分别进行阐述，而集体经济形成系统的理论，并变成全面的实践，则是与斯大林联系在一起的。斯大林断言社会主义阶段不可能建立单一全社会公有制，在许多场合只能建立局部小范围劳动群众的公有制，称其为集体所有制。

集体经济在我国的发展可谓一波三折。毛泽东在中共七届二中全会的报告中指出："这种合作社是以公有制为基础的，在无产阶级领导的国家政权管理下的劳动人民群众的集体经济组织。"② 截至1955年年底实行初级合作社，比较符合马克思主义集体经济基本理论的原意和我国的基本国情。而20世纪50年代中、后期，在"左"的思想指导下，初级农业生产

---

① 马克思、恩格斯：《马克思恩格斯全集》第18卷，人民出版社，1969，第695页。
② 毛泽东：《毛泽东选集》合订本，人民出版社，1968，第1322页。

合作社演变为高级农业生产合作社,再后来成立"一大二公"的人民公社,我们称为传统的集体所有制,其目的是为了实现从私有制向全民所有制过渡的中间环节,实际上已经成为高度集权的计划经济体制下国家集中全国的人力、物力、财力的一种手段,因而不是真正意义上的集体经济。

从理论上来说,真正意义上的集体经济,是一个由社会的一部分成员所构成的团体,对社会的一部分特定的生产资料拥有不可分割的所有权,这样的经济形式至少应该具有以下几个重要的特点:

一是集体经济的所有成员只是社会全体成员的一部分,同时,集体经济占有的生产资料也只是社会全部生产资料的一部分。集体经济所排斥的对象,是集体经济以外的所有成员和集体以外的所有生产资料。当然,集体所占有的生产资料也排斥集体以外的任何成员的平调和"归大堆"。

二是能够成为集体财产所有者的唯一条件是:他是该集体的一名劳动者,体现劳动与生产资料一体化的原则。

三是集体所拥有的生产资料不能以任何理由拆分为集体中每个成员的私人财产。经营所获收益扣除公共积累部分按照"按劳分配"的原则分配给每个集体成员,体现按劳分配原则。

四是集体的最高决策权按人头平均分配给集体的每一个成员,体现民主管理原则。

集体经济所体现的劳动与生产资料一体化原则与市场经济所要求的资源的流动性和财产所有权的稳定性之间存在着明显的矛盾:集体经济要求其劳动成员具有较高的稳定性,从而排斥劳动力资源的合理流动和优化配置;集体经济排斥对社会资本的利用和优化配置,从而导致经济规模的发展处于自生自灭状态。以上两大矛盾导致集体经济经营行为的短期化,促使集体经济成为一种低效率的没有生命力的所有制形式。这种纯理论上的集体所有制经济在市场经济体制较为完善的条件下,是没有生存的条件和发展前景的。

(二)合作经济与集体经济比较

长期以来,学术界对合作经济与集体经济是否是本质相同的事物,未

合作经济的理论与实践模式

来的所有制以全民所有制和集体所有制为基础还是以全民所有制和合作制为基础一直争论不休。合作经济与集体经济到底是什么关系？对此，国内理论界大体有五种观点[①]：

一是认为集体经济与合作经济在概念上是完全不同的，具体区别见表 6-2。

表 6-2 合作经济与集体经济区别

主要特征	合作经济	集体经济
产生渊源	市场经济竞争的产物	计划经济的产物
所有制	部分的合作共有	群体共有、社会共有
经营主体	合作社、合作农场	人民公社、集体农场、集体企业
生产制度	依照成员约定的协议，实行适量适当的共同经营	依照官方政策或社区决策实行经营规范化标准化
经济机制	约定协议机制（互惠互利）	计划机制和集体分配
组织原则和决策方式	自主参加，分权管理	制度约束参加，集权管理
资金积累	合作积累和再分配	统治的积累和再分配
经济动机	追求共同利益	福利和公平（维护既得利益）
基本价值观	互惠、互助、平等、公平	社会平等、平均分配
社会结构	成员内部民主、公平（形成团队势力、协议主义和协调行动）	维护人为的社会平等（形成官吏、精英分子、上级旨意与下级被动间的平等）
产权制度	社员个人股权联合，保护社员私人财产所有权	取消个人股权和社员私人财产所有权
分配结构	利益分享、盈利返还	集中积累、抽肥补瘦
社会地位	独立的市场经济主体，独立于政府的民间组织，有权同政府对话，以维护其成员的合法权益	计划经济体制中政府的附属物，政企不分，服从于政府的行政意图，难以保障其群众的合法权益

二是认为合作经济与集体经济在概念上是完全重合的，两者并无二致。持此观点的人往往都引用毛泽东在党的七届二中全会的报告和我国现

---

① 赵凯：《中国农业经济合作组织发展研究》，中国农业出版社，2004，第16页。

行宪法第八条的规定作为主要依据。①

三是合作经济包括集体经济，其内涵大于集体经济。因为合作经济不仅有社会主义的劳动群众集体所有制的，还有半社会主义性质的，还有建立在个体所有制基础上的经济联合体和建立在生产资料私有制基础上的集资合作。

四是集体经济包括合作经济，其内涵大于合作经济。因为现在的集体经济已不限于建立在合作经济基础上的劳动群众集体所有制，还包括全民办集体、集团办集体和以集体所有制企业名义登记的多种经济形式。

五是集体经济和合作经济各有其内涵和外延，二者的内涵有相当大的部分是重叠的，但并不互相包容，因为两个概念是从不同角度去界定经济组织形式的。集体经济是就组织的所有制性质而言的，合作经济是就其组织即运行方式而言的。因此，应把二者结合起来，作为"集-合经济"进行研究。

对于此问题，前四种在方法论上有共同之处，即都是从所有制上去比较和区别，也就是从财产所有权的角度去比较，虽然有助于区别二者之异同，但难以解决问题。他们混淆了所有制和产权制度（所有权实现形式）之间的相互关系，其实二者是既有联系又有区别的。二者的联系在于：所有制是基础，所有制关系制约着产权关系，产权关系反作用于所有制关系，所有制关系的主体和产权关系的主体，各自拥有对财产的权利，都受到法律的保护。二者的区别在于：①经济关系层次不同，所有制关系居于社会经济制度层次，产权关系居于经济运行层次；②主体的权利关系不同，在所有制关系中，所有者、所有权占支配地位，在产权关系中，各当事人以民法主体身份处于平等地位；③财产关系不同，所有制关系强调自身纯洁性，财产关系讲求融合；④代表关系不同，所有制关系在一些场合采取非人格化，而产权关系必须人格化。

第五种观点更具有逻辑上的合理性。集体所有制经济是就组织的所有制性质而言的，其本质特征是财产的合并，否认私人产权。而合作经济的

---

① 1954年的《宪法》明确指出："合作社经济是劳动群众所有制的社会主义经济，或者是劳动群众部分集体所有制的半社会主义经济。"在这以后修改的《宪法》，即1975年、1978年、1982年的《宪法》中，也都把合作经济称为集体所有制经济。

本质是交易的联合，承认私人产权。① 正如前文所述，同样的所有制可以形成不同的企业所有权安排，而且同样的所有权安排可以由不同的所有制组成。这样就能理解集体经济可以是合作社，也可以是非合作社；合作社可以是集体所有制为主，也可以不触动社员的个人财产所有权。

以上所论及的集体经济是具有特定范畴的概念，是指集体所有制，由于把集体所有制和集体经济两个概念混淆，引起歧义。集体所有制是指财产所有权的性质，区别于国有企业、个体企业等；集体经济是一个资产量的概念，指共同占有财产的多少，区别于私人占有的财产。②

(三) 集体经济组织模式

在当前我国合作经济组织快速发展阶段，依然有一些地方保持了原有的集体经济组织。本部分着重探讨目前我国农村集体经济中具有代表性的南街村模式③、华西村模式和崖口村模式。

1. 中国"劳动公社"型集体经济模式——南街村模式

人民公社体制解体以后，虽然大多数的乡村都实行了土地的家庭承包，但仍然有部分村继续保留了人民公社体制遗存下来的集体经济组织形式：土地没有实行家庭承包，集体财产也没有均分给个体家庭；有些村公有化的程度与人民公社时期相比不仅没有降低，反而还有较大的提高；农民没有成为自主经营、自负盈亏、独立核算的个体；村代替了生产大队，并成为实行统一经营、统一核算的最基本的微观经济组织。总之，这些村依然保留了人民公社集体经济组织的基本内核：土地及基本生产资料公有，集体化生产与集体化经营，统一核算，按劳分

---

① 韩俊：《关于农村集体与合作经济的若干理论与政策问题》，《中国农村经济》1998年第12期，第11页。
② 程恩富教授在2005年社会主义新农村集体经济和合作经济模式研讨会上对此作了详细论述（徐惠平：《社会主义新农村集体经济和合作经济模式——海派经济论坛第21次研讨会述要》，《海派经济学》2006年第13辑，第179~180页）。
③ 模式的意义在于它是诸多突围的尝试，是"在一定地区、一定历史条件下具有特色的经济社会发展路子"（费孝通，1992），而在中国各个乡村试图实现现代化的进程中各个模式又蕴涵了诸多共性。从发生学的角度说，模式这个概念并不包含当今人们追逐的所谓"模式贡献"的意义，称一个地方为某种模式并不必然意味着要全盘推广它或全盘肯定它。正是基于这样的考虑，我们认为南街村也是一种模式，南街村模式的提法并不必然掉进所谓"意识形态陷阱"。

配。因此，这些村依然可称为"劳动组合"或"劳动社区"性质的集体经济组织类型。

虽然这些村依然坚持了劳动组合或劳动公社的集体经济模式，但他们生存的外部经济环境发生了深刻的变化。因此，这些仍然坚持劳动组合和劳动公社的集体经济组织在一些基本内核不变的情况下，在其他的许多方面也必须变通，以适应新的环境。

河南省临颍县南街村是这一类组织的典型。南街村地处豫中平原，临颍县城南隅，有回、汉两个民族。总面积1.78平方公里，人口3000多人，耕地2006亩。

20世纪80年代初期，南街村也实行了土地的家庭承包，并把1980年之前创办的两个社队企业承包给了个人。但是，当出现村民弃农经商、土地撂荒、粮食产量下降、企业承包者个人发财等问题后，村党支部书记王洪彬及党支部决定收回承包权，开始"第二次集体化"。他们从本村的实际出发，扬长避短，依托村所有的集体企业——砖厂、面粉厂起家，滚动式发展，较快地实现了产业结构与经济结构的转换：全村的主要收入来源由农业转向了工业。由于南街村的村办企业依托本地资源，面向外部市场，再加之内部科层式管理，从20世纪80年代中期到90年代中后期发展十分迅速，也创造了可观的经济效益，成为河南省第一个"亿元村"，并曾名列全国"乡镇企业百强"的第27位。1996年全村工业总产值达到了15.1亿元，比1984年增长了2150多倍[1]，见图6-1。

经济的快速发展为南街村建立"共产主义小社区"奠定了物质基础。所谓"共产主义小社区"，就是最大限度的公有化，也就是中外历史上的"劳动公社"。南街村所有的基本生产资料，都是集体财产，属集体所有。与全国绝大多数的乡村不同，南街村的村民，没有自留地，没有自留畜，也不容许家庭副业。[2] 与高度的公有化相适应，南街村实行以供给制为主体、以工资制为补充的个人收入分配体制。按他们自己的说法："今后的南街，工资的成分越来越小，供给的成分越来越大，供给的档次会越来越

---

[1] 高哲、高松、冯银增、冯石岗主编《南街之路——社会主义的实践与探索》，中共中央党校出版社，1998，第12页。

[2] 高哲、高松、冯银增、冯石岗主编《南街之路——社会主义的实践与探索》，中共中央党校出版社，1998，第27页。

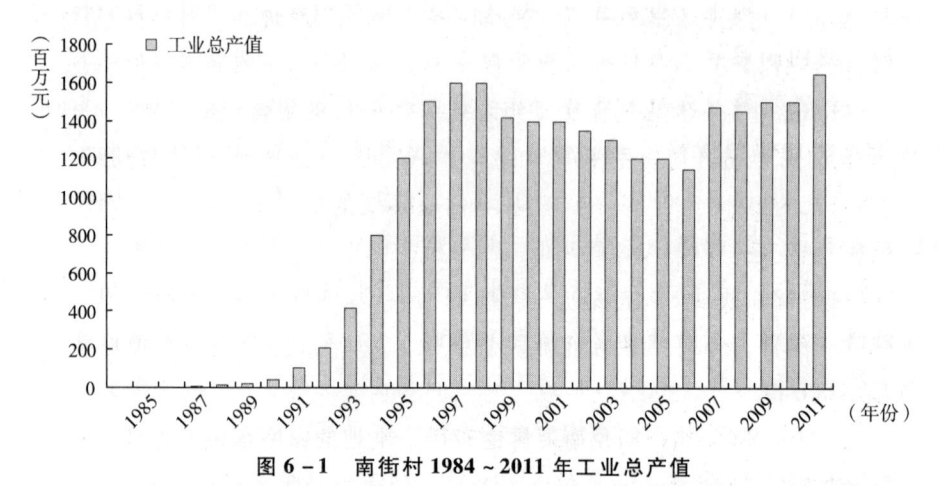

图 6-1　南街村 1984~2011 年工业总产值

资料来源：根据高哲、高松、冯银增、冯石岗主编《南街之路——社会主义的实践与探索》和《河南省统计年鉴》及相关资料整理而成。

高，最终让每个南街人富得个人没有一分钱的存款。"① 在高度公有化和广泛实行供给制、保证村民广泛福利的基础上，南街村对所有的村民，包括村干部也实行了极为严格的控制与管理，比如每一年的意识形态领域的政治活动和经常性的群众思想大讨论。

在改革开放的实践中，南街村根据发展社会主义市场经济的实际需要，再加上实行生产资料公有制和生活资料大部分实行按需分配的实际情况，在实践中探索出"外圆内方"的经营管理模式，从而推动各项事业快速发展。"外圆"，就是指要与社会主义市场经济接轨，要按照市场竞争法则和国际通行惯例，在不违背大的原则和不丧失国格和人格的前提下，所采取的经营管理方式；"内方"，就是指在社会主义各项建设事业中，要与职工、村民的民情民意、村规民约相接轨，要一丝不苟地干南街事，要一尘不染地做南街人，所采取的在政治上坚守社会主义阵地的管理办法。"外圆内方"，既是按照社会主义市场经济规律办事，促进生产力的发展，加强物质文明建设；又是自觉地克服市场经济的负效应对社会主义思想的影响和侵蚀，加强精神文明建设。没有"外圆"，就难以在社会主义市场

---

① 南街村编写组《理想之光——南街人谈共产主义小社区建设》（内部资料），1995，第 164 页。

经济大潮的激烈竞争和冲击下生存和发展；没有"内方"，就难以坚持社会主义道路，村民们的思想道德水平就可能下降。因此，在处理对外关系上，则要求办事灵活，以不违法，能办成事、办好事为准则，该请客的请客，该送礼的送礼，该收礼的收礼。但是，凡收到的回扣或礼品必须如数交公，不交公则按贪污受贿处理。南街村在建造中日耐可达彩印厂时，为了让日本朋友在南街村有一个舒适的工作和生活环境，不惜花巨资建了一座占地300平方米的豪华别墅，建筑设计、室内装饰都是古典的日本风格，内有舞厅、卡拉OK厅、健身房、酒吧间等。在南街村打麻将是绝对禁止的，但是，在小别墅里打麻将则是完全可以的。村里用5万元人民币专门购买了一个电脑控制、能自动洗牌的高级麻将桌，在日本客人人手不够时，村里还派人陪他们打几圈。在内部管理上，则要求非常严格，丁是丁，卯是卯，规规矩矩，方方正正。在村里，禁止打麻将，禁止吃请送礼，一切按规章制度办事。其目的是加强对职工、村民们的思想教育，增强组织性、纪律性，提倡无私奉献，提高共产主义思想道德水平。

如果说"内方"体现的是这一类农民合作经济组织在坚持劳动公社集体经济模式的"不变"，"外圆"体现的则是面对市场经济大环境的"变"。因此，可以说"外圆"的"变"是方法，"内方"的不变才是本质与核心理念。"变"是为了"不变"。"外圆内方"策略是把社会主义与市场经济有机结合起来的制度创新典范，是把社会主义物质文明建设与社会主义精神文明建设统一起来、协调发展的一种好的管理模式。

虽然许多人把南街村一段时间的跨越式发展归因于劳动公社或劳动组合的集体经济模式，归因于精神的力量，但事实上南街村在人民公社体制时期并没有发展和富裕起来，其发展得益于村办企业、产业结构调整、改革开放和社会主义市场经济的外部环境。但我们并不能否认南街村这种独特的管理体制在这段跨越式发展时期所起的十分重要的作用：①全面的集体化使得村一级组织可最大限度利用其经济与社会资源，降低企业的创办成本；②类似于军事化的科层管理降低了企业的成本和保证了产品质量；③低工资、高福利的分配制度降低了劳动成本和保证工人的稳定；④意识形态的灌输和经常性的思想政治教育可有效抵制各种"私心杂念"；⑤独特的管理体制引发了各级政府部门和社会舆论的高度关注，起到了很好的宣传效果；⑥以王洪彬为核心的高度集中决策机构降低了行政管理成本。

南街村这种独特性质的"共产主义小社区"是否具有可持续性是一个颇具争议的问题。从目前来看，南街村的可持续发展自20世纪末开始已经遇到了许多极为严峻的挑战。

首先，内部开始分裂。一些村民由于种种原因脱离了村集体，自己办起了个体企业；一些有经营才能的管理者离开南街村自谋出路。

其次，经济效益下滑。1997年是南街村效益最好的一年，工业总产值达到17亿元，其后开始下滑，到2006年工业总产值下滑至12亿元左右。2004年11月，南街村集团召开股东会议，宣布了对王洪彬等13名村领导干部的股权激励计划，王洪彬占9%，由此引发社会各界对南街村的热议。毋庸置疑，南街村"共产主义小社区"之所以能得到大多数村民的认同和支持，是由于它的高福利保障让农民后顾无忧，但高福利必须以企业的利润作为支撑。如果村集体企业利润不足以支撑这种高福利，"共产主义小社区"的支持力就会动摇。

最后，年青一代的思想开始变化。由于年青一代接受的教育和外部环境发生了很大的变化，加之外来文化的冲击，使得年青一代对"共产主义小社区"认同度降低，怎样让年青一代继续接受这种模式，是南街村能否可持续发展的关键。

2. 中国"集体经济+共同富裕"型经济模式——华西村模式

同"南街村模式"的生产资料与生活资料的高度公有化、整齐归一的供给制相比，另外一些依然以集体经营、集体经济为主干的村则采取了灵活变通的政策，实行了组织内部的若干制度创新与管理创新，逐步发展成为一种更富兼容性的组织模式。所谓"更富兼容性"指它能兼容一定范围、一定程度的私有经济，兼容一定范围、一定程度的个人自由选择权，承认私人财产权。这种经济模式顺应了市场经济的发展潮流，拓展了经济组织发展的空间，因此，更具有发展的可持续性。但是，如何保持集体经济的主导地位和协调"公""私"之间的矛盾，也是这一类组织必须面对的难题。

江苏省江阴市华西村是这类组织的典型。华西村，位于苏南平原，江阴市华士镇最西边，面积0.96平方公里，仅占中国版图的千万分之一，有1500余人，在20世纪60年代就是我国农村的先进典型，现被誉为"天下第一村"。从20世纪60年代起，在党支部书记吴仁宝的带领下，顶住当时的政治压力，兴办村级所有（当时是大队所有）的工业企业，掘到"第一桶金"。改革开放后，加快了工业发展，到1988年，华西村成为全国首批"亿元村"。1999年，华西村股份有限公司上市，成为全国第一家以村命名的上市公司。自2001年以来，华西村先后四次通过"一分五统"（即村企分开，统一经营管理、干部统一使用、劳动力在统一条件下统一安排、福利统一发放、村建统一规划）的方式，把周边16个村并入"大华西"，使土地面积从"小华西"的0.96平方公里扩展到了30平方公里。如图6-2所示，1988~2011年，华西村的销售收入快速增长，2011年超过500亿元，人均收入超过8万元。

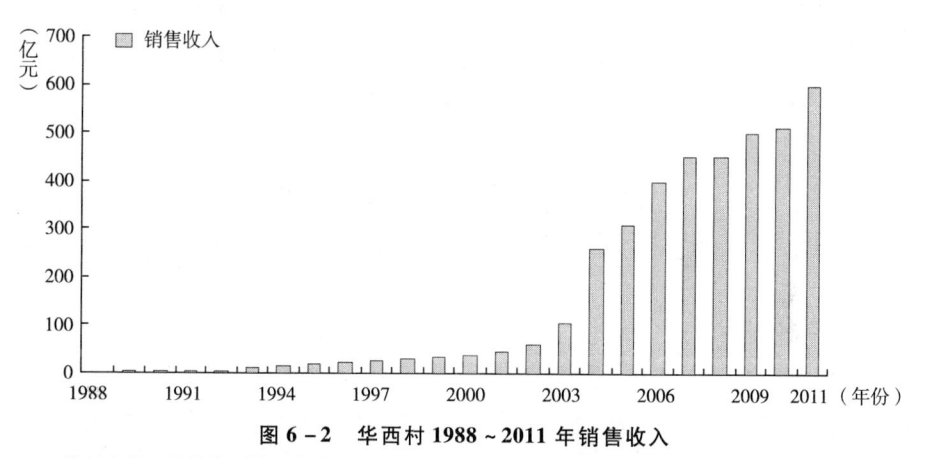

图6-2 华西村1988~2011年销售收入

资料来源：根据华西村上市公司财务报表1988~2011年数据整理而成。

与南街村比较，华西村无疑更加富裕，集体经济的实力更强。同时在某些方面，二者又有相似之处。比如二者在发展过程中，都高度集中村一级所有的资源；都拥有一个具有高度权威、对村重大的决策具有决定权的"一把手"。但是，在更多的方面，二者存在显著甚至是本质的差别。

与王洪彬追求公有化纯而又纯的"共产主义小社区"不同，吴仁宝希望从事"集体控股、个人参股的合作经济新实践"，最终实现"集体经济+共同富裕"的经济模式。吴仁宝认为："总结华西几十年来的成功经验，最重要的一点，就是始终保持集体经济为主，发展混合型、多元化的

合作经济的理论与实践模式

经济体制。"① 在这种理念的指导下，华西村在一定范围、一定程度上对私有经济实行了兼容和共存。比如，华西集团的股份，90% 是集体资产，10% 是村民个人的股金。在整体坚持集体经济的前提下，也允许村民搞个体经济，但不允许"一家两制、一人两制"②。在苏南乡镇企业大规模"改制"的过程中，华西村的主体企业虽然坚持了集体所有、集体经营，但也实行了区别对待。对于经济效益较差的小企业转让给个人经营，这种灵活变通的方式使得华西村的所有企业无论是集体企业、私营企业，还是合资股份企业无一亏损，保持了年年盈利、年年创新高的态势。

与南街村"供给制为主、工资制为辅"的分配制度相比，华西村更重视对个人的激励机制，更重视管理者、技术人员、职工从个人利益出发来关心企业和村集体的发展。对于参加集体经济的村民，分配方式遵循"二八开、一三三三制"③ 原则。对村民和职工主要是经济上的约束与管理。奉行"多积累，少分配；多记账入股，少分现金"的"两多两少"的个人收入分配法则。华西村的"记账入股"的股金与一般意义上的股金不相同，它不能自由转让和流动，名义上是私人财产，却受到"村集体权利"的严格限制。这样就保证了华西村的"私有成分"被严格控制在一定范围内，也使得华西村这种兼容"私有成分"的合作经济能确保集体经济的主体地位。

对于公私兼容的合作经济组织，如何确保集体经济的主导地位是一个难题，而集体经济的主导地位最终要依赖它的"效率"，因此，如何保证集体经济的"效率"是解决集体经济占主导地位的前提。华西村由于各种原因，保证了集体经济在工业企业获得了较高的效率，在此基础上可以兼容私营经济和私营企业的存在和竞争。从目前看，集体经济以外的私营经济和私有成分还没有对集体经济构成严重的挑战，但是，集体经济内部的

---

① 王云帆、罗小军：《华西村：天下第一村路在何方》，《21 世纪经济报道》2003 年 7 月 17 日。
② 一家人要么全都参加集体经济，要么全都参加个体经济。初衷是防止"一家两制、一人两制"带来的集体资产流失，这种限制应该说是合理的。
③ "二八开"即企业的超额利润 20% 上缴总公司，80% 则留给本企业。"一三三三制"则是把留给本企业的 80% 的超额利润分为四个部分：10% 奖给承包者（厂长或经理），30% 奖给其他管理者和技术人员，30% 奖给职工，剩余 30% 留为本企业的公共积累。这也表明了华西村的制度更具有兼容性。

私有成分或许成为"颠覆"的根本元素。

3. 中国"集体生产+按劳分配"型集体经济模式——崖口村模式

20世纪80年代初,发生在安徽小岗村的一场被命名为"家庭联产承包责任制"的体制革命已席卷全国,然而,中山市南朗镇崖口村当年却通过民主的程序决定继续走"人民公社"之路,并坚持至今。崖口村位于中山市南朗镇东南部,是个海边村庄,它的地理位置特殊,处于水陆交通要道,东边是宽阔的珠江伶仃洋,与香港只有一水之隔,西连五桂山,南边是珠海经济特区。崖口村依山傍海,山清水秀,空气清新,村中有多位百岁老人,又被誉为"长寿村"。2006年,该村被评为"广东最美的乡村"。

与南街村、华西村不同,崖口村的集体经济不是以村级工业企业为依托,以村级企业集团为集体经济的主要组织形式,而是在传统的农业(种植业)领域依然保持生产大队这一集体经济组织形式。据崖口村志记载,自1979年以来,崖口村在经济体制上没有实行"家庭承包经营",而是坚持"集体生产,按劳分配"。村庄内部依然设立大队和生产队,全村分成13个生产队,村庄的集体资产全部由大队和下属13个生产队集中经营,还有一个直属大队的农机站,负责全大队的机耕、机割。崖口村集体也曾创办和经营过工业企业,但由于效益不好,要么关闭,要么出租给私人,村集体按月收取固定租金。此外,崖口村也有外商独资企业,村集体只收取地租。总之,崖口村的工业企业都不是村集体直接经营的,村集体只凭借土地、厂房及部分设备的所有权收取租金。村集体的经营收入在大队内部按劳分配,人们把"集体生产,按劳分配"这种生产组织方式和收入分配方式,称作"公社"制度。

目前崖口村有3500多人,其中有1700多个劳动力,有差不多600人靠村里的3500多亩稻田"挣工分"。何为"挣工分"呢?据介绍,每天早上准备开工的社员都会到村祠堂,看公告栏的开工通知,然后根据自己的选择在所希望从事的工种下挂上自己的名字牌。根据规定,一个社员工作一天大概能拿到20个工分,按照最近两年崖口村的工分值,这大概价值30元人民币左右,这样一年下来每个社员平均大概能拿8000元。[①]

---

① 曹正汉:《信念、效率与制度变迁——广东省中山市崖口村公社制度研究(1980~1999)》,中国经济出版社,2002,第33页。

合作经济的理论与实践模式

　　至于想外出务工的村民，村里也采取自愿原则，村民只需提前跟所在生产队的队长打个招呼即可。倘若外出的村民想要回村劳动，生产队也不会拒绝，不过他只能回到他所属自然村的生产队，而不能在各生产队之间流动；回队申请只能在每年年初进行，需要缴纳100多元的生产工具费，而一旦参加农耕，这一年就不能随便出入，因为这会影响整个农业生产的进行。

　　由于崖口村集体组织（生产大队）与村权力机构的高度重合，村党支部和村民委员会都设在大队内，大队干部就是村干部，因此，生产大队实际上控制了村级所有的集体资产与自然资源，而正是其丰富的自然资源提供了村集体经济的主要收入来源，使得村集体能在低效益的种植业领域继续维持统一经营的生产方式。

　　以村级所有的自然资源收入来维持村集体经济的运转受到了来自集体经济组织以外的村民的质疑，他们认为村级所有的自然资源应由全体村民共同所有，共同获益，而不能由集体经济组织成员独占。但是，如果村集体经济组织（生产大队）失去了这笔独占的丰厚的收入，仅依托种植业低下的劳动生产率和微薄的收入生存下去是不可能的。村集体规定，任何参加集体劳动的社员，都有权从村里拿到价格远远低于市场价的口粮，买口粮的钱年终时直接从工分中扣除。自2001年起，该村对16岁以下儿童和60岁以上（女55岁以上）老人的口粮完全免费，但是退出集体生产的村民将不能享受这项福利。就是这样一个看上去很完美的制度，在实施过程中也不免会遇到一些问题。在改革开放之后，有几年的时间里，崖口村各生产队出工人数逐年下降，由于社员人数下降，为确保土地的正常耕作，崖口村开始增加了对生产队的补贴，在生产队出工收入已与外出务工收入相差不大、村里又有"口粮"等福利吸引的情况下，大量劳动力又开始回归。"保护弱者"的理念是支撑崖口村集体经济组织生存的核心价值观。对于绝大多数的村民来说，大队是每个人的一条"退路"和就业保障线。因此，绝大多数村民赞同继续实行现行制度。

　　与南街村、华西村一样，崖口村也有一位具有理想和道德魅力的"一把手"——陆汉满，从1974年开始担任崖口生产大队的党支部书记，由于廉洁公道、不谋私利，赢得大多数人的支持。

　　与其他类型合作组织相比较，崖口的生产大队更像是一个就业保障组织。如果不是生产大队控制了村级所有的自然资源，集体经济很难占主导地位。如果有一天村级所有的自然资源被全体村民所占有，集体经济顷刻就会瓦解。那么习惯了"大锅饭"体制的村民将怎么办？初衷要"保护弱者"，到头来可能会使"弱者"更加"弱不禁风"。

毋庸置疑，南街村、华西村、崖口村这三种不同类型的集体经济组织形式在一定的时期都得到了本地绝大多数村民的认同和支持，原因是他们希望依赖集体经济组织抵御市场风险，保证经济安全，而村民付出的代价是个人自由选择权一定程度的丧失。在经济发展的初级阶段，特别是在温饱问题尚未解决的时候，人们倾向于用个人自由选择权来交换生活的保障，但当经济发展到比较高的层次时，个人自由选择权丧失的成本越来越高，这种组织模式就会遇到越来越多的挑战。

二 合作经济与股份经济

股份经济是指以入股方式把分散的属于不同所有制的资金集中起来，统一使用、合理经营、自负盈亏、按股分红的一种经济组织形式。它是社会化生产和商品经济发展到一定阶段的产物。

合作社与股份公司都产生于资本主义基本矛盾逐渐尖锐化时期，两者在各自经济活动的整个过程中有很多相似之处，如都以资本主义信用制度为条件采取入股集资方式，经营管理决策都是"集体"决定，都采取分红方式进行成果分配等。但是，两者在组织原则体现的企业所有权上存在着本质的区别，见表6-3。

表6-3 合作经济与股份经济的主要特征的比较

主要特征	合作社	股份公司
财产所有者	混合产权	私人产权
企业所有者	惠顾者社员	股东
剩余控制权	一人一票（或按交易额比例加以适当调整）	按普通股持有量投票，一股一票
利润分配	按交易额比例返还，限制股金分红	按股分配
服务对象	主要为社员服务	为所有客户服务
企业的目的	社员福利最大化	利润最大化
基本价值观	追求共同利益和共同福祉	个人的财富最大化

合作经济的理论与实践模式

　　经典概念中的股份工厂和合作工厂，其本质的区别主要不在资本权属上，而在财产的实现方式即企业所有权安排上。一种所有制在不同社会、政治、经济条件下可以有多种实现形式，可以有不同的企业所有权结构，而且不同属性的所有制经济也可以采用同一种实现形式。合作制企业财产与股份制企业财产的组织形态和属性是相同的——都是属于资本主义性质的私人资本，但合作企业之所以能够使劳动者"利用生产资料来使他们自己的劳动增值"，而股份企业却依然是"在资本主义生产方式本身范围内的积极扬弃"，其问题的关键在于股份企业内部其财产的实现方式始终没有发生明显的变化。

　　在股份企业内部，"一股一票"使劳动从属于资本的局面一直没有发生根本动摇，企业的剩余控制权牢牢掌握在资本所有者手中；"按股分红"使股金份额比例与红利分割比例高度吻合，剩余索取权与控制权相对应。因此，在股份制企业内部，不仅财产的"归属"问题始终是明确的，而且其实现方式也是直接对称的。股份制肯定资本的所有权，而且要依这种所有权的比例，行使对剩余的控制权和索取权，承担利益和风险。

　　但合作制企业在财产实现形式上实行的是民主管理和按劳分配。"民主管理"直接动摇且改变了资本在企业内部的统治支配地位，使"一人一票"得以取代"一股一票"，社员通过服务使用者身份取得剩余控制权，"按劳分配"则使以劳动为依据的剩余索取与股金份额比例发生明显差异，从而直接导致股金和盈余之间对称关系的消失。因此，在合作制企业内部，股金的"归属"虽然依旧是明确又具体的，但是，这种与劳动合作相联系的财产权属关系不能形成以资本为中心的企业决策机制和盈利分配机制，股金与其实现方式之间的关系是间接的和不对称的，实际上它仅是取得合作社成员资格和收取股息的凭据。股金和盈余之间这种模糊的对称关系，在很多合作企业往往是借助反映劳动数量和质量的"交易量"或"惠顾量"来体现的，但股金数量、交易量和盈余回馈比例三者之间的关系是不确定的，它们彼此之间客观上不存在对称关系。因此，合作制是一种容易造成财产"虚置"的制度，其对资本主义企业的革命性改造，实际上不是从财产所有权即所有制开始的，而是从所有制的实现方式开始的，在其规范化操作的前提下，合作企业生产资料的资本主义私人所有制是不会改变的，但合作制毕竟造成了股金（也可称为资本）在经济学意义上的实际"虚置"和劳资对立关系的积极"扬弃"，所以，马克思称它"是在旧形式内对旧形式打开的第一个缺口"①，恩格斯称它是资本主义向共产主义过渡的"中间环节"②。

三 合作经济与股份合作经济

股份合作经济以劳动为基础，共同出资，共同劳动，共担风险，使劳动合作与资本联合有机地结合在一起。同合作经济相比，股份合作经济有与其共性的一面：坚持自愿互利、共同入股、按劳分配、联合劳动、民主管理的原则。它们之间也有不同的一面，主要区别见表6-4。

表6-4 合作经济与股份合作经济的主要特征的比较

主要特征	合作经济	股份合作经济
产权结构	社员个人占有	社员占有与股东占有的联合
要素联合	劳动与业务的联合	劳动和资金的相互联合（"劳资"两合）
劳动者与生产资料的结合方式	直接的结合	既有结合，又有分离
股权与决策制度	退股自由、一人一票制	死股活股并存，劳股结合制
生产经营	为内部提供廉价服务	追求利润最大化
社会性程度	经营对象基本上是封闭性的	经营对象是全面社会化的
利益分配	按劳分配与按股分红相结合	按劳分配与有限制的按资分配相结合

我们认为，股份合作制是一种不同于股份制和合作制的新型的独立的企业制度，虽然它吸收了股份制的优点和合作制的长处，但同时也带来了先天的企业制度的内在矛盾，从而形成了股份合作制的内在制度缺陷：

一是股份制与合作制决策机制的矛盾。合作制企业实行全体职工"一人一票"的决策方式，充分体现人格平等的原则；股份制则实行"一股一票"的原则，充分体现股权平等原则。这两种决策方式构成了股份合作制

---

① 马克思：《资本论》第3卷，人民出版社，1975，第497~498页。
② 马克思、恩格斯：《恩格斯致奥古斯特·倍倍尔（1886年1月20~23日）》，《马克思恩格斯〈资本论〉书信集》，中共中央编译局编译，1976，第470页。

的内在矛盾。

二是股份制与合作制股权设置的矛盾。在股份制企业中，股权的设置具有流动性和开放性，股票可以继承、转让或以其他方式流通，但股东不能退股；在合作制企业中，股权的设置具有静止性和封闭性，股份不能转让，股东入股自愿、退股自由，入股者只能是合作社社员。股份合作制要想兼容两种股权设置方式，难度极大。

三是股份制与合作制产权关系的矛盾。股份制产权关系明晰，股东权益明确，企业积累可以量化到个人；但合作制则要把税后利润的一部分作为不可分公共积累，其最终所有权属于合作社全体社员。从所有权关系的角度考察，前者是按股所有，后者是共同所有。显然，按股所有和共同所有在法律性质上的矛盾是不可调和的，股份合作制要兼容这两种矛盾实属不易。

四是股份制与合作制在监督机制上的矛盾。合作制主要通过民主管理的形式来实现对企业管理人员的监督；股份制企业则主要通过股票市场、产品市场和经营市场的竞争压力发挥监督作用。在合作制中，合作社社员关心合作社的动机与股份制企业股东关心企业的动机是截然不同的。股份合作制把二者糅合在一起，监督机制的设计极为困难。

此外，股份合作制还存在其他许多矛盾，如营利性和互助性的矛盾、按劳分配与按资分配的矛盾、劳动平等与资本平等的矛盾等。由于这种内在的、难以克服的矛盾存在，股份合作制企业在发展中遇到困难和挫折也就不足为奇了。

四 合作经济与联营经济

合作经济与联营经济都是联合体，为了一个共同经济目标而建立起来，但两者有着明显的区别。

一是所有制形式不同。合作经济的上下左右都是联合成一个集体经济体系，而联营经济是多种经济形式的联合，其所有制性质和形式，取决于参与者本身的所有制形式和性质，可能是单一所有制，也可能是多种联合的混合所有制。

二是联合的主体不同。合作经济是劳动者个人之间、合作社之间的联合，联营经济是企业单位之间的联合。

三是组织形式不同。合作社从基层到全国采取多层次的联合，形成一个社团组织；联营经济则采取股份公司、企业集体、联营厂、联营店等形式。

可见，合作经济是劳动者之间的互助合作经济组织，联营经济是各种不同的企业、单位、部门在经济上的协作或联合。

五 合作经济与合伙经济

合作经济与合伙经济，都是劳动者个人之间的自愿联合、共同出资、共同经营、共负盈亏的利益共同体，但两者又有显著的区别。

一是合作经济组织对本企业的债务只负有限责任，并以企业全部资产承担债务清偿责任，而合伙经济对企业的债务负连带无限责任。

二是合作企业具有独立的法人资格，它有健全的制度以保证企业的稳定发展。而合伙经济主要以人与人之间的契约为基础，以个人信用和血缘关系来维系，它只是一个松散的联合体，具备时聚时散的特点，有很大的灵活性，有的合伙开厂或合伙开店，有的可能只是合伙做一两笔买卖，其目的是为了赚取利润，属于私营经济性质。

三是在分配制度上，合作经济组织中，企业的税后利润除提留公共积累外，职工可按劳动的数量和质量获得一定劳动报酬，还有一部分股金分红。而在合伙企业中，实行按资分配，企业的收入除支付劳动者的工资外，其余全归企业所有，并在企业合伙人之间按股份多少进行分配。

六 合作经济与私有经济、公有经济和混合所有制经济

合作经济所包括的是不同经济类型的劳动联合体。在各种合作社中，社员都保持其私有资产的所有权，社内资产的共有程度有着很大的差别。可以说，合作经济所体现的是生产要素的组合方式，并非特定的所有制形式，在经济属性上属于公有经济和私有经济之间的中间位置[①]，见表6-5。

---

① 参见牛若峰、夏英、李锁平《新型合作经济组织发展的理论与实践》，中国农业出版社，2003，第78~79页。

合作经济的理论与实践模式

表6-5 合作经济与私有经济、公有经济和混合所有制经济的比较

主要特征	私有经济	合作经济	混合所有制经济	公有经济
所有权	私有，法人所有	部分的合作共有	具有多元产权主体	国有，社会所有
经济主体	私人企业公司等	合作社、合作农场	股份制企业	国有企业等
生产制度	依照竞争原理实现最大化效率	依照成员约定的协议，实行适量适当的共同经营	依照竞争原理实现最大化效率	依照官方政策实现标准化、规格化
经济机制	市场交换机制	约定协议互助互利机制	以资定权	计划机制（再分配）
组织原则与决策管理	竞争、自由	自主参与、分权管理	原始所有权、法人产权、经营权三权分离	管理、集权
资金积累	私人或法人的积累	合作积累和再分配	投资人入股或发行股票	统治的积累和再分配
经济动机	追求利润（利润优先主义）	追求共同利益	追求利润	福利与公平
基本价值观	个人的自由	互助、互惠、平等、公平	个人的能力主义	社会平等
社会结构	形成阶级、阶层	成员内部民主、公平	股东地位平等	维护人为的社会平等

中国在改革开放后，逐步走上市场经济的道路，不过和原苏东国家搞私有化不同，我们是在坚持社会主义的前提下发展市场经济。2003年，党中央在十六届三中全会的《决定》中提出要"大力发展国有资本、集体资本和非公有资本等参股的混合所有制经济，实现投资主体多元化，使股份制成为公有制主要实现形式"，由此展开了"混合所有制经济"讨论。但是对于什么是混合所有制经济，主要的观点有两种：一种认为混合所有制经济是指由国有资本、集体资本等公有资本和非公有资本（私有资本）共同参股形成的企业，是公有经济和私有经济的"混合"，公有经济包括国有经济和集体经济，私有经济包括私营经济、个体经济和外资经济。[①] 另

---

① 卫兴华：《简论所有制与股份制的联系与区别》，《当代财经》2004年第2期，第5~6页。

一种认为混合所有制经济除了公有经济与私有经济的"混合",还包括公有经济内部国有经济成分与集体经济成分的"混合",以及私有经济内部各种所有制经济形成的"混合"。①

混合所有制经济从其提出、发展到完善,其内核所包含的本质规定性都是基本固定的,其核心是指公有资本和私有资本等不同所有制性质要素的结合,借助股份制这种投资主体多元化的资本组织形式,来发展公有经济,进而实现公有制与市场经济的融合。这样,"混合所有制经济"这个概念就应当仅仅指"由公有资本和私有资本共同参股的企业"。事实上,用"混合所有制经济"来涵盖我国现阶段的所有制结构,不仅在理论上不严谨,而且在实践上也是有害的。其一,"混合所有制经济"作为我国市场经济体制改革过程中出现的一个重要概念,它指的是公有资本和私有资本等要素的结合方式,是所有制的实现形式;而所有制结构则是一个社会生产关系总和的存在形式,是一个基本经济制度的基础。所有制结构与所有制的实现形式,具有不同的内涵,不能用一个含混的概念一言以蔽之。其二,容易引起歧义。由于"混合所有制经济"和"混合经济"非常接近,实际上,也有人将两个概念等而用之,或者将"混合所有制经济"简称为"混合经济"。用它来描述我国的宏观的所有制结构,人们容易将它误认为是汉森、萨缪尔森等人所说的"混合经济",从而混淆两种所有制经济的性质,淡漠了两种经济制度的区别,实际上是一种"趋同论"。② 因此,我们认为"混合所有制经济"是指公有资本和私有资本共同投资形成的一种企业经营模式,是所有制在其经营层面上的一种实现形式。

---

① 何伟:《论混合经济》,《经济学家》2004年第4期,第15~16页。
② 魏淑萍:《"三种混合经济"的比较与思考》,《生产力研究》2001年第1期,第62页。

第七章 结论及需要进一步研究的问题

一 研究结论

本书从合作经济的理论与实践模式两个方面，分别阐述了合作经济的理论演化和合作经济组织的发展历史与现实状况。在合作经济理论方面，通过一个囊括早期空想社会主义、罗虚代尔公平先锋社、国际合作社联盟、新一代合作社及马克思主义经典作家关于合作经济思想的发扬和继承的时间顺序，系统地论证了合作经济理论一步步从幻想走向现实，从理想主义走向实用主义，从资本主义通过合作社和平过渡到社会主义到通过阶级斗争取得政权，并且合作社是向共产主义过渡的中间环节，从单个弱势农民组合到合作社之间的联合，合作经济理论不断丰富、完善、发展。在合作经济实践模式方面，探讨了中国传统合作经济组织的历史变迁、中国新型合作经济组织的发展状况及与西方典型合作经济组织模式的比较，在吸收继承的基础上，提出了建设符合中国国情的合作经济组织的框架，尤其是农村合作金融的构建，应用博弈论原理分析了合作社形成机理，通过估价方程探索合作社的经济学效率。研究结论如下：

第一，通过对合作经济理论的梳理我们发现，合作经济的产生与空想社会主义有关，合作社就是这个理想社会的组织基础。罗虚代尔先锋社抛弃了空想社会主义者把合作社作为社会改造工具的幻想，把合作社的目标和性质定位于在社会生产的某个环节的联合，谋求社员的利益最大。可以说罗虚代尔先锋社对空想社会主义的背离是它取得成功的一个重要原因。从此，合作社从理想主义走向实用主义，并成为西方国家的主流。

在罗虚代尔先锋社办社原则的基础上，国际合作社联盟制订了合作社的基本原则即"罗虚代尔"原则，对合作社的性质、价值观和基本原则进行经典规定。之后，随着外部环境的变化，国际合作社联盟对合作社的基本原则进行了多次调整，使其在保持原来经典原则的基础上更具活力。20世纪后20年出现的"新一代合作社"是合作社制度的重大突破，体现了社员权利、义务的双向互动。

马克思主义经典作家的合作经济理论是在批评和继承空想社会主义以及与形形色色的合作社改良主义的斗争中发展起来的。马克思和恩格斯继承了空想社会主义关于合作社是改造资本主义制度的社会工具的思想，对资本主义合作社运动持肯定态度，认为资本主义的合作工厂是对资本主义所有权的"积极扬弃"；列宁认识到社会主义条件下合作社的发展就是社会主义的发展，重视流通领域的合作；斯大林重视生产领域的合作，以农业的集体化替代了合作化；毛泽东把发展农村合作制看成引导农民走社会主义道路的途径，把搞不搞农业合作看作是走不走社会主义道路的大问题；邓小平提出了我国农业"两个飞跃"的发展战略，并适时实施了家庭承包联产责任制，极大地解放了我国的农业、农村和农民。

第二，合作社产生的博弈分析给出的一个强有力的结果，为现实中观测到的许多合作行为和社会规范提供了解释。分析表明，通过重复博弈可以建立可信性的基础，合作是可以实现的，这就为合作组织找到了存在的基础。从重复博弈的分析中可以推论出以下几个关于合作组织的重要含义：

一是在完全信息条件下，当博弈的次数有限，且单阶段博弈存在唯一的纳什均衡，合作就很难达成。就这一点而言，合作组织要建立起来，必须是长期的努力，而非短期的行为。

二是在无限次重复博弈中，如果参与人有足够的耐心，那么，任何满足个人理性的可行的支付向量都可以通过一个特定的子博弈精炼均衡得到，即合作可以达成。

三是对于有限重复的博弈而言，博弈的时间越长，意味着合作社成员的流动性越小，从而合作更容易维持。但是，在完全没有流动性的合作社里，成员彼此知道对方最后一轮将发生什么，在这种情况下，这个合作均衡将瓦解。

第三，通过对我国在生产、销售和信用等不同领域的农业合作组织的历史变迁的分析，包括新民主主义革命时期的互助合作组织、社会主义革命时期的农业合作组织、改革开放后家庭承包经营制及供销社和信用社，在肯定不同时期农业合作组织促进经济发展的同时，客观地评价了它们存在的问题和不足，得出以下结论：

一是华洋义赈会是中国最早倡导并开创农村合作事业的民间团体，实行无限责任制。虽然它所指导创办的合作社存在许多缺憾，但它开创了中国农村合作事业的先河，对于合作社在中国农村的移植和推广起到了重要作用。大革命时期中共领导的互助合作组织有效地改善了农民的生活状况，保证了农民的切身利益，但也存在不足。

二是在我国农业合作化初期，由于坚持了马列主义关于农业合作化的理论原则，制定了一系列比较正确的方针政策，把农民引上社会主义道路，从而为农业生产的进一步发展奠定了基础。

三是人民公社没有重视社会组织和个人相互作用的结果，忽视了发挥政府功能必须以经济行为主体——人为基础。它的变迁主要依靠政府命令和法律落实，并非农民自愿的选择，农户没有"退出权"，扭曲了集体经济的性质，将自愿互利的集体经济办成了带强制性的社区政治经济组织，剥夺了农民，粗暴地取消了农户经济，使经济发展极为缓慢。虽然从根本上说，合作化为农村公有制经济的发展创造了条件，但是高级社尤其是人民公社的集体农业经营模式是缺乏效率的。人民公社既不是一个恰当的公有制经济组织形式，更不是合作经济，在人民公社制度的框架下，合作经济的基本原则和制度规定已经荡然无存。因此，要在中国农村重建合作经济，就必须从根本上否定人民公社制度。

四是家庭联产承包责任制的实施，迎来了农村发展的春天，经过20多年的发展之后，其在实践中的不足逐步显现出来。一方面，家庭承包经营在大多数地区往往成了以户为单位的个体经济，这与农村生产社会化、专业化、商品化趋势不相适应；另一方面，集体统一经营和家庭分散经营两个层次发展失衡，存在只"分"无"统"的不良倾向，"统"层的功能弱化甚至缺失。

五是不可否认，供销社和信用社为社会经济的发展做出了巨大贡献。但是在实际运行中，一方面由于制定的政策理论色彩过浓，缺乏实际的可操作性；另一方面并没有真正体现为民服务的特色，相反在某些方面与民争利。

六是村镇银行的出现，较好地解决了当前农村的金融匮乏问题，同时符合当前中央对农村改革的政策。它规范了农村非正规金融市场，缓解农村金融供给不足的压力，留住了农村的资金，引入竞争，促进农村金融市场的多元化，必将为农村的合作金融注入新的活力并成为农村的金融主力军。

第四，合作社是一种特殊类型的企业，并不是独立于企业之外的另一种组织形式。在投资者所有的企业中，是资本雇佣人力（劳动者），并拥有剩余索取权；合作制企业中，作为资本的所有者和作为劳动力的所有者是同一的，其目的并不是获取剩余索取权，而是在民主管理和决策的基础上，谋求劳动者人均收入最大。此外，在分析合作社产权特征的基础上，指出合作社的产权制度安排具有自我的独特性。最后，通过对合作社成员目标决策最大化考察，指出由于社员的资产数量、资产组合方式、社员的风险厌恶程度、社员期末风险资产与期末财富的协方差不同，使得社员的投资收益率不同。作为具有独特的规定性的合作社最终投资方案取决于以下因素影响：①社员的个人风险偏好；②社员的资产数量及资产投资组合方式；③合作社内部机制，不同的民主制度和谈判规则导致不同的结果；④社员之间谈判力量的对比，其力量对比分布将决定合作社的决策行为。而合作经济组织的绩效取决于两种交易费用的相对大小，如果节省的外部费用超过内部交易费用，那么合作社将是一个有效率的组织，否则将是效率较低的组织。

第五，农业生产的生物性、地域分散性、随意性特点决定了农民合作经济组织的发育和发展存在必然性，也决定了农民合作经济组织要具有较好的灵活性、形式的多样性、组织的可过渡性及应该以社区合作组织为基础等特殊性，这是发展农民合作经济组织的基点。

第六，农民合作经济组织作为一种制度创新，之所以能够获得发展并应该大力发展，不仅仅是因为它的生产经营特性，还源于其经济上的合理性。从制度经济学角度分析，农民合作经济组织在降低农民外部交易成本、实现公平和效率平衡、降低生产经营的风险和不确定性等方面确有良好的绩效改善作用。

第七，对中西方农民合作经济组织的比较中不难发现，农民合作组织的发展也有一个起步、整合到规范的过程。在这一过程中，政府的作用不可低估，法律的确认和保护为农民合作组织的发展提供了保障。另外，由于农民合作经济组织的非营利性质及组织的外溢效应，要求政府在政策上予以倾斜，提供诸如财政补贴、税收优惠、金融准入、人才培养等方面的支持。同样，农民合作组织的组织纯洁性及内部完善的组织制度和运行机制等都值得我们借鉴。

二 需要进一步研究的问题

本书从合作经济理论与实践模式两个方面进行分析，是一种新的尝试。关于合作经济理论方面，梳理了我国近些年合作经济理论的发展和创新，但由于受自身掌握资料的限制，这方面的研究仍然是非常粗浅的；关于合作经济实践模式方面，尽管采用博弈论方法论证了其合作缘由，采用估价方程分析了合作社的效率，并得出相关结论，但其研究仍是初步的，论证也不够深入，尚有一些问题需要深入地、与时俱进地研究下去。

（一）公平与效率的两难选择

直到现在，人们还在争论，合作社究竟应该是什么？不同的回答源于对公平与效率的不同定夺。弱势群体注重合作社的公平，但作为一个经济组织，合作社又要在竞争中求生存。所以，合作社只能是由农业生产劳动者为了谋求、维护和改善其共同利益，遵守合作社的原则实现劳动的联合和资本的联合，建立以民主管理为基础的管理制度，实现劳动的分工协作和资本的有效运营，采取按劳动分配和按资本分配的方式，直接为农民提供服务的经济组织或联合体。

我们不能认为合作社仅仅只有劳动的联合或以劳动的联合为主，在分配上不能仅仅采取按劳分配的方式，这样容易将合作社定位在劳动的联合中，将合作社的产权制度定位在公有制的产权内。在一定的技术条件下，没有资本的劳动联合，社会生产是"海市蜃楼"。通过历史发现，将能够容纳多种产权形式的合作社定位于劳动的联合中，等同于将合作社作为社会大生产的一个生产车间，是对合作社内涵和外延的一种扭曲。

我们认为合作社应兼顾公平与效率。从合作社的发展史及罗虚代尔原则明显地发现，合作社要想在市场经济规则下不但发展壮大同时对社员实行按交易额返还，就必须改善内部机制，充分实现效率。马克思、恩格斯也认为合作社要有自己的经济利益,不断改善社员的生活。但中国在合作化进程中,逐渐将财产归大堆,认为合作社讲求公平。改革开放后,决策者因地制宜,还合作社本来面目。从 1982 年中央第一个 1 号文件到十七届三中全会,合作社的内涵和外延得到不断延伸,合作社已成为一种兼具公平与效率、劳动的联合与资本的联合、按劳分配和按资分配相结合、体现合作原则的经济组织。一旦合作社选择了公平和效率,就会走出两难的境地。如何在兼顾公平的同时实现效率,是当前合作经济迫切需要解决的一个问题。

(二) 规模与效率的矛盾

从新中国成立之前的农业合作中就可以发现规模与效率之间的矛盾,当时的矛盾为规模过小,难以形成规模经济,扩大规模又面临着社员退社的风险。新中国成立后,规模上去了,如高级社和人民公社,又产生了高额的监督成本,导致合作社的效率难以实现。加上分配制度及不符合效率原则,追求不损失任何人利益的平均分配,却使绝大多数人利益受到损害,以至合作组织中出现大量"搭便车"、偷懒、磨洋工行为,最终使合作组织趋于无效,被社会淘汰。如何在保持适度规模的基础上使其效率最大化仍是合作经济研究领域需要破解的一道难题。

(三) 合作社是"民办、民管、民受益"的组织

从原则上应当由合作社成员自己管理,由于历史原因,中国相当部分合作社的发展具有明显的政府推动型的特征,且政府人员在合作社任职。随着合作社的发展,这种负面效应就会逐步体现出来。表现为:合作社的成员容易产生依赖思想;利益分割的不均等;社员的民主选举和民主管理机制扭曲。政府如何在支持和干预合作社之间取得平衡?如何在保持合作社自我发展的同时,政府给予相关的政策支持?这些问题直接关系着合作经济的健康持续发展。

(四) 中国新形势下农民合作经济组织发展和创新

家庭联产承包责任制的推行调动了农民的生产积极性,被举世公认为以组织创新推动经济增长的典范。但是,随着我国农业生产商品化、市场

合作经济的理论与实践模式

化和社会化程度的不断提高,农户分散经营逐渐暴露出农产品竞争力弱、农民组织化程度低等弊端,中国新型农民合作经济组织正是在这种形势下产生和发展起来的一种新的组织形式。它是家庭经营与社会化大生产矛盾的产物,是解决农民增收、农业结构调整等一系列农村现实问题的重要切入点。但当前我国新型农民合作经济组织发展过程中存在着规模小、覆盖面偏低、带动作用不强、发展不规范等问题,如何解决这些问题,完善外部制度环境的缺失和农民合作经济组织自身的缺陷,健全民主管理和利益分配机制,进一步提升农民市场主体地位,增加农民收入,这些难题都需要深入持续地研究下去。

参考文献

[1] 〔冰岛〕埃格特森:《新制度经济学》,商务印书馆,1996。
[2] 程恩富:《西方产权理论评析——兼论中国企业改革》,当代中国出版社,1997。
[3] 程恩富主编,马艳、郝国喜、漆光瑛著《马克思主义经济思想史(中国卷)》,中国出版集团东方出版中心,2006。
[4] 程同顺:《中国农民组织化研究初探》,天津人民出版社,2003。
[5] 程虹:《制度变迁的周期》,人民出版社,2000。
[6] 杜吟棠:《合作社:农业中的现代企业制度》,江西人民出版社,2002。
[7] 〔美〕道格拉斯·C.诺斯著《制度、制度变迁和经济绩效》,刘守英译,上海三联书店,1990。
[8] 丁为民:《西方合作社的制度分析》,经济管理出版社,1998。
[9] 冯金华:《西方经济学》,上海财经大学出版社,2005。
[10] 冯开文:《合作制度变迁与创新研究》,中国农业出版社,2003。
[11] 傅晨:《中国农村合作经济:组织形式与制度变迁》,中国经济出版社,2006。
[12] 郭铁民、林善浪:《中国合作经济发展史》,当代中国出版社,1998。
[13] 葛永太:《合作社理论与实践》,中国农业出版社,2001。
[14] 管爱国、符纯华:《现代世界合作社经济》,中国农业出版社,2000。
[15] 洪远朋:《合作经济的理论与实践》,复旦大学出版社,1996。
[16] 盛洪:《现代制度经济学》(上、下卷),北京大学出版社,2003。
[17] 樊亢、戎殿新:《美国农业社会化服务体系——兼论农业合作社》,经济日报出版社,1994。

[18] 荆建林、杨治业：《农村合作经济比较研究》，农业出版社，1991。

[19] 蒋玉珉：《合作经济思想史论》，山西经济出版社，1999。

[20] 中共中央文献研究室：《共和国走过的路：建国以来重要文献选编专题文集：一九五三~一九五六年》，中央文献出版社，1991。

[21] 贾西津、沈恒超、胡文安等：《转型时期的行业协会——角色、功能与管理体制》，社会科学文献出版社，2004。

[22] 康芒斯：《制度经济学》（上、下卷），商务印书馆，1962。

[23] 列宁：《列宁全集》第1卷，人民出版社，1984。

[24] 列宁：《列宁选集》第1、2卷，人民出版社，1995。

[25] 梁漱溟：《梁漱溟全集》第1卷，山东人民出版社，1989。

[26] 林毅夫：《制度、技术与中国农业发展》，上海人民出版社，1994。

[27] 林岗、张宇：《马克思主义与制度分析》，经济科学出版社，2001。

[28] 李瑞芬：《中国农民专业合作经济组织的实践与发展》，中国农业出版社，2004。

[29] 刘仁伍：《新农村建设中的金融问题》，中国金融出版社，2006。

[30] 马克思：《资本论》第1卷，人民出版社，1975。

[31] 马克思、恩格斯：《马克思恩格斯全集》第3卷，人民出版社，1975。

[32] 马克思、恩格斯：《马克思恩格斯选集》第1卷，人民出版社，1972。

[33] 马克思、恩格斯：《马克思恩格斯全集》第19卷，人民出版社，1965。

[34] 毛泽东：《毛泽东选集》第3卷，人民出版社，1991。

[35] 〔美〕曼柯·奥尔逊著《集体行动的逻辑：公共利益和团体理论》，陈郁等译，上海人民出版社，1995。

[36] 罗必良：《新制度经济学》，山西经济出版社，2005。

[37] 〔美〕罗杰·B.迈尔森：《博弈论——矛盾冲突分析》，中国经济出版社，2001。

[38] 刘继芬：《农村发展与合作经济》，中国科学技术出版社，1993。

[39] 尹志超：《信用合作组织理论与实践》，西南财经大学出版社，2007。

[40] 杨荣基、彼得罗相、李颂志：《动态合作——尖端博弈论》，中国市

场出版社，2007。

[41] 程恩富主编、朱奎著《马克思主义经济思想史（欧美卷）》，中国出版集团东方出版中心，2006。

[42] 张宝华、何启生、刘友洪：《农村新型合作经济组织发展实务》，中国农业出版社，2006。

[43] 赵凯：《中国农业经济合作组织发展研究》，中国农业出版社，2004。

[44] 张军：《合作团队的经济学：一个文献综述》，上海财经大学出版社，1999。

[45] 张宇燕：《经济发展与制度选择》，中国人民大学出版社，1992。

[46] 张晓山、苑鹏：《合作经济理论与实践——中外比较研究》，中国城市出版社，1991。

[47] 章政：《现代日本农协》，中国农业出版社，1998。

[48] 米鸿才、邸文祥等：《合作社发展简史》，中央党校出版社，1988。

[49] 牛若峰、夏英、李锁平：《新型合作经济组织发展的理论与实践》，中国农业出版社，2003。

[50] 农业部软科学委员会办公室：《农业经营管理》，中国农业出版社，2001。

[51] 〔英〕罗伯特·欧文著《欧文选集》第1、2、3卷，柯象峰、何光来、秦果显译，商务印书馆，1981。

[52] 〔俄〕恰亚诺夫：《农民经济组织》，中央编译出版社，1996。

[53] 〔美〕R. 科思、〔美〕A. 阿尔钦、〔美〕D. 诺斯：《财产权利与制度变迁——产权学派与新制度学派译文集》，上海人民出版社，1994。

[54] 斯大林著《斯大林全集》第1版，人民出版社，1953。

[55] 孙亚范：《新型农民专业合作经济组织发展研究》，社会科学文献出版社，2006。

[56] 吴藻溪：《近代合作经济史上下卷》，棠棣出版社，1950。

[57] 王洪春等：《中外合作制度比较研究》，合肥工业大学出版社，2007。

[58] 吴敬琏：《当代中国经济改革》，上海远东出版社，2003。

[59] 温铁军：《中国农村基本经济制度研究》，中国经济出版社，2000。

[60] 王贵宸：《中国农村合作经济史》，山西经济出版社，2006。

[61] 魏道南、张晓山：《中国农村新型合作组织探析》，经济管理出版社，1998。
[62] 〔美〕西奥多·W. 舒尔茨著《改造传统农业》，梁小民译，商务印书馆，2003。
[63] 徐旭初：《中国农民专业合作经济组织的制度分析》，经济科学出版社，2005。
[64] 徐更生、刘开明：《国外农村合作经济》，经济科学出版社，1986。
[65] 许桂红、肖亮：《农村金融体制改革与创新研究》，中国农业出版社，2009。
[66] 郑蔚：《中日农村金融比较研究》，天津人民出版社，2008。
[67] 朱玉坤：《我国农村合作金融相关研究》，经济管理出版社，2005。
[68] 陈耀芳、邹亚生：《农村合作银行发展模式研究》，经济科学出版社，2005。
[69] 李建英：《转轨期农村金融新体系研究》，经济管理出版社，2007。
[70] 王双正：《中国农村金融发展研究》，中国市场出版社，2008。
[71] 史晋川：《金融与发展——区域经济视角的研究》，浙江大学出版社，2010。
[72] 成思危：《推进中国的农村金融》，经济科学出版社，2005。
[73] 程恩富：《建设社会主义新农村要提倡集体经济和合作经济模式多样化》，《经济纵横》2006年第11期。
[74] 程恩富：《完善所有制结构 构建和谐社会》，《上海市经济管理干部学院学报》2006年第3期。
[75] 程恩富：《马克思主义经济学理论研究动态》，《经济经纬》2007年第1期。
[76] 程恩富：《西方企业理论的意义、误点及与马克思企业理论的比较》（上），《韶关学院学报》2002年第7期。
[77] 程恩富：《西方企业理论的意义、误点及与马克思企业理论的比较》（下），《韶关学院学报》2002年第8期。
[78] 程恩富：《资本主义和社会主义如何利用股份制——兼论国有经济的六项基本功能》，《江苏行政学院学报》2004年第4期。
[79] 程恩富、朱奎：《欧美马克思主义经济思想发展脉络》，《甘肃社会科

学》2008 年第 4 期。

[80] 冯金华：《关于经济学研究方法的几个问题》，《上海行政学院学报》2004 年第 3 期。

[81] 冯金华：《略论马克思的科学抽象》，《学习与探索》2006 年第 1 期。

[82] 何琳：《美国农业合作社发展过程中政府工作定位及启示》，《农业经济》2005 年第 2 期。

[83] 马艳：《我国农村新型合作经济组织理论探讨》，《上海财经大学学报》2006 年第 5 期。

[84] 马艳：《中国集体经济的理性分析》，《中国集体经济》2005 年第 1 期。

[85] 朱奎：《马克思主义经济学范式的特征——兼评后现代主义的马克思主义经济学范式》，《教学与研究》2007 年第 5 期。

[86] 朱奎：《新市场社会主义理论研究述评》，《学术研究》2004 年第 8 期。

[87] 许家林、曾令香、朱忠贵：《农业微观基础组织创新的运行现状与推进条件》，《中国农村经济》1999 年第 4 期。

[88] 徐勇、邓大才：《"再识农户"与社会化小农的建构》，《华中师范大学学报》2006 年第 3 期。

[89] 杨树旺、成金华：《对我国农村信用社体制改革问题的现实思考》，《管理世界》2004 年第 6 期。

[90] 杨雅如、杨亚梅：《对我国农村合作经济研究前提的界定与分析》，《新疆农垦经济》2007 年第 7 期。

[91] 殷德生：《南街村模式的实证观察与理论诠释——个乡镇企业产权制度变迁效率的个案研究》，《管理世界》2001 年第 4 期。

[92] 苑鹏：《中国农村市场化进程中的农民合作组织研究》，《中国社会科学》2001 年第 6 期。

[93] 苑鹏：《现代合作社理论研究发展评述》，《农村经营管理》2005 年第 4 期。

[94] 杨雅如、杨亚梅、张晓芳：《初创期农村合作经济组织的制度供给原则分析》，《农业经济》2007 年第 11 期。

[95] 严苏桐：《我国农民合作经济组织的制度供给分析》，《农村经济与科

技》2007年第10期。

[96] 阮蔚:《日本农协面临的改革难题及对中国的启示》,《中国农村经济》2006年第7期。

[97] 向东梅、陈德:《我国农村新型合作经济组织创新思路和模式选择》,《农村经济》2006年第6期。

[98] 晓亮:《把合作制、集体制区别开来,并列地提,具有重大理论实践意义》,《理论前沿》2008年第13期。

[99] 周其仁:《中国农村改革:国家与土地所有权关系的变化——一个经济制度变迁史的回顾》,《中国社会科学季刊》1994年第8期。

[100] 张建君:《发展模式和经济平等——苏南和温州的比较》,《管理世界》2006年第8期。

[101] 张丽娜:《国外合作社发展经验及对我国农民专业合作社的借鉴》,《台湾农业探索》2007年第3期。

[102] 张晓山:《创新农业基本经营制度 发展现代农业》,《农业经济问题》2006年第8期。

[103] 潘劲:《农产品行业协会:现状、问题与发展思路》,《中国农村经济》2007年第4期。

[104] 唐志强:《欠发达地区农民专业合作经济组织发展研究》,《重庆科技学院学报》2007年第5期。

[105] 王勇:《欧美合作经济模式及其对我国的启示》,《财会月刊》2007年第21期。

[106] 吴学军:《发展和完善新型农民合作经济组织初探》,《经济研究导刊》2007年第4期。

[107] 战明华、吴小钢、史晋川:《市场导向下农村专业合作组织的制度创新——以浙江台州上盘镇西兰花合作社为例》,《中国农村经济》2004年第5期。

[108] 廖运凤:《对合作制若干理论问题的思考》,《中国农村经济》2004年第5期。

[109] 高丙中:《社团合作与中国公民社会的有机团结》,《中国社会科学》2006年第3期。

[110] 郭晓鸣、廖祖君、付娆:《龙头企业带动型、中介组织联动型和合

作社一体化三种农业产业化模式的比较——基于制度经济学视角的分析》，《中国农村经济》2007 年第 4 期。

[111] 程为敏：《关于村民自治主体性的若干思考》，《中国社会科学》2005 年第 3 期。

[112] 崔琳、朱德义：《关于农民专业合作经济组织发展模式的思考》，《农业经济》2007 年第 10 期。

[113] 李霞、高海：《农民合作社税收优惠之探讨》，《北方经贸》2006 年第 8 期。

[114] 冯开文：《国外合作社经验纵横论——几个代表性合作社的最新举措及其对中国的启示》，《中国合作经济》2005 年第 8 期。

[115] 傅晨：《合作经济制度的变迁及对供销社改革的启示》，《广东合作经济》2006 年第 1 期。

[116] 符钢战、韦振煜、黄荣贵：《农村能人与农村发展》，《中国农村经济》2007 年第 3 期。

[117] 黄振华、白静：《农户加入合作经济组织的时机问题研究》，《中国农村经济》2007 年第 9 期。

[118] 黄祖辉等：《农民专业合作组织发展的影响因素分析》，《中国农村经济》2002 年第 3 期。

[119] 黄祖辉、徐旭初：《大力发展农民专业合作经济组织》，《农业经济问题》2003 年第 5 期。

[120] 韩玲梅、黄祖辉：《近年来农村组织及其关系的研究综述》，《中国农村观察》2006 年第 4 期。

[121] 郭红东、蒋文华：《影响农户参与专业合作经济组织行为的因素分析》，《中国农村经济》2004 年第 5 期。

[122] 罗必良：《农民合作组织：偷懒、监督及其保障机制》，《中国农村观察》2007 年第 2 期。

[123] 莫少颖：《农民合作经济组织利益机制研究》，《广东合作经济》2006 年第 2 期。

[124] 郑俊义、何国长：《论甘肃农民专业合作经济组织发展问题》，《兰州商学院学报》2006 年第 4 期。

[125] 张胜文：《国外农村合作经济组织的发展趋势与经验借鉴》，《湖南

人文科技学院学报》2007年第2期。

[126] 徐永健:《论合作金融的基本特征》,《财贸经济》1998年第1期。

[127] 崔慧霞、叶晓慧:《农村合作金融:实践特征、国际经验与演化路径》,《南方农村》2009年第1期。

[128] 金宝翔、杨伟坤、蒲斯纬、张永升:《合作金融的国际发展及在中国的实践》,《世界农业》2012的第3期。

[129] 陈贺、张帅:《我国农村合作金融组织发展历程对资金互助社发展的启示》,《经济研究参考》2012年第29期。

[130] 阮为旭:《论我国农村金融体系发展的历史沿革》,《中国对外贸易》2012年第14期。

[131] 夏英、宋彦峰:《我国新型农村合作金融类型及其发展现状考察》,《中国经贸导刊》2012年第19期。

[132] 钱水土:《中国新一轮金融改革需要注意的几个问题》,《浙江金融》2012年第8期。

[133] 曾刚:《温州试点可为金融改革探路》,《社会观察》2012年第5期。

[134] 巴曙松、叶聃:《从制度变迁看温州金融改革》,《中国金融》2012年第9期。

[135] 姜丽明:《当前农村合作金融机构改革发展面临的机遇与挑战》,《中国农村金融》2012年第15期。

[136] 郭红东、钱崔红:《关于合作社理论的文献综述》,《中国农村观察》2005年第1期。

[137] 鲍静海、吴丽华:《德、法、美、日合作金融组织制度比较及借鉴》,《国际金融研究》2010年第4期。

[138] 吴伟萍:《国外农村合作金融模式与特点及对我国的启示》,《成都教育学院学报》2005年第5期。

[139] 上官小放、黄子暄:《发达国家农村合作金融发展的经验与启示》,《金融与经济》2011年第2期。

[140] 刘勇:《西方农业合作社理论文献综述》,《华南农业大学学报》2009年第4期。

[141] 郭兴平:《在实践中创新发展农村金融理论》,《中国金融》2012年

第 14 期。

[142] A. D., Mookherjee, K. M. & Ray, D., 2001, "Inequality, Control Rights and Rent Seeking: Sugar Cooperatives in Maharashtra", *Journal of Political Economy* 109 (1): 138 – 190.

[143] Alback, S. & Schultz, C., 1998, "On the Relative Advantage of Co-operatives", *Economic Letters* 59: 397 – 401.

[144] Alback, S., & Schultz, C., 1997, "One Cow? One Vote?", *Scandinavian Journal of Economics* 99 (4): 597 – 615.

[145] Albert, B., Topa, G. & Verdier, V., 2004, "Cooperation as a Transmitted Cultural Trait", *Rationality and Society* 16: 477 – 507.

[146] Arrow, K., 1964, "The Role of Securities in the Optimal Allocation of Risk – Bearing", *Review of Economic Studies* 31: 91 – 96.

[147] Avner, B. & Putterman, L., 1998, *Economics, Values and Organizations* Cambridge: Cambridge University Press.

[148] Balawyder, A., 1980, *Cooperative Movements in Eastern Europe*, London: the Macmillan Press.

[149] Baldwin, M., 2002, "Co – operative Inquiry as a Tool for Professional, Development", *Systemic Practice and Action Research* 15: 223 – 235.

[150] Ben Ner, A., 1984, "On the Stability of the Co – operative Type of Organization", *Journal of Comparative Economics* 8: 247 – 260.

[151] Bhattacharya, S., 1981, "Notes on Multiperiod Valuation and the Pricing of Options", *Journal of Finance* 36: 163 – 80.

[152] Birchall, J. and Simmons what, R., 2004, "Motivates Members Top articipatein Co – operative and Mutual Businesses? A Theoretical Model and Some Findings", *Annals of Public and Co – operative Economics* 75: 465 – 495.

[153] Birnbirg, J. G., 1998, "Control in Interfirm Co – operative Relationship", *Journal of Management Studies* 35: 421 – 428.

[154] Borgen, S. O., 2004, "Rethinking Incentive Problems in Co – operative Organizations", *The Journal of Socio – Economics* 33: 383 – 393.

[155] Bourgeon, J. M., Chambers, 1999, "Producer Organizations, Bargaining and Asymmetric Information", *American Journal of Agriculture Eco-*

nomics 81 (3): 602 - 609.

[156] Carr - Saunders, A. M., Florence, P. S. & Peers, R., 1942, *Consumers Co - operative in Great Britain*. London: George Allen & Unwin.

[157] Carruthers, W., Crowel, E. and Novkovic, S., 2007, *Are Co - operative Principles a Guidance or Hindrance for Globalization of Co - operative Firms? Forthcoming.* In: Reed, D., McMurtry, J. J. (Eds.), Cooperating in a Global Economy: Challenges to be Faced, Lessons to be Learned. Cambridge Scholars Press.

[158] Chaddad, F., and Cook, M., 2003, *Waves of demutualization: an analysis of the Empirical Evidence*. In: Mapping Co - operative Studies in the New Millennium conference, Victoria, BC 5: 28 - 31.

[159] Choi, E. K., Fernerman, 1993, "Producer Cooperatives, Input Pricing and Land Allocation", *Journal of Agriculture Economics* 44 (2): 230 - 244.

[160] Condon, Andrew M., 1987, *The Methodology and Requirements of a Theory of CooperativeEnterprise.* In Co - operative Theory: New Approaches (Agriculture Co - operative Service [ACS] Report 18), ed. Jeffrey, S. R., 1 - 32 Washington, DC: USDA.

[161] Constantinides, M. G., 1989, *Theory of Valuation: Overview and Recent Developments.* Chicago: University of Chicago.

[162] Cook, M., 1994, "The Role of Management Behavior in Agriculture Co - operative", *Journal of Agriculture Co - operative* 9: 42 - 58.

[163] Cook, M., 1995, "The Future ofU. S. Agriculture Cooperatives: A Neo - Institutional Approach", *Journal of Agriculture Economics* 77: 1144 - 1152.

[164] Cook, M. L., 1994, "The Role of Management Behavior in Agricultural Co - operatives", *Journal of Agricultural Co - operation* 9: 42 - 58.

[165] Cook, Michael. L., 1995, "The Future ofU. S. Agricultural Cooperatives: A Neo - institutional Approach", *American Journal of Agricultural Economics* 77: 1153 - 1159.

[166] Cornforth, C., Thomas, A., Lewis, J. and Spear, R., 1988, *Worker Co - operative.* Bristol: Arrowsmith.

[167] Cropper, S., Ebers, M., Huxham, C. & Ring, P. S., 2008,

Iner – Organization Relations. London: Oxford University Press.

[168] David, W. C., 1989, *Cooperatives in Agriculture.* Washington: Pertic Hall.

[169] Defourny, J. and Spear. R., 1995, *Economics of Co – operative.* in R.Spear and H. Voets, eds. Success andEnterprise. Avebury, Aldershot.

[170] Donnithorne, A., 1959, "Background to the People's Communes: Changes in China's Economic Organization in 1958", *Pacific Affairs* 32: 339 – 353.

[171] Eilers, C. & Hanf, C. H., 1999, *Contracts Between Farmers and Farmers Processing Co – operatives: A Principal – Agent Approach for the Potato Starch Industry.* In Vertical Relationship and Coordination in the Food System. edited by G. Galizzi and L. Venturini, Publisher: Heidelberg, Physical, 267 – 284.

[172] Emelianoff, I. V., 1942, *Economic Theory of Cooperation.* Publisher: Ann Arbor, Edward Brothers.

[173] Enke, S., 1945, "Consumer Cooperatives and Economic Efficiency", *American Economic Review* 35 (1): 148 – 155.

[174] Ernst, F., Fischbacher, U. & Simon, G., 2002, *Strong Reciprocity, Human Cooperation and the Enforcement of Social Norms.* Human Nature 13: 1 – 25.

[175] Fama, Eugene, & Michael Jensen, 1983, "Separation of Ownership and Control", *Journal of Law and Economics* 26: 301 – 25.

[176] Feinerman, E. & Falkovitz. M., 1991, "An Agricultural Multipurpose Service Cooperative: Pareto Optimality, Price – tax Solution, and Stability", *Journal of Comparative Economics* 15: 95 – 114.

[177] Fulton, M. & Vercammen, J., 1995, "The Distributional Impact of Non – uniform Pricing Schemes for Co – operatives", *Journal of Co – operatives* 10: 18 – 32.

[178] Fulton, M., 1995, "The Future of Canadian Agriculture Cooperatives: A Property Rights Approach", *American Journal of Agriculture Economics* 77: 1153 – 1159.

[179] Fulton, M., 1999, *Coperatives and Member Commitment, Paper Presented at the Conference of the Role Cooperative Entrepreneurship in the Modern Market*

Environment. Finland： Helsinki.

[180] Fulton, M. E. & Giannakas, K., 2000, "Organizational Commitment in a Mixed Oligopoly： Agricultural Cooperatives and Investor – owned Firms", *American Journal of Agricultural Economics* 83 (5)： 1258 – 1265.

[181] Fulton, M. E., 1995, "The Future of Canadian Agricultural Cooperatives: a Property Rights Approach", *American Journal of Agricultural Economics* 77 (12)： 1144 – 1152.

[182] Hargreaves, I., 1999, *In from the cold： Co – operative and social exclusion*. UK Co – operative Council, Manchester.

[183] Harris, Andrea, Brenda Stefanson & Fulton, M., 1996, "New Generation Co – operatives and Cooperative Theory", *Journal of Cooperatives* 11： 15 – 27.

[184] Harsanyi, Z., 1959, "A Bargaining Model for the Cooperative n – person Game", *Annals of Mathematics Studies* 40： 325 – 355.

[185] Harvey, J., 2003, "Atlantic Tender Beef Classic： the Co – operative Atlantic Strategy – competing through Quality", *The International Journal of Co – operative Management* 1 (1)： 50 – 52.

[186] Helmberger, P. G. & Hoos. S., 1965, *Cooperative Bargaining in Agriculture*. University of California. Division of Agricultural Services.

[187] Helmberger, P. G. & Hoos. S., 1962, "CooperativeEnterprise and Organization Theory", *Journal of Farm Economics* 44： 275 – 290.

[188] Hendrikse, G. W. J &, Bijman, J., 2002, "Ownership Structure in Agri – food Chains： the Marketing Cooperative", *American Journal of Agriculture Economics* 84 (1)： 104 – 119.

[189] Hendrikse, G. W. J. & Veerman, C. P., 2001a., *Marketing Cooperatives： An Incomplete Contraction Perspective Journal of Agricultural Economics* 52 (1)： 53 – 64.

[190] Hendrikse, G. W. J., 1998, "Screening, Competition and the Choice of the Cooperative as an Organizational Form", *Journal of Agricultural Economics* 49 (2)： 202 – 217.

[191] Heron, J., 1996, *Co – operative Inquiry, Research into the Human Condi-*

tion. London: Sage.

[192] Heron, J. and Reason, P., 2001, *The Practice of Co-operative Inquiry: Research "with" rather than "on" People*. In Reason, P., and Bradbury, H. (eds.), Handbook of Action Research. London: Sage.

[193] Hills, M., 2001, *Using Co-operative Inquiry to Transform Evaluation of Nursing Students' ClinicalPractice*. In Reason, P., and Bradbury, H. (eds.), Handbook of Action Research. London: Sage.

[194] Hsu, C. P., 1929, Rural Co-operative in China. Pacific Affairs 2: 611-624.

[195] Kalai, E., 1975, "Nonsymmetric Nash Solutions and Replications of 2-Person Bargaining", *Journal of Game Theory* 6: 129-133.

[196] Katscher, L., 1906, "Owen's Topolobampo Colony, Mexico", *The American Journal of Sociology* 12: 145-175.

[197] Klein, S., 1958, "Capitalism, Socialism and the Economic Theories of Mao Tse-Tung", *Political Science Quarterly* 73: 28-46.

[198] Levay, C., 1983, "Agricultural Co-operative Theory: A Review", *Journalof Agriculture Economics* 34: 1-44.

[199] LIN. J. Y., 1990, "Collectivization and China's Agricultural Crisis (1959-1961)", *Political and Economics Magazine* (US) Vol. 98, No. 6.

[200] Matsuoka, Y., 1929, *Economic Co-operation ofJapan and China in Manchuria and Mongolia: Its Motives and Basic Significance*. Pacific Affairs 2: 786-795.

[201] Mikami, K., 2003, "Market Power and the Form of Enterprise: Capitalist Firms, Worker-owned Firms and Consumer Co-operatives", *Journal of Economic Behavior and Organization* 52: 533-552.

[202] Myers, R. H., 1970, *The Chinese Peasant Economy*, Cambridge: Harvard University Press.

[203] Novkovic, S., 2008, "Defining the Co-operative Difference", *Journal of Socio-Economics* 37: 2168-2177.

[204] Panu Kalmi, 2003, *The Study of Co-operatives in Modern Economics: A Methodological Essay*. Mapping Co-operatives Studies in the New Millenium, pp. 234-267.

[205] Phillips, R., 1953, "Economic Nature of the Co-operative Association", *Journal of Farm Economics* 35: 74-87.

[206] Robert, A., 1984, *The Evolution of Cooperation.* New York: Basic Books.

[207] Robinson, J., 1973, *Chinese Agricultural Communes.* in C. K. Wilber, ed., The Political Economy of Development and Underdevelopment.

[208] Robotka, F., 1957, *A Theory of Cooperation.* In Agricultural Cooperation: Selected Readings, M. A. Abrahamsen and C. L. Scroggs edited, Minneapolis: University of Minnesota Press, pp. 121-142.

[209] Robyn M. D. & Thaler, H. R., 1988, "Anomalies Cooperation", *Journal of Economic Perspectives* 2: 187-197.

[210] Rosenhead, J., 1989, *Rational Analysis for a Problematic World.* London: John Wiley & Sons.

[211] Sawyer, J., 1966, "The Altruism Scale: A Measure of Co-operative, Individualistic, and Competitive Interpersonal Orientation", *The American Journal of Sociology* 71: 407-416.

[212] Schurmann, F., 1966, *Ideology and Organization in Communist China.* Berkeley: University of California Press.

[213] Sen, A., 1966, "Labor Allocation in a Co-operative Enterprise", *Review of Economic Studies* 33: 361-371.

[214] Sexton, R. J., 1984, "Perspectives on the Development of the Economic Theory of Co-operatives", *Canadian Journal of Agricultural Economics* 32: 423-436.

[215] Sexton, R. J., 1990, "Imperfect Competition in Agricultural Markets and the Role of Cooperatives: A Spatial Analysis", *American Journal of Agricultural Economics* 72 (3): 709-720.

[216] Spear, R., 2000, "The CO-operative Advantage", *Annals of Public and Cooperative Economics* 71: 507-523.

[217] Staatz, John M., 1983, "The Co-operative as a Coalition: A Game-theoretic Approach", *American Journal of Agricultural Economics* 65: 1084-1089.

[218] Tabellini, G., 2008, "The Scope of Cooperative: Values and Incentives", *The Quarterly Journal of Economics* 8: 905 – 948.

[219] Tang, A., 1971, *Input – Output Relations in the Agriculture of CommunistChina*. In W. A. D. Jackson, ed., Agrarian Policies and Problems in Communist and Non – Communist Countries. Seattle: University of Washington Press.

[220] Taylor, R. A., 1971, "The Taxation of Co – operatives: Some Economic Implications", *Canadian Journal of Agricultural Economics* 19 (2).

[221] Tennbakk, B., 1995, "Marketing Cooperatives in Mixed Duopolies", *Journal of Agricultural Economics* 46 (1): 33 – 45.

[222] Thornley, J., 1981, *Worker's Co – operative*. London: Heinemann. Bacharach, S. B., Lawler, E. J. 1981. Bargaining. London: Jossey – Bass.

[223] Torgerson, R. E., Reynolds, B. & Gray, T. W., 1998, "Evolution of Cooperative Thought, Theory and Purpose", *Journal of Co – operative* 13: 1 – 20.

[224] Vercammen, J., M. Fulton & Hyde, C., 1996, "Nonlinear Pricing Schemes for Agricultural Cooperatives", *American Journal of Agricultural Economics* 78: 572 – 584.

[225] Yan, Y. X., 1992, "The Impact of Rural Reform on Economic and Social Stratification in aChinese Village", *The Australian Journal of Chinese Affairs* 27: 1 – 23.

[226] Yann, A. & Cahuc, P., 2006, *Why Is the Minimum Wage so High in Low – Trust Countries?*, Mimeo, Paris: University of Paris.

[227] Zusman, P., G. C. & Rausser, G. C., 1994, "Inter organizational Influence and Optimality of Collective Action", *Journal of Economics Behavior and Organization* 24: 1 – 17.

[228] Zusman, P., 1992, "Constitutional Selection of Collective – choice Rules in A Cooperative Enterprise", *Journal of Economics Behavior and Organization* 17: 353 – 362.

后 记

许多人认为大学教师的职业是轻松悠闲的，可以有时间做自己喜欢做的事情，能够成为某一领域的专家。直到自己博士毕业回到河南大学经济学院，才发现高校教师的工作是紧张而又充满挑战的，没有了学生时代的轻松自由。通过三年的理论积累和实践思考，在整理自己的博士论文并准备出版时，才发现对合作经济的许多理论和实践问题又有了新的认识和理解，利用空闲时间，不断把新的想法融入论文中，使其趋于完善。虽然这几年围绕合作经济在国内权威杂志发表了一系列文章，但这不能说明什么，一切好坏的标准由读者来认定。现在，当我按照出版社的出版计划完成书稿并进入编辑程序时，才发现离自己预期的目标还有很远的距离。

博士毕业回到河南大学之后，立即投入到工作中，当年以"中国特色农民合作组织的国际比较研究"为题申报国家社科项目并获批。2010年暑假接受学校辅导员培训，开学后便担任河南大学2010级财政金融专业的辅导员工作。据此，本人面临三大任务：做好辅导员工作、完成教学任务、科研上不断突破。2011年，和同事、学生利用假期进行了一次农户问卷调查，为合作经济的研究提供了第一手资料，之后，利用业余零星时间不断对合作经济的理论和实践进行研究，参考了大量的相关资料并吸收了同行许多有价值的研究成果，通过这一研究，它加深了我对合作经济理论与实践的认识，提升了自身的科研能力。

由于合作经济理论与实践模式研究尤其在当前新型城镇化背景下农民合作组织如何健康持续发展是一个重大的社会课题和研究领域，许多合作模式是"摸着石头过河",在实施的过程中遭受不少非议。本研究本着客观务实的原则进行评析,加上社会科学文献出版社编辑的细致工作使初稿中问题得以修改,大大减少了初稿中的错误和疏漏。由于学识和水平有限,书中一定存在不少的不足,诚恳地期待批评与指正,以便共同把我国农村合作经济的研究进一步推向深入。

图书在版编目(CIP)数据

合作经济的理论与实践模式：中国农村视角/陈家涛著.
—北京：社会科学文献出版社，2013.11
（河南大学经济学学术文库）
ISBN 978-7-5097-4759-9

Ⅰ.①合… Ⅱ.①陈… Ⅲ.①农业合作组织-研究-中国
Ⅳ.①F321.42

中国版本图书馆 CIP 数据核字（2013）第 142106 号

·河南大学经济学学术文库·
合作经济的理论与实践模式
——中国农村视角

著　　者／陈家涛

出 版 人／谢寿光
出 版 者／社会科学文献出版社
地　　址／北京市西城区北三环中路甲29号院3号楼华龙大厦
邮政编码／100029

责任部门／经济与管理出版中心（010）59367226　　责任编辑／张景增
电子信箱／caijingbu@ssap.cn　　　　　　　　　　　 责任校对／师晶晶
项目统筹／蔡莎莎　　　　　　　　　　　　　　　　 责任印制／岳　阳
经　　销／社会科学文献出版社市场营销中心（010）59367081　59367089
读者服务／读者服务中心（010）59367028

印　　装／北京季蜂印刷有限公司
开　　本／787mm×1092mm　1/16　　　　　　　　 印　　张／14.75
版　　次／2013年11月第1版　　　　　　　　　　 字　　数／239千字
印　　次／2013年11月第1次印刷
书　　号／ISBN 978-7-5097-4759-9
定　　价／49.00元

本书如有破损、缺页、装订错误，请与本社读者服务中心联系更换
▲ 版权所有　翻印必究